2023年企业合规师考试教材

考试执行T/CEEAS 004—2021《企业合规师职业技能评价标准》

中国企业评价协会企业合规专业委员会 组编

企业合规与审计思维(通用)

中国法制出版社
CHINA LEGAL PUBLISHING HOUSE

主　编

于久洪

副主编

王　宁　贾心淼　吴凤霞　张　静

总　　序

党的十八大以来，党和国家高度重视发挥法治在推进社会主义建设中的重要作用，党的十八届四中全会通过的《中共中央关于全面推进依法治国若干重大问题的决定》指出，依法加强和改善宏观调控、市场监管，反对垄断，促进合理竞争，维护公平竞争的市场秩序。随着中国特色社会主义进入新时代，企业合规有关法律制度改革蓬勃发展，全国检察机关全面推开涉案企业合规改革试点，国家发改委、外交部、商务部、人民银行等部门联合发布《企业境外经营合规管理指引》，国务院国资委发布《中央企业合规管理办法》，这些标志性事件推动我国企业合规建设程度不断提高。落实“十四五”规划，持续优化市场化、法治化、国际化的营商环境，需要高水平、高素养的合规人才队伍，加强企业合规师职业能力培训具有时代必要性。2021 年 3 月，中华人民共和国人力资源和社会保障部发布的《中华人民共和国职业分类大典》将企业合规师纳为我国的正式职业。在此背景下，有必要组织编写企业合规师相关职业技能教材，作为知识丰富的实务手册，引领和规范合规实践。

本套教材在撰写时力求反映和体现企业合规师职业能力（水平）考试的特点，以 T/CEEAS 004—2021《企业合规师职业技能评价标准》（以下简称《CEEAS 标准》）为指引，同时参照国际标准 ISO 37301：2021

《合规管理体系 要求及使用指南》和国家标准GB/T 35770—2022《合规管理体系 要求及使用指南》编撰而成。本套教材包括企业合规事务管理、企业合规与审计思维、企业合规与财务思维三大门类。在体例编排和内容安排上，为方便应试人员复习考试，本套教材根据《CEEAS标准》划分为：1.《2023年企业合规师考试教材：企业合规与审计思维（通用）》；2.《2023年企业合规师考试教材：企业合规与财务思维（通用）》；3.《2023年企业合规师考试教材：企业合规事务管理（高级）》；4.《2023年企业合规师考试教材：企业合规事务管理（中级）》；5.《2023年企业合规师考试教材：企业合规事务管理（初级）》。其中《2023年企业合规师考试教材：企业合规与审计思维（通用）》《2023年企业合规师考试教材：企业合规与财务思维（通用）》是初级、中级、高级统一教材。

企业合规事务管理是企业合规工作的统称，涵盖企业合规师作为企业合规官、企业合规顾问、企业合规监管人等履职的所有必备专业技能。《2023年企业合规师考试教材：企业合规事务管理》的初级、中级、高级教材主要从企业合规的基本内涵、企业合规师的岗位职能、企业合规师的职业素养、企业合规管理体系的基本要素、企业合规管理体系的搭建要点、我国检察机关开展的涉案企业合规改革、风险领域的专项合规实务等方面展开，实务内容丰富，尤其是对反不正当竞争合规、招投标合规、劳动用工合规、安全生产合规、数据合规、反垄断合规、反商业贿赂合规七大常见专项合规领域的阐述，深度分析和总结了专项合规领域的监管态势、风险识别、合规计划打造等问题。初级、中级、高级教材不仅在基础章节的内容细致程度方面有所区别，而且合规实务所涵盖的专项合规领域数量也有所不同；不仅可以作为企业合规师的考试教材，还可以作为企业合规师从业的操作手册和企业实施合规培训的参考资料。

审计思维和财务思维是企业合规师必须具备的专业技能。《2023 年企业合规师考试教材：企业合规与审计思维（通用）》从审计的知识体系中，选取了四大类思维，分别为企业合规师的审计规范思维、审计联系思维、审计逻辑思维、审计系统思维，并细分为十六个具体审计思维进行深入浅出的阐述，是编写组成员长期从事审计、会计专业教学、科研和审计实务工作的经验总结。《2023 年企业合规师考试教材：企业合规与财务思维（通用）》核心内容主要包含企业合规师的战略财务思维、流程财务思维、要素财务思维、战略成本思维、财务准则思维、财务结构思维、财务报表思维、财务分析思维八大思维。两本教材辅以练习题和参考答案，大大提高了教材的可读性、启发性和实用性。

本套教材由中国企业评价协会企业合规专业委员会组织编写，约请中国人民大学、北京经济管理职业学院数字财金学院、北京科技大学、广东外语外贸大学、中央民族大学等院校的知名学者，以及正义网、易华录、中兴通讯、汉坤律师事务所、植德律师事务所、泰和泰律师事务所、广盛律师事务所等单位对企业合规管理富有经验的实务专家担纲撰写，力求开放务实、简洁明快、深入浅出，努力凸显本套教材具备的实践品格。中兴通讯全球法律政策研究院邓园园、王晨、刘权、胡帅、祁子沐、范佳宜、刁扬等诸君对教材写作亦有所贡献。我们愿广泛汲取各方意见建议，不断拓宽深化合规管理工作的知识内容和研究领域，立足新职业实践，助推企业合规师行业的高质量发展。

目　　录

第一章 企业合规师的审计规范思维

审计思维是执行审计活动特有的思维习惯与方式。审计思维包括设计审计程序、收集证据分析处理等关键业务素质。注重钩稽与推理，形成严谨的职业习惯，对企业合规师提升专业胜任能力具有重要意义，对个人职业素质的提升也不仅限于审计领域。本章从规范角度讨论审计工作所具备的底层逻辑与规范。

本章规范思维导航

职业道德思维	辩证思维	质量思维	审计责任思维
本节重要性 审计的灵魂	本节重要性 审计工作方法论	本节重要性 审计规范的要求	本节重要性 审计质量的保证
核心要点： 职业道德思维要求 关注独立性 如何运用职业道德思维	核心要点： 辩证思维的要求 如何运用辩证思维	核心要点： 质量思维的要求 质量思维在执行审计程序和收集审计证据过程中的运用	核心要点： 审计责任思维的要求 如何履行审计责任

第一节　职业道德思维

【情景引例】

2021年10月，某证监局辖区内的两家审计机构被证监会给予行政处罚，根据行政处罚中的申辩意见及证监会的认定，提示各审计机构重点关注。

案例一　存货监盘程序执行不到位

A公司通过伪造、变造原始凭证及记账凭证等方式，虚增存货、虚减成本、虚增利润总额。B会计师事务所审计工作底稿中缺少抽盘表和监盘小结等监盘结论性记录、盘点日前后存货收发及移动相关凭证的审计记录、对盘点日和资产负债表日之间的存货情况实施何种审计程序的记录，存货监盘部分缺少“从存货盘点记录中选取项目追查至存货实物，以及从存货实物中选取项目追查至盘点记录”的证据、实物监盘单位与账面数量单位转换过程的记录等。

案例二　对货币资金执行的实质性审计程序不到位

D会计师事务所在执行C公司年报审计项目货币资金审计程序时，未发现C公司存在借款未入账的情况，未发现实际回款单位与C公司账面记录回款单位不一致的情况，使用C公司提供的虚假网银流水导致未发现大额借款及资金往来未入账的情况。①

思考：

1. 上述案例违反了审计准则，会计师事务所为什么会出现执行相应程序不到位的情况？

2. 审计师应该承担怎样的责任？被审计单位应该承担怎样的责任？

3. 为什么会出现上述处罚？这种处罚是什么性质的？

① 《会计及评估监管工作通讯（2021年第4期，总第42期）》，载中国证券监督管理委员会网站，http：//www.csrc.gov.cn/beijing/c100277/c1555474/content.shtml，2022年9月13日访问。

分析：

案例一 B会计师事务所未充分、适当地设计和执行存货监盘程序，未根据A公司存货的特点、盘存制度和存货内部控制进行有效性设计和执行具体的存货监盘程序，且审计工作底稿中缺少按照审计准则规定设计和执行存货监盘程序的证据。

案例二 D会计师事务所的上述行为违反了《中国注册会计师审计准则第1141号——财务报表审计中与舞弊相关的责任》第十三条、《中国注册会计师审计准则第1301号——审计证据》第三条和第十三条的规定。

一、审计职业道德思维的整体框架

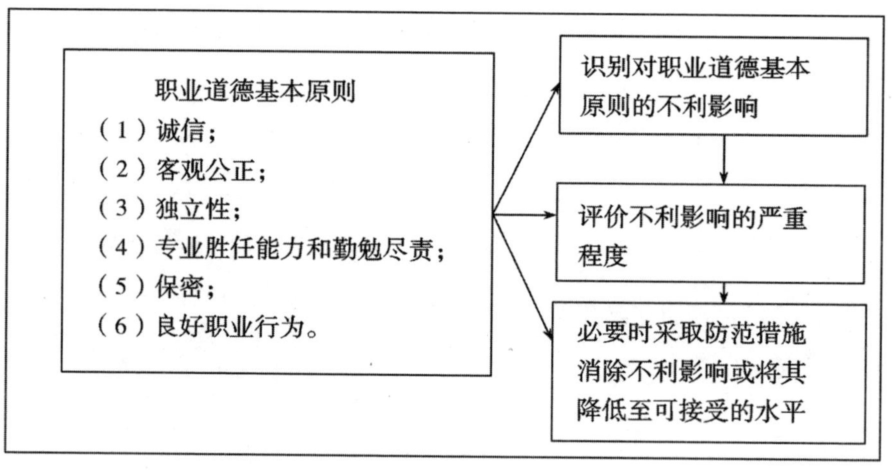

图1.1 审计职业道德思维的整体框架

二、什么是审计的职业道德（原理）

职业道德是与人们的职业活动紧密联系的符合职业特点所要求的道德准则、道德情操与道德品质，是人们在从事职业的过程中形成的一种内在的、非强制性的约束机制。在社会秩序里，每种职业都有一套规则被定为职业道德。例如，奶粉生产商，不能往奶粉里掺三聚氰胺；教师不能因为学生答不出问题而体罚学生，这都是职业道德，能够恪守职业道德的人是非常值得尊敬的。职业道德把一般的社会道德标准与具体的职业特点相结合，是社会道德在职业生活中的具体化。

审计职业道德是指审计人员在从事审计工作时所遵循的行为规范，包括职业道德、职业纪律、专业胜任能力及职业责任等行为标准，它通过指导审计人员的行为，使审计工作满足社会需要、承担社会责任、履行社会义务。2020 年 12 月 17 日，中国注册会计师协会发布了《中国注册会计师职业道德守则（2020）》，自 2021 年 7 月 1 日起施行，以指导规范审计工作。注册会计师职业道德基本准则包括：诚信；客观公正；独立性；专业胜任能力和勤勉尽责；保密；良好职业行为。

三、为什么要具备审计职业道德（价值）

企业合规师，即从事企业合规建设、管理和监督工作，使企业及企业内部成员行为符合法律法规、监管要求、行业规定和道德规范的人员。

合规工作中严格遵守审计职业道德，与市场经济秩序的稳定、经济效益的提高，清正廉洁、奉公守法、勤俭节约等良好社会风尚的培养和形成，有着密切的关系。道德与文化密不可分，职业道德要想具有生命力，必须深深扎根于中华民族优秀传统文化之中。

从事合规工作的人员，尤其是从事专业审计工作的注册会计师，维护公众利益是其工作的宗旨。公众不仅包括审计师服务的客户，也包括投资者、债权人、政府机构、社会公众等其他可能依赖审计师提供的信息以作出相关决策的组织或人员。因此，企业合规师应当遵守职业道德守则，履行相应的社会责任，维护公众利益。在履行社会责任的过程中，可能面临不同组织或人员相互之间的利益冲突。在解决这些冲突时，企业合规师应当正直诚实行事，并始终牢记维护公众利益的宗旨。

四、职业道德思维有哪些要求

（一）诚信

诚信是我国社会主义核心价值观的重要组成部分，是社会主义道德建设的重要内容，是构建社会主义和谐社会的重要纽带，同时也是社会主义市场经济运行的基础。审计师应当遵循诚信原则，在所有的职业活动中保持正直、诚实守信。例如，在审计工作中，若审计师发现业务报告、申报资料、沟通函件含有虚假记载、误导性陈述，或含有缺乏充分根据的陈述或信息，或存在遗漏或模糊的信息，而这种遗漏或模糊的信息可能会具有误导性，则审计师就不得信赖该审计证据。

（二）客观公正

审计工作过程中应当遵循客观公正原则，审计人员公正处事，实事求是，不得因偏见、利益冲突或他人的不当影响而改变自己的职业判断。

（三）独立性

独立性是审计的本质特征，是鉴证业务的灵魂，也是审计区别于其他管理活动的独特之处。独立性是指在执行审计和审阅业务、其他鉴证业务时，审计师应当遵循独立性原则，不得因任何利害关系影响其客观公正，应不偏不倚地进行审查并发表意见。独立性包括形式上的独立和实质上的独立，审计工作不应受任何部门、单位和个人的干扰，以对被审查事项作出独立评价和鉴定，具体表现为组织机构独立，业务工作独立，经济来源独立，人员独立和技术手段独立，其中组织机构独立是审计工作独立性的保障。

（四）专业胜任能力和勤勉尽责

审计师应当获取并掌握应有的专业知识和技能，确保为客户提供具有专业水准的服务；应当通过教育、培训和执业实践，了解并掌握当前法律、技术和实务的发展变化，提升专业胜任能力。在运用专业知识和技能时，审计人员应当合理运用职业判断。

（五）保密

审计工作过程中应当遵循保密原则，要对职业活动中获知的涉密信息保密。要警觉无意中泄密的可能性，包括在社会交往中无意泄密的可能性，特别要警觉无意中向关系密切的商业伙伴或近亲属泄密的可能性。

（六）良好职业行为

应当遵循良好职业行为原则，爱岗敬业，遵守相关法律法规，避免发生任何可能损害职业声誉的行为。

五、如何运用职业道德思维

（一）识别对职业道德基本原则的不利影响

企业合规师应当识别对职业道德基本原则的不利影响，包括自身利益、自我评价、过度推介、密切关系和外在压力。

1. 自身利益

指企业合规师在工作中拥有直接经济利益；企业合规师能够接触涉密信息，而该涉密信息可能被用于谋取私利；中立客观是称职企业合规师的优秀底色。企业的合规师拥有职位权力，应慎用公司赋予的职位权力，不滥用权力。独立性要求审计人员与被审计单位不存在经济利害关系，不参与被审计单位的行政或者经营管理活动。

2. 自我评价

指执行当前业务的过程中需要依赖其以往执行业务时作出的判断或得出的结论，可能出现的情况包括：企业合规师曾参与财务系统的设计，并对该系统的运行有效性出具鉴证报告。

3. 过度推介

企业合规师应当认识到，如果审计人员倾向于站在被审计对象的立场，那么可能对其他方面产生影响，如对推介客户的产品、股份的影响。

4. 密切关系

企业合规师由于与内审对象存在长期或密切的关系，导致过于偏向其利益或过于认可其工作，从而对职业道德基本原则产生不利影响。这种不利影响的例子包括：项目团队成员的主要近亲属或其他近亲属担任企业的董事或高级管理人员，鉴证客户的董事、高级管理人员，或所处职位能够对鉴证对象施加重大影响的员工，最近曾担任合规部门负责人。

5. 外在压力

企业合规师迫于实际存在的或可感知的压力，导致无法客观行事而对职业道德基本原则产生不利影响。这种不利影响的例子包括：

企业合规师因对专业事项持有不同意见而受到其他部门解雇的威胁；责任单位对所沟通的事项更具有专长，企业合规师面临服从该单位判断的压力，如离职审计或经济责任审计或者其他高度信息化产生专业壁垒的领域；企业合规师接受了内审对象赠予的重要礼品，并被威胁此事将被公开。

（二）评价不利影响的严重程度

如果识别出对职业道德基本原则的不利影响，企业合规师应当评价该不利影响的严重程度是否处于可接受的水平。可接受的水平，是指企业合规师针对识别出的不利影响实施理性且掌握充分信息的第三方测试之后，很可能得出其行为并未违反职业道德基本原则的结论，此时该不利影响的严重程度所处的水平。

在评价不利影响的严重程度时，审计人员应当从性质和数量两个方面予以考虑，如果存在多项不利影响，应当将多项不利影响结合起来一并考虑。

（三）采取防范措施消除不利影响或将其降低至可接受的水平

如果企业合规师确定识别出的不利影响超出可接受的水平，应当通过消除该不利影响或将其降低至可接受的水平予以应对。应当考虑以下几个方面：

（1）向已承接的项目分配更多的时间和更有胜任能力的人员，可能能够应对因自身利益产生的不利影响；

（2）由项目组以外的适当复核人员复核已执行的工作或在必要时提出建议，可能能够应对因自我评价产生的不利影响；

（3）由其他部门如风险管理部监督执行或重新执行业务的某些部分，可能能够应对因自身利益、自我评价、过度推介、密切关系或外在压力产生的不利影响；

(4) 由不同项目组分别应对具有保密性质的事项，可能能够应对因自身利益产生的不利影响；

(5) 根据具体事实和情况，如某些不利影响可能能够通过消除产生该不利影响的情形予以应对，应当拒绝或终止特定的职业活动。

六、职业道德思维案例训练

案例　证券公司稽核岗职业道德执行情况分析

小 A 是 ZS 证券公司稽核部的一名员工。ZS 证券公司主要从事经纪及财富管理、投资、信用、投行、资管、保险及其他业务共计六大业务类型。稽核部是公司内部审计机构，独立于公司业务和管理部门开展稽核监督等合规工作。

公司对稽核岗工作要求：

稽核部和稽核人员从事稽核监督工作，应当以国家有关法律法规和公司制度为依据，遵守内部审计职业规范，忠于职守、客观公正、坚持原则、廉洁奉公、保守秘密，不得滥用职权、徇私舞弊、泄露秘密、玩忽职守。

思考：

小 A 在执行稽核工作中发生了以下事件，请判断其做法是否正确，如果不正确，其违反了哪些职业道德条款，应当如何应对？

1. ZS 投行部筹划 H 公司借壳上市。H 公司 6 月发布公告宣布借壳计划。但自 3 月起，H 公司股价即已出现异动，出现了 11 个涨停板。项目组成员无意间向亲友透漏了该借壳上市消息。

2. 小 A 在执行内审工作期间，ZS 投资部业务人员通过调研判断 S 公司的投资价值不错，其向小 A 推介，随后 ZS 投资部开始买入 S 公司的股票，小 A 听说后也买了 S 公司的股票。

3. 小 A 在执行内审调研时，经 ZS 证券总经理批准，审计项目组成员可以按成本价购买儿童健康保险，每人限购一份。

分析：

1. 违反。ZS 内部或 H 公司可能涉嫌内幕交易和泄露内幕信息。合规检查时本人应对业务保守秘密，不得滥用职权、徇私舞弊。

2. 违反。将对独立性产生不利影响。

3. 违反。该交易不属于公平交易，将对独立性产生不利影响。

七、职业道德思维训练习题

（一）单选题

1. 在审计客户与第三方发生诉讼或纠纷时，注册会计师担任该客户的辩护人属于（　　）。

A. 自身利益　　B. 自我评价

C. 过度推介　　D. 外在压力

2. 审计的本质在于它的（　　）。

A. 独立性　　B. 公正性

C. 客观性　　D. 廉洁性

3. 审计产生的根本原因是（　　）。

A. 财产所有权与经营权分离后形成的受托经济责任

B. 打击经济犯罪

C. 维护统治阶级利益

D. 会计人员做假账

4. 在注册会计师的审计过失中，最主要的是由于缺乏（　　）而引起的。

A. 法律专业人员帮助　　B. 应有的职业谨慎

C. 财政部门的支持　　D. 审计经费

5. 尽管在审计过程中，注册会计师可能向被审计单位管理层和治理层提出调整建议，甚至在不违反独立性的前提下，为管理层编制财务报表提供协助，但（　　）应对编制财务报表承担责任，并通过签署财务报表确认这一责任。

A. 财政部门　　A. 治理层

C. 管理层　　D. 预期使用者

6. 会计师事务所承接了具体的某项审计业务后，应当有相应的业务层面的防范措施来确保消除或降低对独立性的威胁。下列防范措施中可能无效的是（　　）。

A. 由审计项目组以外的更有经验的注册会计师复核已执行的审计工作

B. 向被审计单位的独立董事进行独立第三方咨询

C. 向被审计单位的治理层披露服务性质

D. 与被审计单位的管理层讨论职业道德问题

7. 以下关于独立性的表述不正确的是（　　）。

A. 独立性原则通常是对注册会计师而不是对非职业会员提出的要求

B. 注册会计师在执行鉴证业务时必须保持实质上的独立和形式上的独立

C. 会计师事务所在承办鉴证业务时，应当从整体层面和具体业务层面采取措施，以保持会计师事务所和项目组的独立性

D. 审计业务要求注册会计师必须保持独立性，审阅业务则不需要保持独立性

8. 下列描述中，违反保密原则的是（　　）。

A. 事前没有经过客户同意，为法律诉讼出示文件或提供证据

B. 接受注册会计师协会或监管机构的质量检查

C. 没有经过客户的同意，前任注册会计师即为后任注册会计师提供工作底稿

D. 向有关监管机构报告发现的违法行为

9. 下列有关职业怀疑的说法中，错误的是（　　）。

A. 职业怀疑要求注册会计师摒弃存在即合理的逻辑思维

B. 职业怀疑要求注册会计师审慎评价审计证据

C. 职业怀疑要求注册会计师假定管理层和治理层不诚信，并以此为前提计划审计工作

D. 职业怀疑要求注册会计师对引起疑虑的情形保持警觉

10. 下列各项中，符合审计独立性要求的是（　　）。

A. 某省级审计机关的经费列入财政预算，由本级人民政府保证

B. 李明的父亲是某钢铁厂的厂长，审计组指派李明到该厂延伸调查

C. 某集团董事长示意内部审计部门对本公司一项投资工程项目给予肯定评价

D. 某公司财会部对本公司及下属分公司内部控制执行情况和会计资料进行审计

（二）多选题

1. 职业道德基本原则要求注册会计师在向公众传递信息时，应当客观、真实、得体，不得有下列（ ）行为。

A. 夸大宣传所提供的服务、拥有的资质或获得的经验

B. 在招聘广告中介绍会计师事务所现有的高级专业技术人员的资质及业务专长

C. 在广告宣传中承诺会比前任注册会计师更具有专业胜任能力

D. 利用报纸广告刊登设立分所的信息

2. 甲企业和乙企业同为电信领域最大的服务商，A会计师事务所欲同时承接这两个客户的年报审计业务，在承接业务前，以下做法正确的有（ ）。

A. 分别告知甲企业和乙企业并征得他们的同意

B. 如果客户不同意，A会计师事务所只能选择为一方提供服务

C. 如果客户同意，A会计师事务所需要分派不同项目组为甲企业和乙企业提供服务

D. A会计师事务所应当履行告知义务，但无须征得客户的同意

3. 注册会计师如果认为被审计单位业务报告、申报资料或其他信息存在（ ）问题，则不得与其发生牵连。

A. 含有缺乏充分依据的陈述或信息

B. 含有严重虚假的陈述

C. 存在遗漏或模糊的信息

D. 含有误导性的陈述

4. 下列选项中，属于审计基本要求的有（ ）。

A. 遵守审计准则

B. 遵守职业道德守则

C. 保持职业怀疑

D. 合理运用职业判断

5. 下列关于审计的独立性的表述中，正确的有（ ）。

A. 专业胜任能力是审计区别于其他管理活动的独特之处

B. 人员上的独立是审计工作独立性的保障

C. 审计独立性是指社会审计人员客观公正、不偏不倚地进行审查并发表意见的状态，内审人员不需要遵循独立性

D. 审计工作不能受任何部门、单位和个人的干扰，体现的是业务工作上的独立

E. 人员上的独立要求审计人员与被审计单位不存在经济利害关系，不参与被审计单位的行政或者经营管理活动

6. 下列有关审计独立性的说法中，体现审计业务工作的独立性的有（　　）。

A. 审计工作不受任何部门、单位和个人的干扰，对被审查事项作出评价和鉴定

B. 审计人员保持形式上和实质上的独立性，对被审查事项作出评价和鉴定

C. 审计应独立于被审计单位

D. 审计工作保持独立性的物质基础

E. 审计人员与被审计单位不存在经济利害关系

7. 下列有关审计独立性的表述中，正确的有（　　）。

A. 独立性是审计的本质特征

B. 独立性包括形式上的独立和实质上的独立

C. 为保持独立性，国家审计不应利用内部审计工作的底稿

D. 审计独立性要求审计人员客观公正、不偏不倚地进行审查并发表意见

E. 审计独立性表现在组织机构、业务工作、经济来源和人员上的独立等方面

8. 针对贷款和担保，注册会计师以下观点正确的有（　　）。

A. 会计师事务所、审计项目组成员或其主要近亲属从不属于银行或类似金融机构的审计客户处取得贷款，或由审计客户提供贷款担保，将因自身利益产生非常严重的不利影响，导致没有防范措施能够将其降低至可接受的水平

B. 会计师事务所、审计项目组成员或其主要近亲属向审计客户提供贷款或为其提供担保，将因自身利益产生非常严重的不利影响，导致没有防范措施能够将其降低至可接受的水平

C. 会计师事务所、审计项目组成员或其主要近亲属在银行或类似金融机构等审计处客户开立存款或交易账户，如果账户按照正常的商业条件开立，则不会对独立性产生不利影响

D. 如果审计客户不按照正常的程序、条款和条件提供贷款或担保，会计师事务所、审计项目组成员或其主要近亲属不得接受此类贷款或担保

（三）判断题

1. 中国注册会计师职业道德守则只规定了注册会计师职业道德基本原则。(　　)

2. 注册会计师可以利用因职业关系和商业关系而获知的涉密信息为自己或第三方谋取利益。(　　)

3. 审计署发布并实施了《中国注册会计师鉴证业务基本准则》。(　　)

4. 实质上的独立性要求注册会计师在提出结论时不受有损于职业判断的因素影响，能够诚信行事，遵循客观和公正原则，保持职业怀疑态度。(　　)

5. 张某是会计师事务所的注册会计师。作为S公司2018年度财务报表审计小组负责人，张某在实施外勤审计期间与S公司车间的技术骨干李某确立了恋爱关系。会计师事务所负责人虽然得知这一情况，但认为没有必要采取任何措施，也没有将张某调离审计小组。(　　)

6. 注册会计师只要执行业务就必须遵循独立性的要求。(　　)

7. 注册会计师应当特别警惕无意中向近亲属泄密的可能性，对其他人员无须考虑。(　　)

8. 为了维护注册会计师行业的公平竞争，会计师事务所在首次承接客户的鉴证业务时，不能以明显低于前任或其他会计师事务所的报价承揽业务。(　　)

（四）简答题

我们常说"独立性是审计工作的灵魂"，但是内部审计职业道德规范中并没有"独立性"这个要求。"独立"是注册会计师职业道德准则中的一部分，与注册会计师职业道德准则相比，内部审计准则第1201号将"独立"替换成了"诚信正直"，而其余几项规范均与注册会计师职业道德准则相一致，这就是内部审计职业道德规范和外部审计职业道德规范之间的唯一差异。

请简要回答为什么内部审计没有独立性要求。

（五）案例分析题

上市公司甲公司系ABC会计师事务所的常年审计客户。在对甲公司2021年度财务报表审计过程中，ABC会计师事务所遇到下列与职业道德相关的事项：

（1）A注册会计师在2016年度至2020年度期间担任甲公司财务报表审计项目经理，并签署了2019年度和2020年度甲公司审计报告。2021年度，A注册会计师新晋升为合伙人，担任甲公司2021年度财务报表审计项目合伙人。

（2）甲公司与ABC会计师事务所签订协议，由甲公司向其客户推荐ABC会计师事务所的服务。每次推荐成功后，由ABC会计师事务所向甲公司支付少量的业务介绍费。

（3）审计项目组成员B因工作较忙，授权理财顾问管理其股票账户。在B不知情的情况下，理财顾问通过该账户代其购买了少量甲公司股票。截至2021年12月31日，这些股票市值合计为500万元。

（4）审计项目组成员C为新员工，其妻子曾担任甲公司财务经理，于2021年3月离职。

（5）经甲公司总经理批准，审计项目组成员可以按成本价购买甲公司的产品，每人限购2000元。

（6）甲公司在海外有一家规模很小的分公司，其财务经理突然离职。在新聘财务经理上任前，由其向ABC会计师事务所的海外网络事务所借调的一名审计部经理临时负责其财务经理工作，借调时间为一周。

问题：针对上述第（1）项至第（6）项，逐项指出ABC会计师事务所及甲公司审计项目组成员是否违反中国注册会计师职业道德守则，并简要说明理由。（根据2014年注册会计师考试真题改编）

参考答案

（一）单选题

1. C　2. A　3. A　4. B　5. C　6. D　7. D　8. C　9. C　10. A

（二）多选题

1. ABC 2. ABC 3. ABCD 4. ABCD 5. DE 6. AB 7. ABDE 8. ABCD

（三）判断题

1. × 2. × 3. × 4. √ 5. × 6. × 7. × 8. ×

（四）简答题

内部审计工作本身与外审不同，它不是鉴证业务，它的终极目标是为组织保驾护航，创造价值。从这一角度出发，内部审计更多的是一种管理活动，最终是要从管理的视角去解决问题。管理的视角要求内部审计人员在工作中综合各种因素，达到最佳均衡。所以，独立性不是内部审计的灵魂，内部审计人员无法做到真正意义上的独立。内部审计部门也是合规部门，执行内审项目主要关注的是操作风险、法律合规风险和道德风险，而如果不能全方位地对公司各类风险进行把控，则难以实现内部审计价值创造的功能。此外，内部审计部门还可以将了解到的最佳行业实践经验作为管理提升建议。

根据内部审计职业道德要求，诚信和正直是保证内审人员在特殊的工作性质和工作模式下出具客观、公正审计意见的基本前提。

（五）案例分析题

第（1）项不违反。担任甲公司关键审计项目合伙人没有超过五年，不违反有关独立性要求。

第（2）项违反。会计师事务所不得向审计客户（甲公司）支付业务介绍费。

第（3）项违反。审计项目组成员B授权给理财顾问管理的经济利益（股票投资）属于B所拥有的直接经济利益，审计项目组成员不得在其审计客户上拥有直接经济利益，否则将对独立性产生严重不利影响。

第（4）项违反。审计项目组成员C的妻子曾在2021年财务报表审计涵盖期间担任能对财务报表的编制施加重大影响的职务，对独立性产生严重不利影响。

第（5）项违反。该交易不属于公平交易，将对独立性产生不利影响。

第（6）项违反。财务经理涉及管理层职责，短期借调员工不得承担甲公司的管理层职责，否则将对独立性产生不利影响。

第二节　辩证思维

【情景引例】

企业生物资产的审计一直是个难题。某集团公司是一家以海珍品种业、海洋食品为主业，集冷链物流、海洋休闲、渔业装备等相关多元产业于一体的综合型海洋企业，2006年在深圳证券交易所挂牌上市，并创造了中国农业第一个百元股。由于生物性资产本身的特殊性以及受自然灾害影响的不确定性，导致对生物性资产的监盘很困难，无法准确确定其账面价值，准则对于某些特殊性生物资产（如海下种植养殖）的成本计量和监盘也没有给出相关衡量标准和监盘方法。农林牧副渔企业，有两个资产负债表值得关注：一是存货里的“消耗性生物资产”，如养猪公司，主要就是猪苗和肉猪；二是生物性生产资产。从两大类生物资产的定义来看，分摊进去的金额构成非常复杂。言外之意，这里潜伏着很多调剂的手段。也意味着在转成本、计提跌价准备等环节，生物资产都有很大的操作空间。

思考：如何对生物资产科目进行审计?

分析：审计真实性、合法性和效益性是一个有机的整体，三者都非常重要，不能分割开来。但真实是基础、是根本，只有真实，才能反映事物的本来面目，才能揭露矛盾的主要方面，防范审计风险。在审计工作中需要权衡取舍真实性、合法性和效益性，做到守好底线、规范系统、有重点地完成审计工作。

一、辩证思维的整体框架

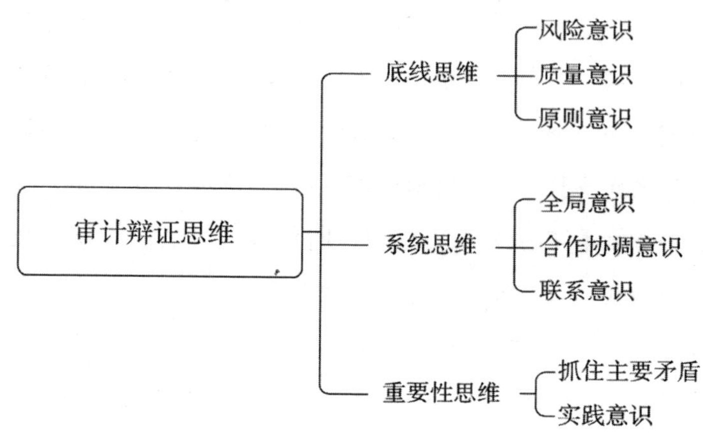

图 1.2　审计辩证思维的整体框架

二、什么是辩证思维（原理）

唯物辩证法是马克思主义哲学的核心方法，唯物辩证法认为，“普遍联系”和“永恒发展”是世界存在的基本特征，矛盾是事物发展的根本动力，看待问题应采取全面、联系、发展及具体问题具体分析的方法。辩证思维作为思维方法是在辩证唯物主义世界观和方法论指导下所形成的具有客观真理性的、符合事物本质和规律的、有现实操作意义的科学思维方法。用辩证思维方法认识和解决审计工作中的问题具有深远意义。

三、为什么要具备审计辩证思维（价值）

审计工作中，审计部门与被审计部门存在复杂的关系，审计人员在工作中合理运用辩证思维可以达成规范经济决策行为的目的，能够更有效发挥审计监督职能。运用丰富的辩证思想，从战略的角度上求解效用策略，对提高审计力度、审计效率有一定的意义。需要具备底线思维、系统思维、重要性思维。

四、审计辩证思维有哪些要求

审计工作中用好底线思维，一要有风险意识，既要看到审计地位不断提高、制度设计不断完善、审计手段不断丰富的现状，又要看到审计正面临着新形势、新要求和新困难。二要树立严控质量意识，在审计工作中要充分了解各种困难，认真扎实开展现场审计工作，严谨把握问题定性的依据。三要有原则意识，坚守个人道德底线；要提高抵御各种诱惑的心理防线，耐得住寂寞，守得住清贫，依法依规是一切工作的准绳。审计人员要做到防微杜渐，时刻自省自励，勿以恶小而为之，勿以善小而不为，尽可能避免审计执法风险。

审计工作中坚持系统思维，一是审计项目安排要有全局意识、统筹意识，运用合作博弈思维，安排各审计项目之间比例应相协调等。二是现场审计要做到统一步调、协作配合，在安排审计任务时要做到“进度安排到天、责任落实到人”，不窝工、不打“乱仗”。三是审计工作开展要有联系、有协同，对以前审计提出问题的整改情况、纪检监察部门掌握的问题线索要予以重点关注，审计评价要联系事情发展的前因后果，做到客观公正。

审计工作中要坚持重要性思维。一要善于抓主要矛盾，找准审计监督的关键点，努力提高审计的针对性、建设性和实效性。二要坚持实践的观点，要在全面调查了解的基础上，总体把握审计对象的基本情况，通过职业能力判断重要性水平，编制出符合实际和审计工作目标的实施方案。

五、辩证思维训练

案例一 审计中的底线思维及重要性思维

案情见本章第二节开篇【情景引例】

思考：如何运用底线思维及重要性思维对生物资产科目进行审计？

分析：

进行生物资产审计时，审计真实性、合法性和效益性是一个有机的整体。依托风险导向审计，要了解企业内部控制是否存在薄弱环节，运用多种审计程序测试，获取审计证据，多方面验证科目真实性、完整性，并且符合成本效益原则。做控制测试时，要了解每一个生物资产操作流程，并衡量其合理性，结合现场的检查与操作人员沟通，解释为什么做，怎么做好以及听取现场工作人员的反馈，一线员工的实际反馈很重要，是否易于操作是审计的重要内容。控制测试过程中需要一些底线思维，要思考员工不遵守规定的后果是什么，对于这个结果能否接受，如果不能接受，则该考虑如何改善生物安全设施和规定，在审计时能够认识到主要风险点和薄弱点，抓住主要矛盾，待主要矛盾解决后再解决次要矛盾。

案例二　审计人员的系统思维——“囚徒困境”与合作博弈

在博弈论中，有一个经典的故事，叫作“囚徒困境”。故事说，警方隔离审讯两名犯罪嫌疑人 A 和 B，聪明的警官分别告诉他们：如果其中一人招了，另一人没招，那么招的人会作为证人无罪释放，没招的人将会被判 10 年徒刑；如果两个人都招了，那么两个人都将被判 5 年有期徒刑；如果两个人都不招，则各判 2 年有期徒刑。一般人会认为，两名犯罪嫌疑人应该都选择不招供，则每人只需要判 2 年。然而，博弈的最终结局却是最坏的结果，两名犯罪嫌疑人均招供，结果都被判刑 5 年。囚徒困境之所以被称为“困境”，在于如果 A、B 两人都保持沉默，则都只判 2 年，显然比两人都坦白的结果要好。但由于 A、B 两名犯罪嫌疑人都是自利理性的人，作出招供的选择对他们个人来说都是最佳的选择，当两个人都选择最有利于自己的策略时，最后的结果反而是两败俱伤。

要破解囚徒困境，一种方式是借助外部强制力，如通过法律来建立大家均须遵守的规则去约束囚徒困境中的理性参与者们，让其维持合作。除约束外还应该制订合作的规则，约定博弈中从不首先背叛，对于对方的背叛行为一定要报复，不能总是合作；不能对方背叛一次，你就没完没了地报复，以后对方只要改为合作，你也要合作。

在内部审计实践中，审计人员经常需要解决与被审计对象之间存在的矛盾和冲突，来达成与被审计对象之间的合作博弈。在这种博弈中，博弈双方的地位其实是不对等的，可以说在很多情况下内部审计人员都处于劣势地位。造成这种局面的主要原因是没有一种能够强制约束博弈另一方的法律或者规则。虽然审计法及内部指导要求被审计对象应积极配合审计工作，但这种要求并无强制约束力，也就是没有明确如果被审计对象违反这个要求会受到什么惩罚。例如，审计工作中经常遇到被审计对象不积极配合提供审计资料、被审计对象不配合对审计发现的问题进行确认等，正是这些不合作因素让内部审计工作面临许多“困境”，成为一项极具挑战性的工作。

思考：如何利用系统思维，解决内部审计中的“囚徒困境”问题？

分析：

内部审计人员不能想当然觉得“我有权力审计你，所以你必须配合我的工作”。抱有这种线性思维的审计人员通常会在合作博弈中不停地“碰钉子”。审计人员应时常反问自己三个问题：被审计对象为什么要与自己合作，被审计对象什么时候才会选择与自己合作，如何使被审计对象与自己合作。被审计对象与我们合作只有一个前提，那就是基于“共同利益”，如果没有“共同利益”可言，则谈不上合作。通常在审计实践中，这种“共同利益”是比较难寻找的。此时，审计人员就要考虑被审计对象什么时候才会选择与自己合作，或者说如何使被审计对象与自己合作。

作为自利理性的被审计对象，一般在两种情况下会选择与审计人员合作，即对自己有利和被约束。所以，审计人员应想办法创造这两种情况。例如，在不增加审计风险的情况下，让被审计对象参与审计过程，被审计对象通过参与审计过程，增加对审计结果的认同度，可以在一定程度上减少审计人员与被审计对象沟通审计时的阻力。又如，内部审计部门可主动申请建立公司层面的激励机制，将被审计对象对审计工作的重视程度纳入激励考核，如把被审计对象积极配合内部审计工作、对审计发现问题立即整改作为考核加分项等。通过这些正向激励方式增加被审计对象的合作动力，使得审计监督和激励达到平衡，来减少审计工作与被审计对象之间的矛盾和冲突。再如，建立扣分机制实现惩罚从而达成合作等，虽然这种政策并不被大家愿意接受，但在博弈中，“胡萝卜加大棒”原则的策略往往是最优选择。也就是说，宽大为怀不一定好，毫无回旋余地也不见得差。

六、辩证思维训练习题

（一）单选题

1. 由于审计资源限制，需要对两个项目进行风险评估。关于这两个项目的风险评估，以下表述正确的是（　　）。

（1）审计委员会要求进行的被审计事项，其风险总是高于管理层要求进行的被审计事项。

（2）预算金额高的被审计事项的风险总是高于预算金额低的被审计事项。

（3）风险高低应根据对组织的潜在价值的估计或不利因素的暴露来衡量。

A. 只有（1）　　B. 只有（2）

C. 只有（3）　　D.（1）和（3）

2. 内部审计师（或企业合规师）可以通过确定何种事项来评估管理当局的计划职能？（　　）

A. 管理者的责任对象和授权范围

B. 员工薪金是否与以员工分数确定的薪金档次表一致

C. 是否每个管理计划均包括用来衡量计划完成与否的方法

D. 当旧的业绩评价标准不合适或无效率时，是否建立和推行新的业绩评价标准

3. 以下哪种情形代表了薪酬部门内部控制的薄弱环节？（　　）

A. 薪酬部门人员要轮换其职务

B. 薪金支票由员工的直接监督员发放

C. 薪金记录要每季度与税收报告核对

D. 时间记录职能是独立于薪酬部门的

4. 鉴于最近与被审计人在审计范围上的分歧，下列内部审计行为不适当的是（　　）。

A. 与审计委员会会晤以获得审计章程的批准，从而消除该问题以及以后可能发生的类似问题

B. 若分歧难以消除，则向董事会报告

C. 与主审计长一起复查获准的审计工作计划寻求涉及被审计人的直接方案

D. 向被审计人宣称，若抵制情形继续存在，审计部门将不为该部门提供绩效审计服务

（二）判断题

1. 审计人员在审计过程中，对于错的差异应当重点关注，而对于好的、意外的差异可以不用关注。(　　)

2. 审计人员已完成对公司活动的审计，准备出具审计报告。不过，业务客户反对内部审计人员的结论。内部审计人员应该与客户一起开展更多的工作，解决与业务客户意见不一致的地方。直到达成一致意见后才出具审计报告。(　　)

3. 审计人员已完成对公司活动的审计，准备出具审计报告。不过，业务客户反对内部审计人员的结论。出具审计报告，同时表明内部审计人员与业务客户的立场以及意见不一致的原因。(　　)

4. 在对被审计人员进行经济责任认定时，不能肯定一切，也不能全盘否定，要用辩证的思维方式和发展的眼光去看待被审计人在本单位相关经济活动中的作用。(　　)

5. 内部审计人员发现公司出现内部控制薄弱问题，应当和管理层沟通，若沟通不一致，应当向董事会报告；若沟通一致，则不需要向董事会报告。(　　)

（三）简答题

某公司应收账款原有的收账方案为：年收账费用 30 万元，平均收账期 90 天，坏账损失占赊销 6%。可替代的收账甲方案为：年收账费用 50 万元，平均收账期 60 天，坏账损失占赊销 5%。可替代的收账乙方案为：年收账费用 100 万元，平均收账期 45 天，坏账损失占赊销 4%。假定资产报酬率为 10%，年均赊销额为 5000 万元。

要求：内部审计人员对原有的收账政策进行评价，并提出最优方案。

（四）案例分析题

案例一

“出逃的扇贝”

2019 年 7 月，某集团公司收到证监会下发的《中国证券监督管理委员会行政处罚及市场禁入事先告知书》（以下简称《告知书》）。根据《告知书》，某集团公司涉嫌财务造假，内部控制存在重大缺陷。此外，其披露的相关报告涉嫌虚假记载等问题，部分内容“已经严重失实”。

1. 第一次“扇贝出逃”

2014年10月，某集团公司发布公告称，因北黄海遭到几十年一遇的冷水团，公司在2011年和2012年播撒的100多万亩即将进入收获期的虾夷扇贝绝收。这笔亏损被确认计入当年业绩，2014年某集团公司巨亏11.89亿元。2014年10月31日某会计师事务所专项说明：由于大浪等原因，存货监盘取样点由公司自选，抽样比例不足1%，监盘人员大部分为公司人员。2015年6月1日公司又对新的海域进行抽测，结果显示未收获的海域为160余万亩，不存在减值风险。该公告被投资者戏称为“扇贝又游回来了”，2016年终于扭亏为盈，并顺利“摘帽”。

2. 第二次“扇贝出逃”

2018年2月，某集团公司发布公告称，在进行底播虾夷扇贝年末存量年度盘查时，发现海洋牧场遭受重大灾害，扇贝长期处于饥饿状态，日益消瘦，品质也越来越差，甚至出现大规模死亡。某集团公司发布的2017年年报显示，公司前三季度实现净利润0.78亿元，但由于四季度纳入扇贝死亡的因素，导致公司年度再度亏损7.23亿元。

证监会在对某集团公司的《行政处罚决定书》和《市场禁入决定书》的公告中披露，2016年和2017年，某集团公司存在业绩造假行为。2016年某集团公司虚增1.3亿元净利润，2017年虚减2.7亿元净利润。对此，证监会决定对某集团公司处罚60万元。

如表1.1所示，2014年、2017年扇贝都“出逃”了，公司利用生物资产难以盘点的特点，运用利润“洗大澡”的方式，通过虚减成本，制造出盈利假象，使某集团公司顺利摘帽。

表1.1 某集团公司2013—2018年业绩表

年份	归母净利润（亿元）
2013	0.96
2014	-11.89
2015	-2.42
2016	0.79
2017	-7.23
2018	0.32

2017 年，为了补算成本，某集团公司以计提跌价准备方式“说故事”，又将 2016 年虚减的成本累加，同时虚减营业利润 2.7 亿元。

2018 年，在上年虚减营业利润加持下，成功“刚好”扭亏为盈。而 2019 年第一季度，某集团公司发布业绩报告，公布公司第一季度亏损 0.43 亿元，同比下滑 379.43%，而其中原因竟然是扇贝又“跑”了。

问题：如何运用辩证思维来设计生物资产的审计程序？

案例二

B 注册会计师负责对乙公司 2020 年度财务报表进行审计。乙公司为玻璃制造企业，2020 年末存货余额占资产总额比重较大。存货包括玻璃、煤炭、烧碱、石英砂，其中 39%的玻璃存放在外地公用仓库。乙公司对存货核算采用永续盘存制，与存货相关的内部控制比较薄弱。乙公司拟于 2020 年 11 月 25 日至 27 日盘点存货，盘点工作和盘点监督工作分别由熟悉相关业务且具有独立能力的人员执行。存货盘点计划的部分内容摘录如下：

（1）存货盘点范围、地点和时间安排

表 1.2　乙公司存货情况

地点	存货类型	估计占存货总额的比例	盘点时间
A 仓库	烧碱、煤炭	烧碱 10%，煤炭 5%	2020 年 11 月 25 日
B 仓库	烧碱、石英砂	烧碱 10%，石英砂 10%	2020 年 11 月 26 日
C 仓库	玻璃	玻璃 26%	2020 年 11 月 27 日
外地公用仓库	玻璃	玻璃 39%	—

（2）存货数量的确定方法

对于烧碱、煤炭和石英砂等堆积型存货，采用观察以及检查相关的收、发、存凭证和记录的方法，确定存货数量；对于存放在 C 仓库的玻璃，按照包装箱标明的规格和数量进行盘点，并辅以适当的开箱检查。

（3）盘点标签的设计、使用和控制

对存放在 C 仓库玻璃的盘点，设计预先编号的一式两联的盘点标签。使用时，一联由负责盘点存货的人员粘贴在已盘点的存货上，另一联由其留存；盘点结束后，连同存货盘点表交存财务部门。

（4）盘点结束后，对出现盘盈或盘亏的存货，由仓库保管员将存货实物数量和仓库存货记录调至相符。

问题：针对上述存货盘点计划第（1）项至第（4）项，逐项判断是否存在缺陷。如果存在缺陷，简要提出改进建议。

（五）分析题

运用系统思维分析如何对一家公司的存货进行审计，如何和客户保持良好沟通。

参考答案

（一）单选题

1. C　2. C　3. B　4. D

（二）判断题

1. ×　2. ×　3. √　4. √　5. ×

（三）简答题

详见表1.3

表1.3　收账政策影响情况表

项目	原收账方式（万元）	可替代方案（万元）	
		甲	乙
应收账款	5000	5000	5000
机会成本	125	83.33	63.5
坏账损失	300	250	200
收账费用	30	50	100
收账总成本	455	383.33	363.5

乙方案的收账总成本最低，说明企业原来采用的收账方法的效益并不是最佳的。内部审计人员应建议企业采用乙方案来收账。

（四）案例分析题

案例一：

（1）以抓住事物发展规律的思维，思考设计主要包括以下问题的访谈问卷：

公司为什么要在这么复杂的区域里进行养殖？可行性研究、立项中调研的冷水团环境养殖成功的概率是多少，行业里其他企业是否有类似的做法？是否具备专业的人才，人员的流动是否频繁，是否拥有专业的技术或设备，行业里先进的公司是如何应对的，是否对自然事件或环境进行实时监控，是否有专人负责，发现异常如何预警，对预警如何处理，公司是有足够手段进行提前应对？

（2）了解自然环境的相关信息——运用抓住主要矛盾思维

获取审计期间自然环境的信息报告，关注是否发生过恶劣的自然事件。

（3）审计扇贝存货的真实性、准确性——运用联系发展的思维

第一，关注盘点方法的科学性、合理性、合规性。

关注参与盘点的人员对盘点的技术是否熟悉，并了解盘点参与人员的相关背景，可以比对一下，出事时的盘点人员与无问题时的盘点人员是否有差异。关注样本点选择、样本的数量、统计的方法等。

第二，审计人员需要进行抽盘。

抽盘过程中要关注被审计对象是否有专业的技术与手段，是否配合等问题，盘点前先确定方法、规格型号。

第三，重点关注自然环境恶劣期间的财务数据，因为存在作假的动机，将自然环境的好坏与存货数据进行趋势分析。根据历史数据，自然环境恶劣时，跑的可能性极大。

案例二：

第（1）项存在三个缺陷。A、B 仓库的存货中均存在烧碱，对于同一类型的存货，建议采用同时盘点的方法，不应该安排在不同的时间；对于存放在公用仓库的存货——玻璃，占存货总额的 39%，是非常高比例的存货，建议安排时间进行盘点，纳入盘点范围；乙公司内部控制比较薄弱，应该选择在资产负债表日前后进行盘点。

第（2）项存在缺陷。盘点方式不恰当，对于烧碱、煤炭和石英砂等堆积型存货，应该选择的盘点方式通常为工程估测、几何计算、高空勘测，并依赖详细的存货记录；如果堆场中存货堆不高，可进行实地监盘，或通过旋转存货堆加以估计。

第（3）项不存在缺陷。

第（4）项存在缺陷。盘点结束后，对于盘盈或盘亏的存货，不应由仓库保管人员对存货实物数量和仓库存货记录进行调节。应该安排与仓库保管有关的主管人员负责调节。

（五）分析题

可以从横向、纵向两个角度进行全面分析和梳理。

第三节　质量思维

【情景引例】

2016年，MJ会计师事务所承接北京市某机关的3家附属三产企业的设立验资项目，项目负责人仅凭其上级批示“拟拨注册资金××万元”的文件，未经任何必要审验程序，就出具了结论为“投资各方已按协议足额出资”的验资报告。在2018年工商年检中，工商管理部门发现这3家企业注册资本不实，并将这3家企业予以注销。鉴于这3家企业没有外围债务、经济纠纷，工商管理部门只是对MJ会计师事务所提出了口头批评。

思考：

1. MJ会计师事务所在审计过程中出现了哪些问题？

2. 应当如何提升审计质量？

分析：审计评价不能随意而为，必须依据权威的质量标准，对会计师事务所的质量控制系统进行监控，为了避免会计师事务所的质量控制流于形式。有必要加强审计合规人员的质量思维。

一、质量思维的整体框架

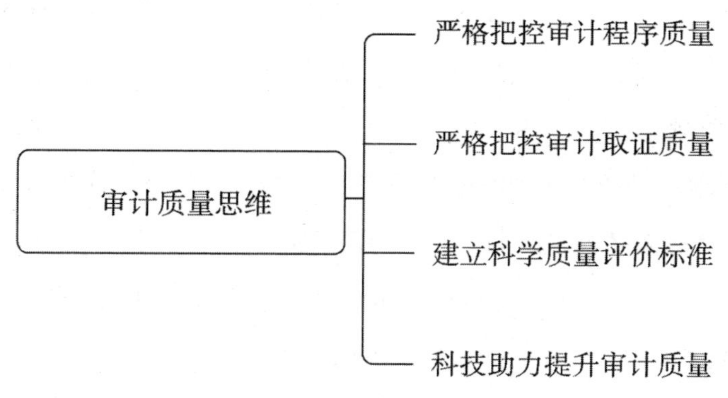

图 1.3　审计质量思维的整体框架

二、什么是质量思维（原理）

审计准则是审计质量的度量。在把握审计对象的实际情况后，审计人员需要对审计对象的合法性、合规性和有效性等方面进行评价，得出审计结论，并以此作为发表审计意见的基础。审计评价不能随意而为，必须依据权威的质量标准，即审计质量。质量思维是审计人员积极开展审计活动的另一个专业思维，有助于进一步提高审计人员的独立工作能力。

三、为什么要具备审计质量思维（价值）

审计质量是审计工作的生命线。通过审计作出的审计评价、提出的审计建议、出具的审计报告、撰写的审计情况等审计结论性成果，都是建立在审计质量可靠的基础上的。审计人员需要具备审计质量思维，严格把控审计程序质量，严格把控审计取证质量，建立科学质量评价标准，科技助力提升审计质量。

四、审计质量思维有哪些要求

审计人员要严格把控审计程序质量。规范审计程序是保证审计质量、降低审计风险的客观要求。审计程序是确定审计方法的前提，只有设计出科学、合理、规范、符合客观实际的审计程序，才能高效地实施审计，才能将保证审计质量的要求落实到审计工作的各阶段、各环节和各步骤。

审计人员要严格把控审计取证质量。一是审计取证要清晰明确。审计人员不应追求证据数量，而是要强化规范意识、证据意识，明确审计证据的形式要件。二是审计取证要客观公正。审计事项是客观存在的，审计证据必须是客观和公正的。因此，审计人员在审计取证过程中，一定要注意收集、调取与争议事实有直接因果关系或者客观关联的证据。三是审计取证要合法细致。审计取证过程要遵循相关法律法规进行事实认定，对审计证据要严格把关，对于不符合法律要求的证据要先排除，对于存在瑕疵的证据要及时完善。

审计人员要建立科学质量评价标准。一套健全完善的审计质量评价体系，能够传输审计质量信息，为信息使用者提供可靠保障。建立审计质量评价体系，能够促进审计监管，提高审计质量。对于公众利益实体审计客户，关键审计合伙人应当严格遵守轮换要求，保证审计质量评价及满足独立性要求。为保证评价公正，在事务所或内审部门对项目实施内部质量检查时，该项目的项目组成员及项目质量复核人员均不得参与检查。

具体审计程序包括：（1）询问。审计人员以书面或口头方式，从被审计单位内部或外部的知情人员处获取财务信息和非财务信息，并对答复进行评价的过程。（2）观察（对象：人）。审计人员查看相关人员正在从事的活动或实施的程序。（3）检查（对象：物）。记录和文件或实物资产。审计人员对被审计单位内部或外部生成的，以纸质、电子或其他介质形式存在的记录和文件进行审查，或对资产进行实物审查。（4）函证。第三方（被询证者）审计人员直接从第三方（被询证者）获取书面答复以作为审计证据的过程，书面答复可以采用纸质、电子或其他介质等形式。（5）重新计算。审计人员对记录或文件中的数据计算的准确性进行核对。（6）重新执行。审计人员独立执行原本作为被审计单位内部控制组成部分的程序或控制。与重新执行目标不同，穿行测试是通过追踪交易在财务报告信息系统中的处理过程，来证实注册会计师对控制的了解、评价控制设计的有效性以及确定控制是否得到有效执行的方法。（7）分析程序。审计人员通过分析不同财务数据之间以及财务数据与非财务数据之间的内在关系，对财务信息作出评价。

审计人员要借助科技力量提升审计效率和效果。信息技术对审计过程的影响主要体现在以下几个方面：对审计线索的影响、对审计技术手段的影响、对内部控制的影响、对审计内容的影响、对注册会计师的影响。审计人员面临的执业环境日益复杂，新兴科技企业广泛运用互联网、复杂系统、人工智能等创新商业模式及运营方式，传统的审计技术手段，如抽样检查纸质凭证和文件记录已经不足以应对新经济时代的审计风险。审计工作必须投入大量资源研发现代化审计平台和先进的数字化审计工具，以有效应对审计风险，精准打击会计造假，提升审计效率，提出具有深刻洞见的管理建议。

五、质量思维训练

案例一 质量思维在审计程序中的运用

某注册会计师协会在进行行业检查时发现一家会计师事务所的某些审计项目只有少量的审计工作底稿，项目负责人解释说，他们实施了风险评估，觉得审计对象有问题的可能性很小，就不再审计了。

思考：该项目负责人的说法是否正确？请说明理由。

分析：

该项目负责人的说法不正确。从案例情况看，该项目只是实施了风险评估程序，并没有实施实质性程序，因此获取的审计证据是不充分的。风险评估程序是财务报表审计首先应实施的审计程序，目的是识别和评估财务报表层次和认定层次的重大错报风险。风险评估程序获取的审计证据必须充分适当，审计人员才能得出重大无错报风险的结论，为进一步的审计程序（控制测试和实质性程序）提供合理的基础。审计人员要对财务报表得出最终结论，发表审计意见，仅仅从风险评估程序获取审计证据是不够的，审计人员必须实施进一步的审计程序（控制测试和实质性程序），获取充分适当的审计证据，才能为发表审计意见提供合理的保证。充分适当的审计证据是得出审计结论、发表审计意见的基础。获取充分适当的审计证据，既是审计人员的基本职责，也是审计工作的核心。如何收集审计证据？审计证据的充分性和适当性如何判断？这就需要深入理解审计证据的内涵，把握审计证据的本质，具备良好的质量思维。

案例二　质量思维在审计证据获取中的运用

某医药生产企业建造了一条药品生产线，2018年试生产了两种产品，经检验合格，但该企业因2018年利润考核指标压力未将在建工程5000万元转为固定资产，未计提生产线折旧475万元。M会计师事务所对该药企2018年财务报表进行审计，审计人员A对生产线负责人进行了访谈，生产线负责人告知该生产线并未验收合格尚未投产，审计人员A未实施其他审计程序便认可了在建工程数据，并发表了审计意见。2019年，该企业仍因利润考核指标压力未将在建工程5000万元转为固定资产，未计提生产线折旧。N会计师事务所对该药企2019年财务报表进行审计，审计人员B对生产线负责人进行了访谈，产线负责人说该生产线未验收合格尚未投产，审计人员B认为在建工程金额较大，审计风险较高，决定实施其他审计程序，并在对该企业固定资产实施监盘审计程序时发现该生产线已投入生产，与财务人员确认后要求该企业调整财务数据。

思考：分别说明审计人员A、B所实施的审计程序是否合理，获取的审计证据是否充分？请说明理由。

分析：

审计人员A实施的审计程序不合理，获取的审计证据不充分。审计人员B实施的审计程序合理，获取的审计证据充分。从案例情况看，审计人员A只对在建工程实施了访谈程序，实施的审计程序不够科学、合理，获取的审计证据不够充分。规范审计程序是保证审计质量、降低审计风险的客观要求。审计程序是确定审计方法的前提，只有设计出科学、合理、规范、符合客观实际的审计程序，才能高效地实施审计并获取充分适当的审计证据，才能为发表审计意见提供合理的保证。

六、质量思维训练习题

（一）单选题

1. 下列不能通过观察获取的审计证据是（　　）。

A. 被审计单位经营场所　　　　B. 内部控制的效果

C. 应收票据是否抵押　　　　D. 固定资产的存在

2. 下列各项审计程序，非必须执行的是（　　）。

A. 了解被审计单位的基本情况　　　　B. 控制测试

C. 实质性程序　　　　D. 编写审计报告

3. 注册会计师在对涉及职能分离但未留下交易轨迹的控制程序进行测试时，最可能运用（　　）。

A. 检查　　　　B. 观察

C. 重新执行　　　　D. 调节

4.（　　）是通过追踪交易在财务报告信息系统中的处理过程，来证实注册会计师对控制的了解、评价控制设计的有效性以及确定控制是否得到有效执行的方法。

A. 穿行测试　　　　B. 观察

C. 重新执行　　　　D. 检查

5. 下列有关存货监盘的表述中，不正确的是（　　）。

A. 注册会计师无法亲临现场，即由于不可抗力导致其无法到达存货存放地实施存货监盘，可以考虑改变存货监盘日期，并对预订盘点日与改变后的存货监盘日之间发生的交易进行测试

B. 对存货进行监盘主要是证实存货计价和分摊的程序。除非出现无法实施存货监盘的特殊情况，否则在绝大多数情况下都必须亲自观察存货盘点过程，实施存货监盘程序

C. 对于存放在公共仓库中的存货，可通过函证方式查验

D. 对于危害性物质，如果被审计单位对其生产、使用和处置存有正式报告，注册会计师可通过追查至有关报告的方式确定此类危害性物质是否存在

（二）多选题

1. 在实务中，注册会计师可以通过（　　）提高审计程序的不可预见性。

A. 对某些未测试过的低于设定的重要性水平的账户余额和认定实施实质性程序

B. 调整实施审计程序的时间

C. 采取不同的审计抽样方法

D. 选取不同的地点实施审计程序

2. 控制测试的时间包含（　　）。

A. 控制测试所花费的时间

B. 控制测试在审计程序中所处的时间

C. 何时实施控制测试

D. 测试所针对的控制适用的时点或期间

3. 如果控制环境存在缺陷，注册会计师在对拟实施审计程序的性质、时间和范围做出总体修改时，应当考虑的因素有（　　）。

A. 在期中而非期末实施更多的审计程序

B. 主要依赖控制测试获取审计证据

C. 修改审计程序的性质，获取更具说服力的审计证据

D. 扩大审计程序的范围

4. 进一步审计程序的目的包括（　　）。

A. 通过实施控制测试以确定内部控制运行的有效性

B. 通过实施实质性程序以确定内部控制运行的有效性

C. 通过实施控制测试以发现认定层次的重大错报

D. 通过实施实质性程序以发现认定层次的重大错报

5. 在确定进一步审计程序的范围时，注册会计师应当考虑的因素包括（　　）。

A. 确定的重要性水平　　B. 评估的重大错报风险

C. 计划获取的保证程度　　D. 控制的有效性

6. 实质性程序的性质是指实质性程序的类型及其组合，其包括的两种基本类型分别是（　　）。

A. 分析程序　　B. 细节测试

C. 重新执行　　D. 检查

7. 下列选项中，受被审计单位信息技术的应用影响的有（　　）。

A. 审计线索　　B. 审计内容

C. 审计目标　　D. 审计技术手段

8. 下列关于分析程序的说法，正确的有（　　）。

A. 分析程序的主要目的是确认是否有异常或意外的波动

B. 当分析结果与期望值有较大差别时，注册会计师应认为相关数据不恰当

C. 在对内部控制的了解中，注册会计师不会运用分析程序

D. 对于异常变动的项目，注册会计师应考虑审计方法是否适当，是否应追加审计程序

9. 注册会计师向被审计单位客户函证应收账款，对方回函中列示的免责或其他限制条款，对回函可靠性不产生影响的有（　　）。

A. 本信息是从电子数据库中获取，可能不包括被询证方所拥有的全部信息

B. 提供的本信息仅出于礼貌，我方没有义务必须提供，也不因此承担任何明示或暗示的责任、义务和担保

C. 本回复仅限于审计目的，被询证方、其员工或代理人无任何责任，也不能免除注册会计师做其他询问或执行其他工作的责任

D. 接收人不能依赖函证中的信息

10. 下列有关说法不正确的有（　　）。

A. 如果从不同来源获取的审计证据或获取的不同性质审计证据不一致，可能表明某项审计证据不可靠，注册会计师应当追加必要的审计程序

B. 在运用分析程序进行总体复核时，如果识别出以前未识别的重大错报风险，注册会计师应当根据未识别的重大错报风险的影响程度直接发表保留意见或否定意见的审计报告

C. 如果注册会计师对被审计单位重大错报风险的评估结果为低，则注册会计师不用再针对其重大的各类交易、账户余额和披露实施实质性程序

D. 审计证据的适当性是对审计证据质量的衡量，即审计证据的相关性和可靠性

（三）判断题

1. 资产只能通过实物证据来证明。（　　）

2. 了解被审计单位及其环境是必要程序，是一个连续和动态地收集、更新

与分析信息的过程，贯穿于审计过程的始终。(　　)

3. 内部证据是由被审计单位机构或职员编制和提供的书面证据，因此属于可靠性极低的证据。(　　)

4. 注册会计师应把各种重要的口头证据记录下来，必要时还应获得被询问者的签名确认，从而形成书面证据。(　　)

5. 项目合伙人对项目管理和项目质量承担总体责任，项目质量复核人员对项目质量复核的实施承担总体责任。(　　)

6. 会计师事务所对项目实施内部质量检查时，该项目的项目组成员及项目质量复核人员均不得参与检查。(　　)

（四）简答题

1. 会计师事务所应当建立完善的审计工作底稿分级复核制度，请回答对审计工作底稿的复核可分为几个层次？各个层次的内容是什么？

2. 注册会计师在对F公司2020年度会计报表进行审计时，收集到以下三组审计证据：

①收料单与购货发票

②销售发票与产品出库单

③领料单与材料成本计算表

要求：请分别说明每组审计证据中哪项审计证据较为可靠，并简要说明理由。

3. 某会计师事务所的质量管理制度部分内容摘录如下：

（1）合伙人的收益以各业务部门为单位进行分配，具体分配方案由各业务部门制订，原则上以执业质量为首要审核指标。

（2）事务所质量管理部对上市实体审计业务的关键审计合伙人轮换进行实时监控，并每年对轮换情况实施复核，其他审计合伙人轮换由各业务部门自行监控及复核。

（3）项目合伙人对项目管理和项目质量承担总体责任，项目质量复核人员对项目质量复核的实施承担总体责任。

（4）事务所对项目实施内部质量检查时，该项目的项目组成员及项目质量复核人员均不得参与检查。

（5）项目合伙人和项目组其他成员不得担任本项目的项目质量复核人员，但可以为本项目质量复核提供协助。

要求：针对上述第（1）项至第（5）项，逐项指出某会计师事务所业务质量管理体系是否恰当。如不恰当，简要说明理由。

（五）案例分析题

某会计师事务所于2021年2月6日接受了某公司2020年度财务报表的审计委托。公司注册资本为2000万元，2020年12月31日未经审计的资产总额为10000万元。某会计师事务所委派注册会计师王某、李某执行某公司的审计业务。他们在计划阶段确定的重要性水平为80万元，在完成阶段确定的重要性水平为100万元，并于2021年3月12日完成了审计工作。在复核工作底稿时，王某、李某对以下发现的事项提出了相应的处理建议，但某公司管理层于3月16日正式答复王某、李某，拒绝接受他们的处理建议。

（1）由于某公司一座建于2002年（2001年12月完工）、原值200万元、预计使用年限50年、已提折旧104万元的办公大楼因不明原因出现裂缝（采用直线法计提折旧），经过专家鉴定后进行了及时维修，并将原预计使用年限改为40年，因此从2020年起改变年折旧率，并进行了必要的账务调整。但某公司拒绝在2020年报表中作任何披露。

（2）某公司在国外的一家联营企业据称有95万元的投资，当年取得投资收益为40万元，这些金额已列入2020年的净收益中，但王某、李某未能取得联营企业经审计的财务报表及函证回函。此外，由于某公司拒绝提供与此项投资相关的协议、合同以及会计记录，王某、李某也未能采取其他程序查明此项投资和投资收益的真实性。

（3）由于某公司存货使用受到仓库倒塌的限制，正常业务受到严重影响，因而无力支付于2021年4月12日即将到期的120万元债务，也没有预付下一年度的60万元广告费。这些情况均已在财务报表附注中进行了充分、适当的披露，某公司已恰当处理了该事项对持续经营的影响，并且注册会计师对此也表示认可。

（4）2020年11月，某公司被指控侵犯某西公司的专利权，某西公司要求收取某公司专利权费和罚款，截至2020年12月31日尚未解决，经律师估计，某公司很可能要支付某西公司180万元的专利权费和罚款，但某公司未对此进行处理。2021年3月6日，经法院裁决，某公司应向某西公司赔偿180万元，某公司同意并于3月8日支付完毕。但某公司拒绝就此调整其2020年度财务报表。

问题：

1. 逐一分析上述情况，分别针对每种情况指出应出具的审计意见的类型，并简要说明理由。

2. 仅考虑情况（3）、(4)，代王某、李某草拟审计报告。

参考答案

（一）单选题

1. C　2. B　3. C　4. A　5. B

（二）多选题

1. ABCD　2. AB　3. CD　4. AD　5. ABC　6. AB　7. ABD　8. ACD　9. BC　10. BC

（三）判断题

1. ×　2. √　3. ×　4. √　5. √　6. √

（四）简答题

1. 对审计工作底稿的复核可分为两个层次：项目组内部复核和独立的项目质量控制复核。

①项目组内部复核又分为两个层次：审计项目经理的现场复核和项目合伙人的复核。

②项目质量控制复核是指在出具报告前，对项目组作出的重大判断和在准备报告时形成的结论作出客观评价的过程。

2. ①购货发票较为可靠。外部证据由审计人员从外部取得，如应收账款回函、审计人员编制的计算表等，还有审计人员从内部获得的外部证据，如银行对账单、购货发票、应收票据，外部证据中，外部获得比内部获得更可靠。

②销售发票较为可靠。属于外部证据。

③材料成本计算表较为可靠。因为领料单在不同部门间传递，而材料成本计算表只在会计部门内部传递，用以外部流通（如入库单、出库单、工资结算单），比内部编制内部流通的单据（如销售发票、付款支票）更可靠。

3.（1）不恰当。会计师事务所应当在全所范围内统一进行合伙人考核和收益分配。

（2）不恰当。对于公众利益实体审计客户，关键审计合伙人应当严格遵守轮换要求。

（3）恰当。

（4）恰当。

（5）不恰当。为了确保协助人员的客观性，项目合伙人和项目组其他成员也不得为本项目的项目质量复核提供协助。

（五）案例分析题

1. 对情况（1），应发表无保留意见。所述会计估计变更虽然合理，但未在报表附注中披露，不符合企业会计准则的规定。所述固定资产的原值虽然超过重要性水平，但考虑到此项会计估计变更的影响金额远小于财务报表层次的重要性水平，应发表无保留意见。

对情况（2），应发表保留意见。所述情况属于审计范围受限，但不至于出具无法表示意见的审计报告，应发表无法表示意见。由于存货总额为 3200 万元，占到全部资产总额 10000 万元的 32%，属于审计范围受到整体性严重限制，无法对财务报表的整体反映发表意见。

对情况（3），应发表带强调事项段的无保留意见。涉及的金额超过财务报表重要性水平。表明公司存在重大的财务困难，虽然公司已进行充分披露，但持续经营假设的合理性应受到怀疑。

对情况（4），应发表保留意见。所述事项已经了结，但该事项属于 2020 年资产负债表日后调整事项，应调整 2020 年度财务报表，且涉及金额超过财务报表层次重要性水平，但不至于发表否定意见的审计报告。

2. 仅考虑情况（3）、（4），代为起草的审计报告如下：

审计报告

某公司全体股东：

我们审计了后附的某公司财务报表，包括2020年12月31日的资产负债表、2020年度的利润表、股东权益变动表和现金流量表以及财务报表附注。

一、管理层对财务报表的责任

按照企业会计准则的规定，编制财务报表是某公司管理层的责任。这种责任包括：（1）设计、实施和维护与财务报表编制相关的内部控制，以使财务报表不存在由于舞弊或错误而导致的重大错报；（2）选择和运用恰当的会计政策；（3）作出合理的会计估计。

二、注册会计师的责任

我们的责任是在实施审计工作的基础上对财务报表发表审计意见。我们按照中国注册会计师审计准则的规定执行了审计工作。中国注册会计师审计准则要求我们遵守职业道德规范，计划和实施审计工作以对财务报表是否不存在重大错报获取合理保证。审计工作涉及实施审计程序，以获取有关财务报表金额和披露的审计证据。选择的审计程序取决于注册会计师的判断，包括对由于舞弊或错误导致的财务报表重大错报风险的评估。在进行风险评估时，我们考虑与财务报表编制相关的内部控制，以设计恰当的审计程序，但目的并非对内部控制的有效性发表意见。审计工作还包括评价管理层选用会计政策的恰当性和作出会计估计的合理性，以及评价财务报表的总体列报。我们相信，我们获取的审计证据是充分、适当的，为发表审计意见提供了基础。

三、导致保留意见的事项

2020年11月，某公司被指控侵犯某西公司的专利权，某西公司要求收取某公司专利权费和罚款，截至2020年12月31日该侵权纠纷尚未解决，经律师估计，某公司很可能要支付某西公司180万元的专利权费和罚款，但某公司未对此进行处理。2021年3月6日，经法院裁决，某公司应向某西公司赔偿180万元，某公司同意并于3月8日支付完毕。但某公司拒绝就此调整其2020年度财务报表。

四、审计意见

我们认为，除前段所述未能进行正确的调整处理可能产生的影响外，某公司财务报表已经按照企业会计准则和《股份制企业会计制度》的规定编制，在所有重大方面公允反映了某公司 2020 年 12 月 31 日的财务状况以及 2020 年度的经营成果和现金流量。

五、强调事项

我们提醒财务报表使用者关注，如财务报表附注×所述，由于某公司存货的使用受到仓库倒塌的限制，正常业务受到严重影响，因而无力支付于 2021 年 4 月 12 日即将到期的 120 万元债务，也没有预付下一年度的 60 万元广告费。这些情况均已在财务报表附注中进行了充分、适当的披露。本段内容不影响已发表的审计意见。

北京某会计师事务所（盖章）

中国注册会计师：王某（签名并盖章）

中国注册会计师：李某（签名并盖章）

中国·北京市二〇二一年三月十六日

第四节　审计责任思维

【情景引例】

某会计师事务所的一份调研报告——《促使内审价值最大化》，总结了高效内审职能所共有的 8 个关键特征。某会计师事务所对 2000 名高管进行的 2019 年全球风险、内部审计和合规调查表明，随着组织进行数字化转型，更适合数字化的内部审计职能部门可以更有效地帮助其利益相关者作出更好的决策，并采取更明智的措施。内部审计需要灵活快速变通并且跟上业务的步伐，且不断提高自身数字化水平，内部审计职责应当更有效地应对这一挑战。通过利用数字能力和数据的力量——包括组织内部的数据和组织外部的数据——内部审计职能部门可以找到相关性，不仅能跟上不断变化的风险，而且有助于预测不断变化的风险。

内部审计职能不断扩展的同时，外部审计的职责也存在争议。近几年外部审计失败案件时有发生，被处罚的会计师事务所纷纷向证监会申请行政复议，复议的焦点也围绕被审计单位的会计责任与注册会计师的审计责任的区分，以及注册会计师的审计责任界定。

一、责任思维的整体框架

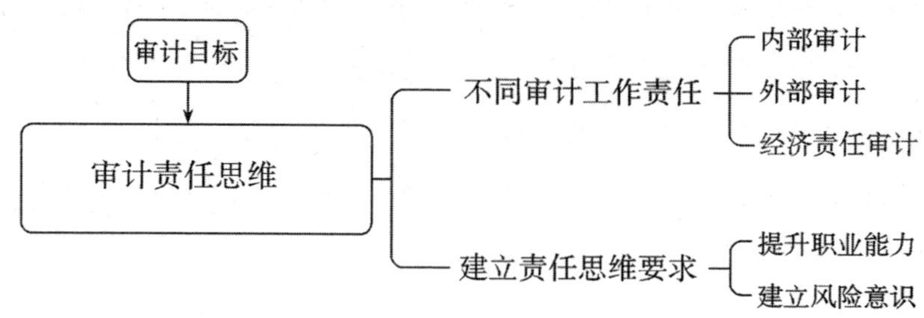

图 1.4　审计责任思维的整体框架

二、什么是责任思维（原理）

有什么样的审计目标，就有什么样的审计责任。不同的审计工作内容具有不同的审计责任。具体来说：

1. 内部审计责任。以国有企业为例，根据国务院相关规定①，内部审计责任包括：制定企业内部审计工作制度，编制企业年度内部审计工作计划；按企业内部分工组织或参与组织企业年度财务决算的审计工作，并对企业年度财务决算的审计质量进行监督；对国家法律法规规定不适宜或者未规定须由社会中介机构进行年度财务决算审计的有关内容组织进行内部审计；对本企业及其子企业的财务收支、财务预算、财务决算、资产质量、经营绩效以及其他有关的经济活动进行审计监督；组织对企业主要业务部门负责人和子企业的负责人进行任期或定期经济责任审计；组织对发生重大财务异常情况的子企业进行专项经济责任审计；对本企业及其子企业的基建工程和重大技术改造、大修等的立项、预算、决算和竣

① 参见《中央企业内部审计管理暂行办法》。

工交付使用进行审计监督；对本企业及其子企业的物资（劳务）采购、产品销售、工程招标、对外投资及风险控制等经济活动和重要的经济合同等进行审计监督；对本企业及其子企业内部控制系统的健全性、合理性和有效性进行检查、评价和意见反馈，对企业有关业务的经营风险进行评估和意见反馈；对本企业及其子企业的经营绩效及有关经济活动进行监督与评价；对年度工资总额来源、使用和结算情况进行检查。

内部审计主要针对企业内部重大事项合规合法性进行审查，并对企业内部运行的效率和效果进行评价。

2. 外部审计责任，财务报表鉴证业务的审计目标有两个：财务报告是否按照适用的会计准则和相关会计制度编制；财务报告是否在所有重大方面公允反映被审计单位的财务状况、经营成果和现金流量。外部报表审计主要责任为合规、公允。

3. 经济责任审计责任，即对被审计人出具全面的评价意见，根据国务院相关规定，党政主要领导干部和主要领导人员的经济责任审计主要围绕四个方面[①]进行：评价领导干部贯彻执行党和国家经济方针政策、决策部署情况；评价本地区或任期发展规划，政策措施制定执行效果；评价管理、分配、使用公共资金、国有资产情况；重大经济风险防范情况。经济责任审计的职责重点是对领导人任期效果的评价。

三、为什么要具备审计责任思维（价值）

责任，源于合规审计工作的天职。起源于受托责任制的审计，一开始便被赋予了履行责任的义务，也就背负了沉甸甸的责任。审计人员的天职就是履行受托责任，审计的本质就是一项独立的监督活动。

四、审计责任思维有哪些要求

基于审计失败，对于审计责任与公众预期存在一定差异，这也是开篇情景引例中某会计师事务所的调研数据所体现的情况，内部期望与实际履行间会产生差

① 参见《党政主要领导干部和国有企事业单位主要领导人员经济责任审计规定》。

异，外部审计失败与公众期望会产生差异，这些都会导致审计责任的边界模糊。企业出现了财务造假，审计人员却没有发现，类似审计失败的原因就是利己主义和功利主义超越道义主义和美德主义，导致一些审计师责任意识薄弱，将商业利益凌驾于公众利益之上，是审计失败的内部原因。另外，审计师提供的是合理保证的鉴证业务，对审计师执业能力提出要求，执业能力不足导致审计师未能发现企业不合规行为。因此，履行审计责任需要提出两点要求：

（一）提高执业能力

在《国家职业分类大典》（2022 年版）中，“企业合规师”应归属的大类为“专业技术人员”，中类为“经济和金融专业人员”，小类为“评估专业人员”。因此，作为专业合规人员需要提高企业合规相关法规、合规管理、内部控制、全面风险管理、内部审计、内部合规运营管理、合规管理体系构建、合规评价与结果运用、业务领域合规管理的综合案例分析、合规管理人才培养与文化建设等方面的专业胜任能力。

（二）建立风险意识

国内大部分企业对合规管理并不重视，未建立起一套完善的合规管理体系，而企业在经营过程中，随时会面临如违法违规经营、交易、投资和内部贪腐、商业犯罪等风险。企业合规师的责任是在内部建立起一套全面的合规管理体系，以应对可能出现的风险问题。建立风险管理导向的工作流程，如图 1.5 所示。

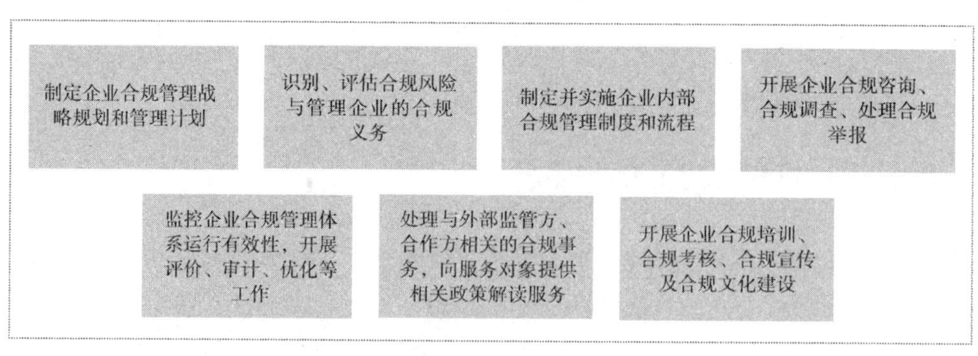

图 1.5　风险管理导向企业合规师工作流程

五、责任思维训练

案例　证券合规管理人员胜任能力要求——执业能力要求

证券公司合规管理人员胜任能力要求[①]：

(1) 从事证券公司合规管理工作应知应会的法学基本理论知识；

(2) 履行合规管理职责应知应会的证券市场相关法律、行政法规、规章及规范性文件；

(3) 有关合规管理的基本理论、实务及技能。

其中应当掌握我国反洗钱立法的基本进程；熟悉证券公司反洗钱相关法律法规；熟悉通过金融机构进行洗钱的常见形式和通过证券公司进行洗钱的主要方式；掌握证券公司反洗钱的基本流程和主要控制环节；了解证券公司反洗钱内部控制体系应包括的要素；掌握证券公司开户环节的尽职调查要求和对客户身份资料、交易记录保存的要求；掌握证券公司大额和可疑交易的报告义务、监测机制和保密要求；熟悉证券公司协助反洗钱调查的义务；了解证券公司进行反洗钱培训和宣传的要求。

思考：

1. 证券人员为什么有责任了解规范反洗钱业务？

2. 如何运用责任思维提高执业能力？

分析：央行连续对银行、证券、保险机构总部开出反洗钱罚单，将反洗钱工作提上新的高度。作为现代社会资金融通的主渠道，金融不仅是现代经济的核心，也是洗钱的高发地带。证券市场因参与者众多、流动性高、交易规模大、供求关系瞬息万变、价格形成机制复杂、交易品种多等特性，成为洗钱高风险领域。证券合规人员有责任关注风险高发环节及掌握法律知识，提高执业能力。

---

① 本案例根据证券公司合规管理人员胜任能力考试大纲整理。

六、责任思维训练习题

（一）单选题

1. 关于根据国际内部审计师协会发布的《国际内部审计专业实务框架》实施的质量保障检查，以下哪种说法是不正确的？（　　）

A. 质量保障程序可以包括被审计单位通过面谈和问卷调查或调研提供的反馈意见

B. 质量保障检查的结果可以与高层管理人员和董事会分享

C. 如果符合条件，公司管理人员或董事会董事可以成为外部检查小组的成员，因为他们独立于内部审计部门

D. 人们期望质量保障团队对内部审计部门的工作效率和成效进行检查

2. 为保证内部审计的独立性，担任该审计项目负责人的任期不得超过（　　）年。

A. 1　　B. 3

C. 5　　D. 10

3. 内部审计人员经常涉及大量潜在的道德困境，而内部审计师协会的《职业道德规范》明确提及的并不囊括所有这类问题。若某内部审计师遇到此类困境，其应当（　　）。

A. 从独立律师那里获得建议，以确定潜在行为导致的个人后果

B. 考虑所有影响的方面以及潜在的行为后果，按照内部审计目标以及内部审计师协会《职业道德规范》中相关概念开展行动

C. 在决定作出行动之前寻求审计委员会的指导

D. 按照组织采用的《职业道德规范》采取行动，而不论该行为是否背离内部审计师协会的《职业道德规范》

4. 在审计中，内部审计师发现一位受重用的员工一直在申请与本公司基本业务无关的新发明的专利权。公司对与基本业务无关的发明专利申请没有专门的政策规定。尽管所有员工的新发明都属于公司的财产，但部门经理还是原谅了该员工，那么该审计师作出的不报告该员工行为的决定（　　）。

A. 违反了内部审计师协会的《职业道德规范》

B. 违反了国际内部审计师协会《国际内部审计专业实务框架》中有关报告的规定

C. 是合理的，因为部门经理已经知道了情况，而且该行为没有违反公司政策

D. A和B

5. 某内部审计师由于原公司裁员而失业，在同一行业的另一家公司找到了一份工作。该审计师在新的组织中的哪项行为违反了内部审计师协会《职业道德规范》？（　　）

A. 内部审计师在新工作中使用在以前雇主那儿使用过的风险分析方法，来确定应优先考虑的审计事项

B. 新审计部门不使用PPS[①]抽样法，但审计师认为PPS抽样法对于新雇主实施的多种审计工作都有好处，他召开培训会议并且制作表格来按照以前雇主的使用方法实施抽样

C. 在以前的公司工作时，该审计师进行大量研究来确定财务部门的“最佳实践”，以作为该公司审计工作的一部分。由于大部分研究工作是利用业余时间在家中进行，他保留了许多资料并计划在对新雇主财务部门审计时使用

D. 以上行为均不违反《职业道德规范》

6. 在财务报表审计中，下列关于管理层责任的说法中，不恰当的是（　　）。

A. 管理层应当允许注册会计师接触与编制财务报表相关的所有信息，并提供审计所需要的其他信息

B. 设计、执行和维护与财务报表相关的必要的内部控制，属于管理层的责任

C. 如果管理层不认可其对编制财务报表的责任，注册会计师可能考虑出具非无保留意见的审计报告

D. 按照适用的财务报告编制基础编制财务报表并使其实现公允反映，属于管理层的责任

---

① PPS（Proportional to Population Size），即“容量比例概率抽样法”或“人口比例抽样法”。下文不再标注。

7. 企业（　　）应对经营活动的合规性负首要责任。

A. 负责人　　B. 企业合规师

C. 财务　　D. 审计师

8. 以下哪种情况有助于提高内部审计部门和外部审计部门之间的总体审计效率？（　　）

A. 缩小内部审计的范围，以避免发生潜在的利益冲突

B. 对同一部门的多次审计被安排在不同时间进行

C. 在开展外部审计之前，由内部审计部门对各职能部门进行审计

D. 根据内部审计部门的业务情况缩小外部审计的范围

9. 商业银行对客户调查和客户资料的验证应以（　　）为主。

A. 实地调查　　B. 间接调查

C. 外部征信机构　　D. 电话客户身份识别

（二）多选题

1. 为了确定审计的前提条件是否存在，注册会计师应当就管理层认可并理解其责任与管理层达成一致意见。下列有关管理层责任的说法中，正确的有（　　）。

A. 管理层应当按照适用的财务报告编制基础编制财务报表，并使其实现公允反映

B. 管理层应当设计、执行和维护必要的内部控制，以使财务报表不存在由于舞弊或错误导致的重大错报

C. 管理层应当向注册会计师提供必要的工作条件，包括允许注册会计师接触与编制财务报表相关的所有信息

D. 管理层应当允许注册会计师在获取审计证据时不受限制地接触其认为必要的内部人员和其他相关人员

2. 实行领导干部离任经济事项交接的主要内容包括（　　）。

A. 清理单位财政财务收支、资产负债

B. 经济诉讼和担保

C. 个人管理使用的公共财物

D. 账面未涉及的其他事项

3. 合规管理是商业银行的一项核心风险管理活动。商业银行应综合考虑合规风险与（　　）和其他风险的关联性，确保各项管理政策和程序的一致性。

A. 信用风险　　B. 市场风险

C. 操作风险　　D. 财务风险

4. 董事会和高级管理层应确定合规的基调，确立（　　）等合规理念。

A. 全员主动合规　　B. 合规创造价值

C. 合规需要成本　　D. 合规是公司法务的责任

5. 企业合规风险管理进行日常监督的部门主要包括（　　）。

A. 风险管理委员会　　B. 审计委员会

C. 合规管理委员会　　D. 全面预算管理委员会

（三）判断题

1. 鉴证业务的三方关系人是指注册会计师、责任方和预期使用者。（　　）

2. 管理层对注册会计师执行审计工作的前提认同是指管理层认可并理解其应承担的责任。（　　）

3. 执行审计工作的前提：管理层和治理层（如适用）已认可并理解其应当承担的责任。这些责任构成注册会计师按照审计准则的规定执行审计工作的基础。（　　）

4. 如果管理层不认可或不理解其对财务报表的责任，则注册会计师只能考虑出具非无保留意见。（　　）

5. 财务报表审计可以分担被审计单位管理层和治理层的责任。（　　）

6. 客户调查和客户资料的验证目的是查验反洗钱风险。（　　）

7. 商业银行董事长应当全面推行诚信与正直的职业操守和价值观念，提高全体员工的合规意识，促进商业银行自身合规与外部监管的有效互动。（　　）

（四）简答题

有人认为内部审计或者合规工作就是为企业管理层做好咨询服务，你认为这种说法对吗？

（五）案例分析题

案例一

X 银行在 2020 年 10 月开展 A 支行行长李某离任审计时，由内部审计人员发现客户经理何某办理的多笔信贷业务受托支付至同一人。吴某在查看 2019 年 1 月至 2020 年 9 月账户流水时，发现其账户与客户经理何某的多名信贷客户发生往来账的频率非常高，且均通过网上银行进行操作。由此，审计人员大胆推测吴某账户很有可能被何某操纵。经查账号 IP 情况属实：

（1）长期操纵吴某账户。自 2016 年起，客户经理何某操纵吴某账户，频繁为其信贷客户划转贷款资金，账户发生额达 2000 多万元。

（2）虚构贷款用途。2019 年 1 月至 2020 年 9 月，客户经理何某违规为 19 名信贷客户提供虚假受托支付对象以助其获得银行贷款，涉及贷款金额 800 万元。贷款用途多为房屋装修或购买钢板，而吴某实为某软件公司员工，贷款用途明显虚构。

客户经理何某的行为严重违反了《X 银行员工职业操守》，以及信贷业务操作管理办法等。

银行员工道德风险发生的时间、业务环节、损失的大小都是无法预测的，由于风险源于个人或团伙的蓄意行为，一般不易被人察觉，其所造成的风险也有一个逐步暴露的过程，具有较强的隐蔽性。

问题：银行应如何进行合规制度安排？

案例二

2020 年 7 月 20 日，证监会对某会计师事务所及注册会计师作出行政处罚，原因是其对甲公司出具 2018 年财务报表审计报告时，构成 2014 年《证券法》（2014 年修订）第二百二十三条："证券服务机构未勤勉尽责，所制作、出具的文件有虚假记载、误导性陈述或者重大遗漏"的违法行为；2019 年，甲公司投资者向法院提起诉讼，以甲公司虚假陈述造成投资者损失为由进行索赔，诉求人民法院判决甲公司赔偿投资者投资损失；经法院审理，部分案件最终判令甲公司赔偿投资者投资差额损失及佣金损失；某会计师事务所因作为审计机构，被判决对甲公司所负的赔偿义务承担连带赔偿责任。

某会计师事务所在审计过程中存在如下违法事实：

（1）未对销售与收款业务中已关注到的异常事项执行必要的审计程序。

针对临近12月31日资产负债表日的软件产品和技术服务销售收入大增，期后退货显著增加的情况，某会计师事务所在审计过程中既未对退货原因进行详细了解，也未对技术服务合理性执行必要的审计程序。注册会计师仅执行了查验公司合同，抽样检查并获取软件开通权限单、销售收款单、退款协议、原始销售凭证等常规审计程序。没有根据公司销售相关的财务风险状况采取更有针对性的审计程序，以获取充分的审计证据以支持审计结论。

（2）未对临近资产负债表日促销销售情况执行有效的审计程序。

甲公司对部分客户以非标准价格销售软件产品。经查，该售价主要是以年底促销为名义，虚增2018年销售收入287万元。某会计师事务所获取了销售部门的审批单。但是相关过程没有在审计工作底稿中予以记录。

（3）对于甲公司2019年跨期计发2018年年终奖的情况，某会计师事务所未根据重要性按照权责发生制的原则予以调整某会计师事务所对应的审计工作底稿明细表中未记录此程序的执行情况。

问题：为什么某会计师事务所要承担民事责任？该案例给我们执行合规及外部审计时提供哪些启示？

（六）分析题

“企业合规师”作为一个职业新鲜出台。合规管理也早被视为与业务管理、财务管理并驾齐驱的企业管理三大支柱之一，但部分大企业流于形式，小企业不够重视，等企业出了问题，很多人会有这样的观点：企业合规师可能成为除注册会计师和会计外负责外部审计工作的第三个“背锅侠”，你怎么看待这个问题？

参考答案

（一）单选题

1. B 2. C 3. C 4. D 5. D 6. C 7. A 8. D 9. A

（二）多选题

1. ABCD 2. ABCD 3. ABC 4. AB 5. ABC

（三）判断题

1. √ 2. √ 3. √ 4. × 5. × 6. × 7. √

（四）简答题

此种说法是正确的。内部审计就是对组织中各类业务与控制进行独立评价以确定是否遵循公认的方针与程序，是否符合规定与标准，是否有效与经济地使用了资源，是否在实现组织目标。随着企业经营风险与竞争不断加大，内部审计显得尤为重要。

现代企业内部审计的职能已从查错防弊发展成为企业价值的保值、增值服务。国际内部审计师协会赋予内部审计新的定义：内部审计就是一项独立、客观的保证与咨询活动，其目的在于增加价值与改进组织的运作，它通过系统化与规范化的方法评价与改进风险管理、控制的有效性，帮助组织实现目标。由于内部审计人员熟悉企业经营环境并了解企业经济活动及其过程，因此有效的内部审计工作可以充分发挥强有力的监督功能，并为管理层决策提供依据。

（五）案例分析题

案例一：

银行应根据岗位特点，采取差别化控制措施，从源头遏制道德风险。

加强对基层机构负责人的关注，应重点控制发生商业贿赂的可能性，防止与客户的利益往来。要借助日常监督系统，密切关注中层干部账户变动情况，如大额支出、消费情况，对相关人员的账务往来实施有效监控。

加强对基层客户经理的关注，应重点控制客户经理收取客户财物、现金或股份，防止与客户勾结套取银行贷款的风险。具体控制措施包括关注客户经理异常行为，基层机构负责人应多与客户沟通、多走访客户，保持信息反馈渠道畅通，及时了解客户经理是否存有违规行为；加强突击检查，排查客户经理是否存在代客户保管重要物品的现象。

加强对前台柜员的关注，前台柜员在日常工作中会接触到大量现金，重点防范发生侵吞库款、挪用客户资金、与客户串通作假、员工自办业务、代客户理财等风险，加强对前台柜员业务操作合规性的监督，实施重要岗位定期轮岗制度，特别是现金柜员、自助设备管理人员等岗位的轮换。

案例二：

某会计师事务所承担民事责任，判断是否存在过错。第一，由于注册会计师是高度专业技能化的行业，相对于外部第三者而言，注册会计师具有信息优势，证明自己没有过错，审计工作底稿是关键。中国证券监督管理委员会在对某会计师事务所作出行政处罚的事实和理由中多次提到审计工作底稿的问题：“相关过程没有在审计工作底稿中予以记录”“审计工作底稿中也没有任何记录表明某所已对该异常事项执行了任何风险识别和应对的程序”“但对应的审计工作底稿明细表中未记录此程序的执行情况”，可见明显存在过错。第二，判断投资者损失事实的存在及违法行为与损害结果存在因果关系。投资人因依赖注册会计师出具的不实报告而导致的损失，表现为财产损失，是存在因果关系的。

案例启示：会计师事务所及其注册会计师在执业过程中，如何提高执业能力和执业质量，如何证明自己在执业过程中没有过错，如何合理规避民事责任风险，提升抵御风险的能力，显得非常重要。

（一）勤勉尽责，严格遵守执业准则执行审计工作的审计程序

勤勉尽责，是判断注册会计师在执业中是否有过错的标准，而判断注册会计师是否勤勉尽责，就要看注册会计师是否严格遵守执业准则执行审计程序、实施审计工作、出具审计报告，可以说，程序在特定环境下比结果更重要。由于审计风险的存在和审计方法的局限性，我们不能保证在审计过程中发现所有的错报或舞弊，但我们要严格遵循《中国注册会计师审计准则》要求的审计程序执行审计工作，要慎重选择客户、保持合理的职业怀疑，保持审计的独立性。尤其是针对审计过程中发现的舞弊迹象或异常情况，应当提高警惕、充分重视，分析其对风险评估和审计工作的影响，并采取针对性的措施加以应对，以将审计风险降至可接受的水平。

（二）充分认识工作底稿在诉讼中证明自己没有过错的作用

会计师事务所在证明自己没有过错时，可以向人民法院提交与该案件相关的执业准则、规则以及审计工作底稿等。注册会计师应按《中国注册会计师审计准则第 1131 号——审计工作底稿》的要求编制和保存底稿，对审计工作底稿实施适当的质量控制程序，使审计工作底稿能够提供充分、适当的记录，作为出具审计报告的基础，并能够作为证据，证明注册会计师已按照中国注册会计师审计准

则的规定执行了审计工作。

（三）会计师事务所涉诉时，要积极应对，据理抗辩

1. 从因果关系方面进行抗辩

如果虚假陈述与损害结果之间不存在因果关系，会计师事务所即使有虚假陈述的违法行为的发生，也不承担民事责任，如投资者存在如下情况：在虚假陈述揭露日或者更正日之前已经卖出股票，在虚假陈述揭露日或者更正日及以后进行的投资，明知虚假陈述存在而进行的投资，损失或者部分损失由证券市场系统风险等其他因素导致，投资者恶意投资、操纵证券价格等，则虚假陈述与损害结果之间就不存在因果关系。

2. 从过错程度方面进行抗辩

会计师事务所及其注册会计师承担民事责任的大小，与其过错程度相关，故意或重大过失的一般承担连带赔偿民事责任，一般过失的一般承担补充赔偿民事责任，如果没有过错就不承担民事责任。因此，会计师事务所应从遵守审计准则以及在执行审计程序的客观条件所限方面，对注册会计师主观过错程度作出客观评价，以没有过错或一般过失进行抗辩。

（六）分析题

提示：企业合规师成为职业也是社会进步的体现，商业道德与合规是基本底线，合规应成为企业的核心竞争力，是企业稳健发展的内在需求。正确处理政商关系，不仅仅是企业合规师的责任，还应当成为企业的文化、价值观。当然，企业合规师，都肩负着管理责任，需要不断提高业务能力，甄别风险，帮助企业建立风险防范体系，把审计工作中风险导向审计思维运用到合规工作中，对帮助企业建立良好的内部控制体系，规制企业行为有着重要意义。

第二章 企业合规师的审计联系思维

审计联系思维是执行审计活动过程中方法论范畴的五大思维集合，具体包括过程性控制的审计**循环思维**，确保审计结论质量的审计**证据思维**，时刻具备风险识别与防范意识的**风险思维**，提高审计工作效率兼顾审计内容范围的审计**抽样思维**，以及确保审计工作与审计结论科学性的**测试思维**。学好、练好并主动运用好这类思维，对企业合规师提升专业胜任能力具有重要意义，对个人职业素质的提升很有帮助。这类思维能力的训练与提升的巨大意义，不仅表现在审计领域，同时会体现在个人事业发展的方方面面。本章从联系角度讨论审计工作应具备的方法论与能力养成性思维方式。

本章联系思维导航

循环思维	证据思维	风险思维	抽样思维	测试思维
本节重要性 思维的过程	本节重要性 关键的证据	本节重要性 风险的考量	本节重要性 审计的方法	本节重要性 结论的测试
核心要点： 循环思维的价值 应用审计循环思维 循环思维能力训练	核心要点： 证据思维的涵义 证据思维的要求 证据思维能力训练	核心要点： 风险思维的重要性 风险思维的要求 怎样强化风险思维	核心要点： 抽样思维的原理 怎样运用抽样思维 抽样思维训练方法	核心要点： 测试思维的原则 怎样运用测试思维 测试思维能力训练方法

第一节　循环思维

一、审计循环思维的整体框架

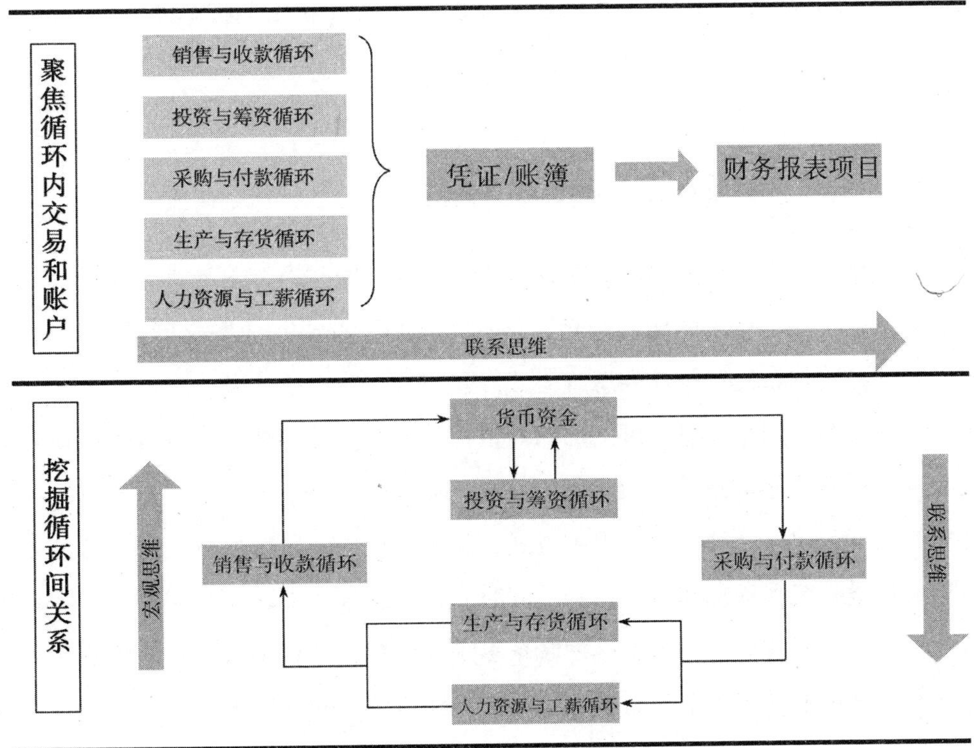

图 2.1　审计循环思维的整体框架

二、什么是审计循环思维（原理）

循环法是财务报表审计的一种重要组织方式，即将财务报表分成几个业务循环进行审计。通常，根据企业性质和规模的不同，可以划分为不同的业务循环。最为常见的是将交易和账户余额划分为销售与收款循环、采购与付款循环、生产与存货循环、人力资源与工薪循环、投资与筹资循环。业务循环是处理某一类型经济业务的工作程序和先后顺序的总称。例如，销售与收款业务循环就包括：（1）企业接受顾客订单→（2）批准信用赊销→（3）按销售单发货→（4）向顾客开具账单→（5）记录销售→（6）办理和记录现金→（7）银行存款收入→（8）办理和记录销售退回→（9）销售折扣与折让→（10）注销坏账→（11）提取坏账准备的工作程序。

循环思维就是建立在循环法之上的思维方法，把联系密切的交易种类和账户余额归入同一循环，按业务循环的逻辑认识和发现问题。具体来说，循环思维体现在两个方面：一是着眼于业务循环内部的交易和账户；二是深挖各业务循环之间的关系。

三、为什么要具备审计循环思维（价值）

循环思维不再片面地局限于某个账户和交易，而是以业务循环为线索进行检查和测试，扩展了认识问题的视角，强调了账户、交易、业务之间的相互联系，提供了一种更加系统和科学的思维方式。

审计工作运用循环思维可以加深对被审计单位业务的理解，有效进行业务分工（不同循环由不同审计人员负责），极大地提高了工作效率。企业人员具备循环思维，能够建立一种宏观的思维方式，从企业全局的角度分析问题，帮助企业各项业务进行流程优化和风险控制。同时，循环思维也强调前后交易间的关系和各业务循环之间的关系。这是一种联系思维，能够帮助企业从动态的角度完善业务流程，帮助业务流程再造，全面提升企业业务效率和内控水平。

四、审计循环思维有哪些要求及如何应用

（一）着眼于业务循环内部相关的交易和账户

按业务循环开展审计或者业务测试，将紧密联系的相关账户和业务循环结合起来，体现了一种联系思维。按照各财务报表项目和业务循环的相关程度，基本可以建立起业务循环和所涉及的主要财务报表项目之间的对应关系，如表2.1所示。

表 2.1　业务循环与财务报表项目对应表

业务循环	资产负债表项目	利润表项目
销售与收款循环	应收票据、应收账款、长期应收款、预收款项、应交税费	营业收入、营业税金及附加、销售费用
采购与付款循环	预付款项、固定资产、在建工程、工程物资、固定资产清理、无形资产、开发支出、商誉、长期待摊费用、应付票据、应付账款、长期应付款	管理费用
生产与存货循环	存货（包括材料采购或在途物资、原材料、材料成本差异、库存商品、发出商品、商品进销差价、委托加工物资、委托代销商品、受托代销商品、周转材料、生产成本、制造费用、劳务成本、存货跌价准备、受托代销商品款等）	营业成本
人力资源与工薪循环	应付职工薪酬	——
投资与筹资循环	交易性金融资产、应收利息、其他应收款、其他流动资产、可供出售金融资产、持有至到期投资、长期股权投资、投资性房地产、递延所得税资产、其他非流动资产、短期借款、交易性金融负债、应付利息、应付股利、其他应付款、其他流动负债、长期借款、应付债券、专项应付款、预计负债、递延所得税负债、其他非流动负债、实收资本（或股本）、资本公积、盈余公积、未分配利润	财务费用、资产减值损失、公允价值变动收益、投资收益、营业外收入、营业外支出、所得税费用

按照业务循环开展审计的方式，在两个方面提高了测试的效率和科学性。一是实现了以交易联动相关报表项目和账户，即测试的账户是某类交易所涉及的相关账户，通过交易可以串联起多个账户，而不是单一地测试某个账户。例如，销售与收款业务循环中，销售交易通常会涉及主营业务收入和应收账款账户。当检查销售交易时，就联动检查了上述两个账户，某笔主营业务收入记录错误，将导致相关的应收账款账户存在错报。又如，“应收账款”项目属销售与收款循环，审计时应分别测试影响该类账户的四类交易即销售、收现、销售退回折让、坏账

冲销等交易和该账户的期末余额。图 2. 2 以应收账款为例说明了账户余额同影响余额交易间的关系。

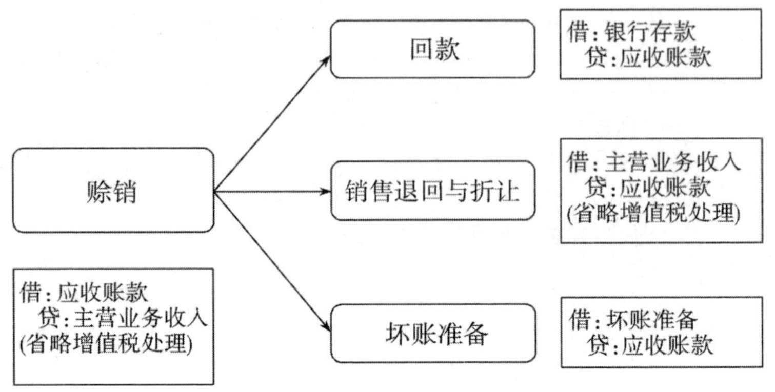

图 2. 2　相关交易与应收账款账户的关系

二是控制测试可以帮助确定交易和账户等细节测试的重点。例如，控制测试发现企业开具发票的控制措施不足，就需要在细节测试中，增加抽取发票的数量进行检查。

（二）深挖各业务循环之间的关系

按业务循环开展审计或者业务测试，同时运用宏观思维和联系思维，深挖各业务循环之间的关系。

一是要站在企业的宏观角度，建立起各业务循环之间的整体关系：会计核算的对象就是企业的资金运动。因此，货币资金把企业的各个业务循环联系起来。货币资金进入企业，部分用于采购付款（进入采购与付款循环），然后将采购的原材料等进行生产（进入生产与存货循环），接着将存货进行销售（进入销售与收款循环），收款后货币资金重新进入企业。因此，从宏观上看，企业各业务循环通过货币资金有机联系在一起。

二是要运用联系思维，思考各业务循环之间的联系。例如，投资与筹资循环同采购与付款循环紧密联系，生产与存货循环与其他所有业务循环都紧密联系。货币资金与多个业务循环都密切相关。

各业务循环之间的关系如图 2. 3 所示。

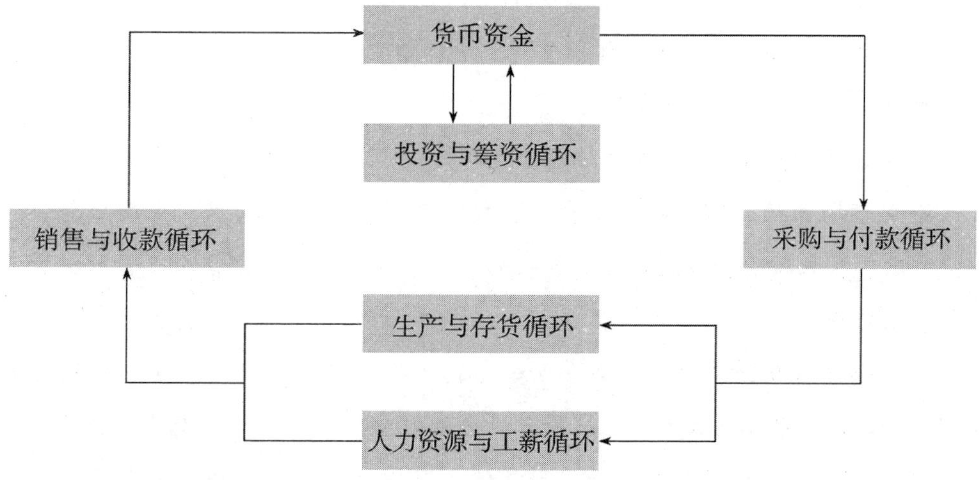

图 2.3　各业务循环之间的关系

五、循环思维训练

案例一　着眼于业务循环内部相关的交易和账户（联系思维）

2021 年 3 月 17 日，证监会下发了对某生化技术公司的《行政处罚决定书》。部分处罚原因摘录如下：2015 年 10 月 26 日、11 月 19 日，某生化技术公司与某化工公司签订了两份《工矿企业购销合同》，约定由某生化技术公司向某化工公司提供联苯醇，合同金额共计 7600000 元，付款方式为货到需方仓库两个月内付清货款。某生化技术公司账面显示：上述货物已于 2015 年 10 月 28 日、11 月 21 日、11 月 26 日发货完毕，2015 年确认销售收入 7600000 元；2016 年 5 月至 6 月，某生化技术公司收到货款 3429000 元。

经查，2016 年 3 月至 4 月某生化技术公司与某化工公司签订了三份联苯醇购销合同，合同总金额 3429000 元，已于 2016 年实际执行。某生化技术公司 2016 年收到某化工公司的回款系上述三份合同的回款。某生化技术公司与某化工公司签订的上述两份合同实际未执行，某生化技术公司 2015 年虚增业务收入（不含税）6495726.50 元。

思考：

1. 请分析上述案例属于哪个业务循环出现了问题？

2. 上述案例所设计的循环中通常涉及哪些财务报表项目?

3. 作为注册会计师，应该如何发现上述虚构收入的问题?

分析:

1. 上述案例属于销售和收款业务循环出现了问题。

2. 销售与收款循环，涉及的资产负债表项目有：应收票据、应收账款、长期应收款、预收款项、应交税费。涉及的利润表项目有：营业收入、营业税金及附加、销售费用。

3. 销售与收款循环中，需要重点核查销售收入是否真实发生（发生认定），案例中就是虚构了销售收入。上述舞弊的方法较为简单，通过伪造购销合同、发货单等业务凭证，无实际的资金流和货物流。作为注册会计师，要发现上述问题，最为直接和有效的方式是进行函证，对重要客户和银行执行函证程序，就能够确定真实的购销情况，及时发现2016年的销售业务是真实存在的，2015年的销售业务是企业虚构的。同时，要有联系思维，销售环节和收款环节密不可分，赊销业务要关注后续的回款情况，把前面销售业务和后续回款情况联系起来进行检查。按照上述逻辑，不难发现案例中2015年销售金额高达7600000元的收入，应于两个月内收回，但是，后续一直挂账未按时收回，存在明显问题和舞弊风险。

案例二　深挖各业务循环之间的关系（联系思维和宏观思维）

2013年5月10日，证监会对某食品公司造假案作出处罚决定，指出某食品公司在首发上市过程中，存在虚增原材料、虚增销售收入、虚增利润等行为，涉嫌欺诈发行股票等问题。某食品公司的造假手段之隐蔽也引起了审计和会计人员的广泛关注。某食品公司的主要造假手段如图2.4所示。

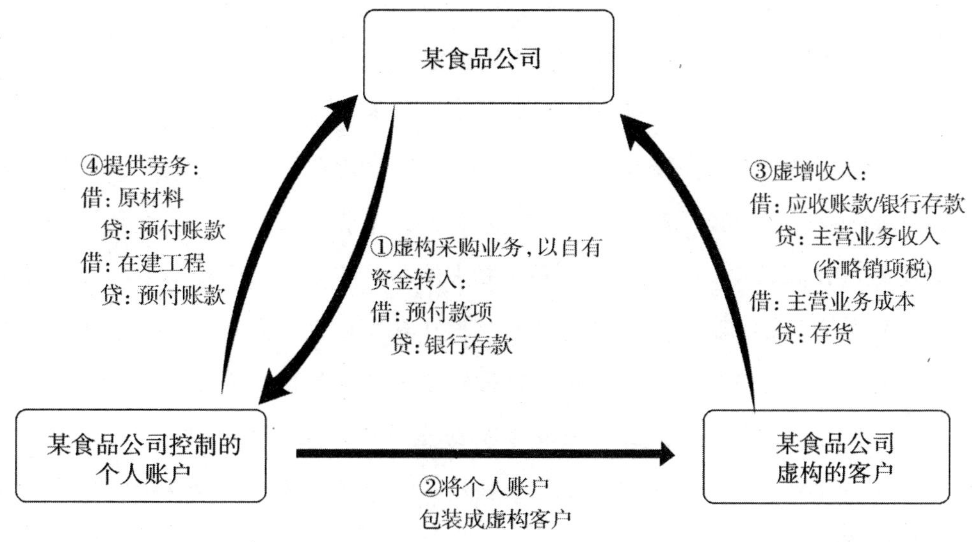

图 2.4 某食品公司主要造假手段

第一，某食品公司虚构了粮食收购业务及工程采购业务，将自有资金转入事先虚构和控制的300余个个人账户，作为预付账款；第二，将个人账户包装成虚构的客户；第三，某食品公司虚构销售交易，把先前转入个人账户中的自有资金以不同客户销售回款的名义再次转回某食品公司的账户；第四，又将虚增部分由预付账款转入在建工程。通过上述方式，某食品公司的自有资金在虚构的采购业务中转出，又在虚构的销售业务中转回，自有资金绕一圈，销售收入就被虚构一次。如此循环下去，就会无限地虚增销售收入。这就是某食品公司的造假手段。

思考：

1. 请分析在上述案例中，某食品公司在哪些业务循环进行了财务造假?

2. 作为注册会计师，应该如何发现上述财务造假呢?

分析：

1. 某食品公司虚构了采购和销售业务，涉及采购与付款循环和销售与收款循环的业务。

2. 某食品公司的造假具有隐蔽性，整个造假流程都有伪造的购销合同、入库单和发票等票据和凭证，又通过资金体外循环收回应收账款，将虚增部分转入在建工程。同时在采购业务和销售业务两个循环进行了系统性造假，如果仅对业务凭证和交易进行形式上的检查，很难查到问题。

为了发现上述造假，就需要深挖循环之间的关系，充分运用宏观思维和联系思维分析循环间的关系。在整个造假的过程中，虚构采购业务是造假的源头。虚构采购业务所形成的预付账款中，大部分资金转入了个人账户，这是值得关注的重要线索。尤其是工程类采购，通常以企业供应商居多，资金转入个人账户值得怀疑。所以，要运用联系思维，挖掘个人账户与某食品公司的关系，个人账户与某食品公司客户之间的关系，某食品公司的客户与某食品公司之间的关系。近年来，上市公司利用自有资金通过关联方交易虚构收入的情况也屡有发生。所以，要建立这样的思维方式，警惕供应商和客户同时造假的情况，必须捋清供应商和客户与上市公司之间的真实关系。

另外，最简单的虚构收入，会直接导致收入和应收账款的增加，应收账款长期挂账。而某食品公司通过使用自有资金同时虚构了客户回款，避免了应收账款的长期挂账。最终，通过采购将虚增的利润隐藏在了在建工程。因此，虚增收入的问题，不能局限于销售与收款循环的检查，还要联系其他循环，如采购与付款循环。当然，连接两个循环的是货币资金，也就是银行存款。因此，对银行存款进行函证和交易流水的核查，可以帮助确定业务实质，明确资金的来龙去脉和最终定位问题。在某食品公司资料调查过程中，稽查人员共追查了300多个账户、超过10万笔流水，最后发现了财务造假。

六、循环思维训练习题

（一）单选题

1. 针对被审计单位销售交易的业务流程，下列说法中恰当的是（　　）。

A. 接受客户订购单—批准赊销信用—开具销售发票—根据销售单编制发运凭证并供货—按销售单及发运凭证装运货物

B. 批准赊销信用—接受客户订购单—根据销售单编制发运凭证并供货—开具销售发票—按销售单及发运凭证装运货物

C. 接受客户订购单—批准赊销信用—根据销售单编制发运凭证并供货—按

销售单及发运凭证装运货物—开具销售发票

D. 批准赊销信用—接受客户订购单—根据销售单编制发运凭证并供货—按销售单及发运凭证装运货物—开具销售发票

2. 针对销售与收款循环主要单据与会计记录，下列说法中不正确的是（　　）。

A. 发运凭证的一联留给客户，其余联由企业保留，通常其中有一联由客户在收到商品时签署并返还给销售方，用作销售方确认收入及向客户收取货款的依据

B. 销售发票是在会计账簿中登记销售交易的基本凭据之一

C. 企业管理层通常要求商品仓库管理人员只有在收到经过批准的销售单时才能编制发运凭证并供货

D. 应收账款账龄分析表应当按年编制，反映年末应收账款总额的账龄区间，并详细反映每个客户年末应收账款金额和账龄

3. 针对被审计单位采购交易的业务流程，下列说法中恰当的是（　　）。

A. 制订采购计划—供应商认证及信息维护—请购商品和劳务—编制订购单—验收商品—储存已验收的商品

B. 制订采购计划—供应商认证及信息维护—验收商品—编制订购单—请购商品和劳务—储存已验收的商品

C. 制订采购计划—请购商品和劳务—供应商认证及信息维护—编制订购单—验收商品—储存已验收的商品

D. 制订采购计划—供应商认证及信息维护—验收商品—编制订购单—请购商品和劳务—储存已验收的商品

4. 下列有关采购业务涉及的主要单据和会计记录的说法中，不恰当的是（　　）。

A. 请购单是由生产、仓库等相关部门的人员填写，送交采购部门，是申请购买商品、劳务或其他资产的书面凭据

B. 订购单是由采购部门填写，经适当的管理层审核后发送供应商，是向供应商购买订购单上所指定的商品和劳务的书面凭据

C. 验收单是收到商品时所编制的凭据，列示通过质量检验的、从供应商处

收到的商品的种类和数量等内容

D. 入库单是由验收部门人员填写的验收合格品入库的凭证

5. 在内部控制良好的情况下，收到商品时，负责验收人员应将商品与（　　）认真核对。

A. 供应商发运文件与订货单　　B. 验收报告与供应商发运文件

C. 请购单与订货单　　D. 验收报告与订货单

6. 销售与收款循环中所涉及的主要资产负债表项目是（　　）。

A. 应付账款　　B. 应收账款

C. 主营业务收入　　D. 在建工程

7. 在对外投资业务处理过程中，下列不属于不相容岗位的是（　　）。

A. 对外投资预算的编制与审批

B. 对外投资项目的分析论证与评估

C. 编制对外投资的记账凭证和编制相关报表

D. 对外投资处置的审批与执行

8. 注册会计师关注的下列交易事项中，应归属于筹资与投资循环审计的是（　　）。

A. 期末存货重复入账

B. 支付折扣未经授权批准

C. 未计提固定资产折旧

D. 收到投资前的派发股利冲减投资成本

9. 下列能实现应付职工薪酬均已记录的内部控制措施是（　　）。

A. 工时卡经领班核准

B. 工薪分配表、工薪汇总表完整反映已发生的工薪支出

C. 用生产记录钟记录工时

D. 人事、考勤、工薪发放、记录等职务相互分离

10. 以下不属于销售与收款循环所涉及的财务报表项目是（　　）。

A. 在建工程　　B. 营业收入

C. 应收账款　　D. 应收票据

（二）多选题

1. 生产与存货循环过程主要包括（　　）。

A. 根据订单或销售预测制订生产计划

B. 由仓库部门审批存货报废

C. 根据生产通知单安排生产

D. 财务部门进行成本核算

E. 产品销售出库进行永续盘存记录

2. 以下属于常见的业务循环的是（　　）。

A. 销售与收款循环　　B. 采购与付款循环

C. 生产与存货循环　　D. 人力资源与工薪循环

E. 投资与筹资循环

3. 采购与付款循环的下列相关凭单中，编制后需要相关人员签字批准的有（　　）。

A. 请购单　　B. 订购单

C. 验收单　　D. 付款凭单

4. 以下各项中，属于采购交易主要业务活动的有（　　）。

A. 维护供应商清单　　B. 请购商品和劳务

C. 储存已验收的商品　　D. 编制付款凭单

5. 下列关于生产与存货循环的业务活动的说法，错误的有（　　）。

A. 生产计划部门的职责是根据客户订购单或者对销售预测和产品需求的分析来决定授权生产，如决定授权生产，即签发预先顺序编号的生产通知单并编制材料需求报告

B. 仓库部门的责任是根据从生产部门收到的领料单发出原材料，领料单可以一料一单，通常须一式四联

C. 为了正确核算并有效控制产品成本，必须建立健全成本会计制度，将生产控制和费用核算有机结合在一起

D. 生产部门在收到生产通知单及领取原材料后，便将生产任务分解到每一个生产工人，并将所领取的原材料交给生产工人，据以执行生产任务

6. 下列文件中，属于在生产与存货循环审计中应该审查的文件有（　　）。

A. 现金日记账　　B. 银行对账单

C. 生产通知单　　D. 成本计算单

E. 存货明细账

7. 注册会计师关注的下列现象中，不应在投资与筹资循环中审计的是（　　）。

A. 分配给关联方的利润

B. 以不正常的低价向顾客开账单

C. 支付不正当的货款

D. 虚列的收到货款

8. 人力资源与工薪循环涉及的主要业务活动通常包含的内容有（　　）。

A. 批准招聘与记录工作时间或产量

B. 有价证券的收取和保存

C. 计算工薪总额和扣除

D. 支付工薪净额

9. 循环思维所包含的主要两个方面是（　　）。

A. 研究业务循环内的交易和账户间关系

B. 研究业务循环间的交易和账户间关系

C. 研究各交易间关系

D. 研究各账户间关系

10. 以下哪个循环与货币资金账户紧密相关？（　　）

A. 销售与收款循环　　B. 采购与付款循环

C. 投资与筹资循环　　D. 企业生产过程

（三）简答题

1. 请描述销售与收款循环的主要业务活动包括哪些。

2. 请描述采购与付款循环的主要业务活动包括哪些。

3. 请描述生产与存货循环的主要业务活动包括哪些。

4. 请描述人力资源与工薪循环的主要业务活动包括哪些。

（四）案例分析题

案例一

A 公司是某会计师事务所的常年审计客户。注册会计师赵某负责审计 A 公司 2021 年度财务报表。

注册会计师赵某在审计工作底稿中记录了实施的控制测试和实质性程序，部分内容摘录如下：

（1）A 公司控制手段 1：

超过赊销额度的赊销由销售总监和财务经理审批。自 2021 年 11 月 1 日起，改为由销售总监和财务总监审批。

（2）A 公司控制手段 2：

甲公司采用账龄分析法对部分应收账款计提坏账准备，财务人员根据信息系统生成的账龄信息计算坏账准备金额，由财务经理复核并报财务总监批准（系统控制与人员控制并存）。

针对上述控制手段的变化，注册会计师采取措施如下：

（1）针对控制手段 1，注册会计师测试了 2021 年 1 月至 10 月的该项控制，并于 2022 年 1 月询问了销售总监和财务经理控制在剩余期间的运行情况，未发现偏差（执行人员有重大变化，期中证据恐难延伸到期末）。注册会计师认为控制在 2021 年度运行有效。

（2）针对控制手段 2，注册会计师拟询问财务经理和财务总监，检查复核与批准记录，以测试该控制的运行有效性（只测试人员，未测试系统）。

问题：针对上述资料，假定不考虑其他条件，逐项指出注册会计师的做法是否恰当，并简要说明理由。

案例二

2021 年 11 月 12 日，证监会下发对某科技公司的《行政处罚决定书》，对某科技公司造假情况进行披露。某科技公司部分造假内容摘录如下：

某天公司、某居公司、某博公司、某勤公司、某科学技术研究所、某普公司、某伊公司、某吉公司、某雨公司、某中公司等公司均由某科技公司实际控制人谭某、赵某梅实际控制。根据《企业会计准则第 36 号——关联方披露》第四条第十项以及《非上市公众公司信息披露管理办法》第六十五条第四项的规定，上述公司为某科技公司关联方。

某科技公司通过上述未如实披露的关联方以及外部客户、供应商，虚构无实际生产、无实物流转的采购和销售循环业务，在采购、生产、销售、库管、物流运输、财务记账等各个环节实施全链条造假。

问题：

1. 阅读上述材料，思考某科技公司的造假涉及哪些业务循环？

2. 请思考怎样利用循环思维识别某科技公司的财务造假？

参考答案

（一）单选题

1. C　2. D　3. A　4. D　5. A　6. B　7. C　8. D　9. B　10. A

（二）多选题

1. ACDE　2. ABCDE　3. AD　4. ABCD　5. BC　6. CDE　7. BCD　8. ACD　9. AB　10. ABC

（三）简答题

1. 销售与收款循环的主要业务活动包括：

（1）接受客户订购单。涉及的主要单据有客户订购单和销售单。客户订购单一般先由销售员接收、销售经理授权审批，再由销售单管理部门根据审批后的客户订购单，编制销售单。

（2）批准赊销信用。通常企业都会涉及赊销，赊销业务涉及的主要单据是销售单，由信用管理部门负责审批。

（3）根据销售单编制发运凭证并发货，仓库管理人员根据已批准的销售单编制连续编号的发运凭证。

（4）按销售单装运货物。装运部门和仓储部门的职责应当分离。

（5）向客户开具发票，涉及的主要单据不仅包括销售发票，还包括商品价目表。

（6）记录销售环节涉及的主要单据和会计记录包括客户签收单、转账凭证、收款凭证、应收账款明细账、主营业务收入明细账、客户对账单。

(7) 办理和记录现金、银行存款收入。

(8) 办理和记录销售退回、销售折扣与折让。

(9) 提取坏账准备，根据应收账款情况，确定坏账准备金额。

(10) 核销坏账，确认无法收回后，经批准后将其注销。

2. 采购与付款循环的主要业务活动包括：

(1) 制订采购计划。

(2) 供应商认证及信息维护。

(3) 请购商品和劳务。

(4) 编制订购单。

(5) 验收商品。

(6) 储存已验收的商品。

(7) 编制付款凭单。

(8) 确认与记录负债。

(9) 办理付款。

(10) 记录现金、银行存款支出。

3. 生产与存货循环的主要业务活动包括：

(1) 计划和安排生产。

(2) 发出原材料。

(3) 生产产品。

(4) 核算产品成本。

(5) 产成品入库及储存。

(6) 发出产成品。

(7) 存货盘点。

(8) 计提存货跌价准备。

4. 人力资源与工薪循环的主要业务活动包括：

(1) 批准招聘。

(2) 记录工作时间或产量。

（3）计算工薪总额和扣除。

（4）支付工薪净额。

（四）案例分析题

案例一：

（1）不恰当。赊销审批人员发生了变化，注册会计师仅进行询问不足以证实控制执行效果，还应实施询问以外的其他测试程序，如检查相关凭证的审核和签字情况。

（2）不恰当。由于该人工控制依赖信息系统生成的信息，注册会计师还应当验证相关的信息系统控制/信息技术的控制情况，以及生成账龄信息的准确性。

案例二：

1. 根据材料所示，某科技公司通过上述未如实披露的关联方以及外部客户、供应商，虚构无实际生产、无实物流转的采购和销售循环业务，在采购、生产、销售、库管、物流运输、财务记账等各个环节实施全链条造假。因此，涉及的主要业务循环有销售与收款循环、采购与付款循环和生产与存货循环。

2. 某科技公司财务造假涉及多个业务循环，需要运用循环思维中的联系思维，将相关业务循环结合起来寻找问题。近年来，上市公司利用关联方虚构业务循环进行财务造假的案例屡见不鲜，通常审计时，需要对企业主要供应商和主要客户是否与上市公司存在关联关系进行核查。供应商和主要客户之间是否存在重合进行比对，以某科技公司为例，其供应商和客户存在部分一致的情况。只要审计人员保持一定的职业怀疑，将不同循环联系起来，不难发现上述造假行为。

第二节　证据思维

一、审计证据思维的整体框架

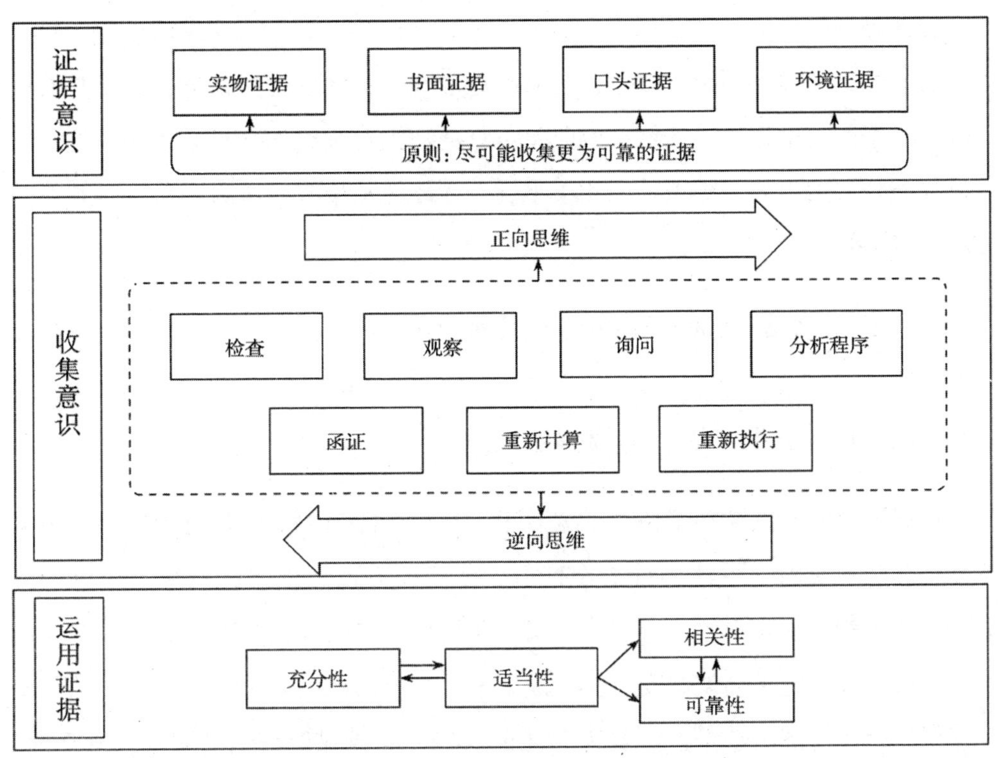

图 2.5　证据思维训练整体框架

二、什么是审计证据思维（原理）

审计证据，是指注册会计师为得出审计结论和形成审计意见而使用的信息。审计证据包括构成财务报表基础的会计记录所含有的信息和从其他来源获取的信息。在某种程度上，审计证据像一台摄像机记录了过去发生的事实，帮助审计人员还原过去的交易和事项，从而为注册会计师作出职业判断和发表审计意见提供依据。

审计证据是非常重要又被广泛使用的。因此，需要建立良好的证据思维，指导我们的工作和生活。那么，什么是证据思维？证据思维主要体现在三个方面：一是树立证据意识，习惯保留证据；二是善于收集证据，掌握基本方法；三是充分运用证据，证明相关事实。

三、为什么要具备审计证据思维（价值）

证据思维的价值体现在三个方面：一是树立证据意识，习惯保留证据，可以为所发生的交易和事项留下痕迹，为后续记录和查找问题提供依据；二是只有掌握收集证据的基本方法，才能有效收集可靠的证据；三是学会科学运用证据，只有选择充分和适当的证据来证明相关事实，才能使结论有说服力并得到客观第三方的认可。

四、审计证据思维有哪些要求及如何运用

（一）树立证据意识，习惯保留证据

证据思维的起点就在于树立证据意识。在经济活动中，证据意识的缩影无处不在。清晨，我们刷指纹进行工作打卡，公司人力资源部门就掌握了出勤的证据；上午，我们与客户签订合同，公司就获取了销售的证据；下午，我们开会就某事达成一致，记录会议纪要，就形成了某个事项的证据……

可见，在经济活动中，需要树立证据意识，养成保留证据的习惯，必要时，帮助厘清相关责任，保护自身合法权益。

那么，我们该保留何种证据呢？审计证据的种类给出了很好的答案。常见的审计证据如表2.2所示。

表2.2　审计证据的种类

序号	种类	说明
1	实物证据	通过实际观察或清查盘点所获取的，用以确定某些实物资产是否确实存在的证据。

续表

序号	种类	说明
2	书面证据	在审计过程中所获取的各种以书面文件为存在形式的证据，包含外部证据和内部证据。（外部证据是由被审计单位以外的机构或人士所编制的书面证据，一般具有较强的证明力。内部证据是由被审计单位的内部机构或人员编制和提供的书面证据。）
3	口头证据	询问所得到的答复所形成的证据。
4	环境证据	对被审计单位产生影响的各种环境事实。

关于上述证据，可以做进一步讨论。第一，举几个实物证据的例子，如存货、库存现金、卡车等真实存在的实物资产，就是实物证据。正所谓“耳听为虚，眼见为实”，所以实物证据通常被认为是最可靠的证据，证明力很强。但是，实物资产的存在并不能完全证明实物的所有权。例如，库房里的存货仅能证明存货存在，但是不能证明存货归谁所有。要想证明存货所有权的问题，就需要购买存货时的购货发票等书面证据来证明。

第二，书面证据方面，外部证据比内部证据更具有可靠性，因为外部证据是由被审计单位以外的机构编制的。而外部证据包括两类：一类是由被审计单位以外的机构或人士编制，而后由审计人员直接获取的书面证据，如银行询证函；另一类是由被审计单位以外的机构或人士编制，但由被审计单位持有，而后转交给审计人员的书面证据，如购货发票。显然，前者（由审计人员直接获取的证据）比后者（转交给审计人员的证据）更具有可靠性。因为后者可能有被篡改的风险。再看内部证据，内部证据是由被审计单位的内部机构或人员编制和提供的书面证据。通常，经过外部流转的内部证据比仅在单位内部流转的证据更具有可靠性，如销货发票比入库单更具有可靠性。另外，单位的内部控制对内部证据的可靠性也有影响。

第三，口头证据方面，书面证据比口头证据更具有可靠性。口头证据依赖个人的记忆和说出事实的意向，所以通常不能完全证明事实的真相。口头证据的作用在于帮助发掘一些重要审计线索，又或者协助审计人员印证某一结果和判断。

第四，环境证据不属于基本证据，不能用于直接证实被审事项，但它可以帮助了解被审事项和其他证据所处的环境，为判断其他证据的可靠性提供支持。

由上述不同类型的审计证据，我们不难得出以下几点结论：一是书面证据比口头证据更具有可靠性；二是外部证据比内部证据更具有可靠性；三是自己直接获取的证据比他人转交的证据更具有可靠性；四是经过在外部流转的证据比仅在单位内部流转的证据更具有可靠性。认识审计证据的种类是我们建立证据意识的基础。当我们厘清各种证据的内涵及其可靠性之后，就可以根据实际情况，选择留存或者使用相应种类的证据。决策的基本原则是尽可能留存或使用可靠性更强的证据。这就是证据思维在留存或使用证据时所体现的价值。

（二）善于收集证据，掌握基本方法

证据意识让我们看到经济生活中各种证据确实无处不在。因此，下一个问题就是如何有效选取和收集证据。若想有效收集证据，需要明确两个方面的问题：一是收集审计证据的具体方法；二是收集审计证据的思路。

1. 收集审计证据的具体方法

收集审计证据的具体方法通常有以下七种方式，见表 2. 3。

表 2. 3　审计证据收集方法

序号	方法	说明
1	检查	检查记录文件，检查有形资产。
2	观察	查看相关人员正在从事的活动或实施的程序。
3	询问	询问是以书面或口头方式，向知情人员获取答复并进行评价的过程。
4	函证	函证是通过获取直接来自第三方的信息和现存状况的声明，获取和评价审计证据的过程。
5	重新计算	对记录或文件中的数据计算的准确性进行核对。
6	重新执行	重新独立执行作为被审计单位内部控制组成部分的程序或控制。
7	分析程序	研究不同财务数据之间以及财务数据与非财务数据之间的内在关系，对财务信息作出评价。

其中，所谓函证就是向知道信息的第三方发函，由第三方回函来获取相关审计证据。例如，对于企业银行存款账户的信息，当然可以通过直接检查银行存款

日记账、业务凭证等方式获取证据，但是，这是企业自身的内部记录。对于银行存款账户信息，企业的开户银行完全掌握。所以，审计人员可以向开户银行发送询证函，由开户银行对企业的银行存款情况进行回函。审计人员对于回函情况进行核查，将银行的回复与被审计企业的银行存款情况相互印证。

从上述方法看，收集证据可以从两种路径出发：一是自身直接开展证据收集工作，如检查、观察等；二是通过向知情的第三方收集证据对事实进行印证，如询问和函证。另外，收集证据可以先进行分析程序（方法 7），分析数据之间的关系，确定重点风险领域，然后再实施具体方法（方法 1—6）。

2. 收集审计证据的思路

收集审计证据的思路一般有正查法和逆查法，也体现了常见的正向思维和逆向思维。

（1）正向思维

收集审计证据可按会计核算或者事情发展的先后顺序依次进行。例如，可以按照原始凭证→记账凭证→会计账簿→会计报表的顺序收集证据。

（2）逆向思维

收集审计证据也可按与会计核算或者事情发展的相反顺序依次进行。例如，可以按照会计报表→会计账簿→记账凭证→原始凭证的顺序收集证据。

两种思维方式互为补充，能够解决不同的问题。例如，要证明企业是否存在虚增销售收入的情况，更适用逆查方式，也就是由主营业务收入明细账追查到销货发票等原始凭证（判定是否所有收入都有原始凭证支持）。

（三）充分运用证据，证明相关事实

收集证据的最终目的是证明相关事实。所收集的证据既要满足充分性（数量）的要求，也要满足适当性（质量）的要求。也就是说，证据必须保质保量，才能得出合理结论。

适当性方面，主要是证据在支持审计意见所依的结论方面具有相关性和可靠性。各种证据的可靠性前面已经详细阐述，现在主要探讨相关性。相关性就是证据应该能够证明相关的审计目标。例如，对存货进行监盘，只能证明存货存在，

不能证明存货归谁所有。如果现在审计目标是证明存货是否是被审计单位的，需要使用的审计证据就不是监盘记录，而是查找相关的购买发票，或者产品入库单等业务单据进行证明。充分性方面，通常情况下，重大错报风险水平越高，所需要的审计证据越多；证据质量越高，所需要的审计证据可能越少。具体运用时，应该按照相关性→可靠性→充分性的顺序来证明问题。

五、证据思维训练

案例一　树立证据意识，习惯保留证据

赵先生于当年3月12日、15日和17日分三次向李先生某账户进行转账，金额共计50万元，无书面借款合同。赵先生凭三张银行转账凭证向人民法院提出诉讼请求，要求李先生偿还50万元借款。案件审理过程中，李先生承认已经收到上述50万元的款项，但是主张50万元是由双方之间的买卖关系产生，并提供了双方之间的购销合同，用以证明该转款为货款。

思考：

1. 上述案例中，赵先生和李先生保存了哪些证据，属于何种证据呢？

2. 你认为人民法院会作出何种判决？

3. 如果赵先生需要证明双方是借贷关系，应该保留哪些证据呢？

分析：

1. 赵先生留存了银行转账凭证，李先生保存了购销合同，两类证据都是书面证据。书面证据是最为常见的证据。

2. 经过法院认定，赵先生虽然提供了转账凭证作为支付依据，但是仅可以证明双方存在资金流转，无法证明双方存在借贷关系。而李先生提供的购销合同证明两者确有其他合同关系，且合同中的款项支付方式和账户等结算方式，与事实一致。因此，法院驳回了赵先生的诉讼请求。

3. 如果赵先生需要证明双方是借贷关系，除转账凭证作为支付事实的证据外，还需要保存借款合同（借条或欠条）等能够表明借贷关系的证据。本案例说明，在经济活动中，一定要树立证据意识，所有经济行为都要留有证据，且以书面证据为主，口头证据的可靠性较低。这些证据既是经济活动的证明，也是后

续有效保护自己的武器。

案例二　善于收集证据，掌握基本方法

审计机关对某局服务中心进行经济责任审计时，发现该单位自2016年起，每个月都有一笔新增的9人工资单，领款人处基本均由其中一人或两人代签。审计人员为此查阅了员工名单，并未发现上述人员。于是，向该单位人事处人员进行询问。相关人员解释，由于本单位档案保管工作量巨大，聘请了9个临时工进行帮助。审计人员认为，每月聘请临时工还是有些可疑，要求进一步联系临时工咨询情况。人事处起初答应帮助联系相关人员，可是后续总找借口推脱。

审计人员决定转换思路，参观了该单位的档案室，观察归档和出借的流程，估算单笔业务时间，查阅归档和出借记录，确定业务数量，基本估算出每月工作量。经过上述调查和分析，审计人员初步判定，该单位归档工作只需2—3人就可以完成。后又询问档案室工作人员，获悉并无临时人员参与工作。

审计人员联系了该服务中心负责人，提出了发现的问题，并对其进行说服劝导。最终，负责人承认上述9人的工资单确是伪造用于套取现金，所套取现金存放于单位的“小金库”。

思考：

1. 上述案例中，审计人员运用了哪些收集证据的方法？

2. 审计人员是怎样转换思路、查明事实的？

分析：

1. 审计人员收集证据的方法，总结如表2.4所示。

表2.4　审计人员收集证据的方法

序号	方法	具体方法
1	检查	工资单，人员清单，档案归档出借记录。
2	观察	参观了该单位的档案室，观察归档和出借的流程。
3	询问	咨询人事部门人员情况，档案部门人员情况。
4	分析程序	估算单笔业务时间，查阅归档和出借记录，确定业务数量，基本估算出每月工作量。

2. 审计人员原想直接联系临时工来确认开支的真实性，结果相关人员并不配合。在正向思维出现问题之际，审计人员及时开展逆向思维，由档案工作量倒推所需工作人员数量，分析和询问后，收集了相关证据，揭开了事情的真相。正向思维受阻时，要及时开展逆向思维，方能“柳暗花明”。

案例三　充分运用证据，证明相关事实

2019 年 11 月 21 日，某做空机构发布了一份沽空报告，对上市公司某奶制品公司的财务状况提出质疑。

某做空机构沽空报告中特别对某奶制品公司的资金和业绩提出质疑，具体内容为：一是某奶制品公司报表显示公司账面货币资金高达 60 亿元，相当于营业收入的 51%左右，但是在过去的五年内，未支付任何股息，可能存在现金造假的可能；二是某奶制品公司从美股退市被私有化之后，利润持续攀升，迅速成为市场份额大幅增长的高端行业领导者。该机构认为这种快速发展难以让人信服。

沽空报告发出以后，某奶制品公司股价大幅下跌。次日，某奶制品公司紧急停牌，并于晚间发布了针对某做空机构沽空报告的澄清公告。

思考：

1. 上述案例中，某做空机构使用何种方法质疑某奶制品公司，你认为是否有充分适当的证据？

2. 假设你是某奶制品公司的高管，该如何自证清白？

分析：

1. 某做空机构报告主要使用了分析程序的方法，对某奶制品公司的货币资金、营业收入和市场份额的数据进行了分析。在分析程序的基础上，通过逻辑推理提出了质疑，并没有直接的实物证据或书面证据，因此，某做空机构对某奶制品公司的指控缺乏充分和适当的证据。

2. 若想自证清白，证明思路可以按照相关性→可靠性→充分性的顺序展开。

首先，需要考虑相关性，也就是所需要证明的问题。报告主要质疑了货币资金造假和盈利不真实的情况。换言之，某奶制品公司需要证明的问题包括：自身货币资金充足和具有较高盈利性。其次，要考虑可靠性。也就是需要有说服力的证据，包括外部证据和内部证据。

货币资金充足一方面可以提供本公司现金流量表进行证明，这是内部证据，可靠性偏弱；另一方面需要考虑提供外部证据，如出具存款证明等作为证据。如果仅仅通过提供自身的利润表证明其具有较高的盈利性，可靠性不足。因此可以通过提供被审计过的利润表证明，如经过会计师事务所审计（或者说第三方鉴证）的利润表，更具说服力。另外，也可以通过纳税证明（外部证据，可靠性强）进行证实，借由国家对税收的认可，证明利润的真实性。

另外，还要考虑证据的充分性。资金方面，考虑仅出具公司在某一家银行的账户余额，证据不够充分，所以要选取账户余额大的多家银行的账单予以证明。业绩方面，仅出具一年的审计后财务报表，证据也不够充分，需提供近几年的报表，才更具说服力。

下面截取某奶制品公司对上述问题的回应，可以验证上述分析。某奶制品公司澄清报告内容，摘录如下：

（1）某奶制品公司公布了其在六家银行的存款余额（截至2019年9月30日），合计超过82亿元。同时，指出存款余额均取得了各银行的现金状况证明书（存款证明）。具体情况如表2.5所示。

表2.5　某奶制品公司主要银行存款情况

序号	银行	人民币存款余额（币千元）
1	中国建设银行	2398530
2	中国银行	1951825
3	浙商银行	1509703
4	齐齐哈尔农商行	1190086
5	北京银行	970119
6	中国工商银行	209498

（2）某奶制品公司公布了某税务局出具的纳税证明，证明公司2018年度和2019年度1—6月的纳税总额，证明公司利润较好。同时，某奶制品公司引用某市场研究公司2016年度到2019年度的调研报告，证明自身的市场地位不断提升和规模不断扩大。该报告是独立行业顾问所编制，未受到某奶制品公司的委托。

因提供了充分和适当的证据，某奶制品公司公布上述澄清公告后，得到了投资者的认可。11月25日，某奶制品公司股票恢复买卖后，股价开盘即大涨。

六、证据思维训练习题

（一）单选题

1. 从证据来源看，下列审计证据中最可靠的是（　　）。

A. 从税务机关直接获取的纳税证明

B. 被审计单位提供的银行贷款合同副本

C. 被审计单位提供的对未决诉讼预期判决结果的分析

D. 审计人员利用客户提供的数据亲自计算的账务比率

2. 下列有关审计证据的充分性和适当性的说法中，错误的是（　　）。

A. 审计证据的充分性和适当性分别是对审计证据数量和质量的衡量

B. 审计证据的充分性会影响审计证据的适当性

C. 只有充分且适当的审计证据才有证明力

D. 审计证据的适当性会影响审计证据的充分性

3. 下列有关审计证据质量的说法中，错误的是（　　）。

A. 审计证据的适当性是对审计证据质量的衡量

B. 审计证据的质量与审计证据的相关性和可靠性有关

C. 注册会计师可以通过获取更多的审计证据弥补审计证据质量的缺陷

D. 在既定的重大错报风险水平下，需要获取的审计证据的数量受审计证据质量的影响

4. 下列有关审计证据的适当性的说法中，错误的是（　　）。

A. 审计证据的适当性不受审计证据的充分性的影响

B. 审计证据的适当性包括相关性和可靠性

C. 审计证据的适当性影响审计证据的充分性

D. 审计证据的适当性是对审计证据质量和数量的衡量

5. 下列有关审计证据数量的说法不正确的是（　　）。

A. 如果审计证据的质量存在缺陷，注册会计师仅需要获取更多的审计证据就可以予以弥补

B. 如果注册会计师获取的证据不可靠，那么证据数量再多也难以起到证明作用

C. 注册会计师评估的错报风险越高，需要的审计证据可能越多

D. 不能为了提高审计效率，减少审计证据的数量而人为地调高重要性水平

6. 下列关于审计证据充分性的说法中，错误的是（　　）。

A. 审计证据的充分性是对审计证据数量的衡量，主要与确定的样本量有关

B. 获取更多的审计证据可以弥补审计证据质量上的缺陷

C. 注册会计师需获取审计证据的数量受其对重大错报风险评估的影响

D. 需要获取的审计证据的数量受审计证据质量的影响

7. 下列有关审计证据的说法中，正确的是（　　）。

A. 外部证据与内部证据矛盾时，注册会计师应当采用外部证据

B. 审计证据不包括会计师事务所接受与保持客户关系或业务时实施质量控制程序所获取的信息

C. 注册会计师可以考虑获取审计证据的成本与所获取信息的有用性之间的关系

D. 注册会计师无须鉴定作为审计证据的文件记录的真伪

8. 下列各项审计证据中，属于实物证据的是（　　）。

A. 计算机中储存的资料　　　　B. 与当事人谈话的录音带

C. 被审计单位的库存现金　　　D. 经济业务发生时现场的录像带

9. 被审计单位编制的工资结算表属于下列哪类审计证据？（　　）

A. 实物证据　　　　B. 外部证据

C. 口头证据　　　　D. 内部证据

10. 下列有关审计证据可靠性的表述中，错误的是（　　）。

A. 审计证据的可靠性受其来源与性质的影响

B. 原件形式的审计证据比复印件形式的审计证据更可靠

C. 推论得出的审计证据比审计人员直接获取的审计证据更可靠

D. 受个人支配程度越小，被篡改和伪造的机会越少，审计证据越可靠

11. 以下哪组证据的可靠性最强？（　　）

A. 购货发票　　　　B. 现金日记账

C. 发货单　　　　D. 记账凭证

（二）多选题

1. 下列有关审计证据的说法中，错误的是（　　）。

A. 可靠的审计证据是高质量的审计证据

B. 审计证据的充分性影响审计证据的可靠性

C. 审计证据相关性可能受测试方向的影响

D. 注册会计师可以通过获取更多的审计证据弥补审计证据质量的缺陷

2. 下列属于外部书面证据的有（　　）。

A. 记账凭证　　B. 银行对账单

C. 应收账款函证回函　　D. 购货发票

3. 下列属于内部证据的有（　　）。

A. 被审计单位提供的销售发票

B. 应收账款函证的回函

C. 被审计单位自己编制的现金盘点表

D. 被审计单位提供的财务报表

4. 以下说法正确的有（　　）。

A. 被审计单位提供的和其他企业的销售合同是内部证据

B. 口头证据是可靠性强的审计证据

C. 审计人员亲自监盘的证据可靠性强

D. 合同文本属于书面证据

5. 下列有关审计证据可靠性的说法中，错误的有（　　）。

A. 被审计单位的会议记录比保险公司出具的证明更可靠

B. 购货发票比验收单更可靠

C. 口头形式的证据比电子或其他介质形式的证据更可靠

D. 询问某项内部控制的运行得到的证据比观察某项内部控制的运行得到的证据更可靠

6. 下列各项中，可能构成审计证据的有（　　）。

A. 注册会计师在本期审计中获取的信息

B. 注册会计师在以前审计中获取的信息

C. 会计师事务所接受业务时实施质量控制程序获取的信息

D. 被审计单位聘请的专家编制的信息

7. 注册会计师所需获取的审计证据的数量受各种因素的影响，下列关于审计证据数量的说法中，正确的有（　　）。

A. 获取原件证据可能比获取复印件证据少

B. 审计证据质量越高，需要的审计证据可能越少

C. 证据的质量存在的缺陷越多，所需的证据越多

D. 错报风险越大，需要的审计证据可能越多

8. 证据思维主要包括（　　）。

A. 树立证据意识，习惯保留证据

B. 善于收集证据，掌握基本方法

C. 充分运用证据，证明相关事实

D. 收集使用审计证据

9. 注册会计师从获取的审计证据中发现，被审计单位一项已转固定资产账面价值中，含有多笔不恰当招待费，此种情况下，注册会计师能够确认固定资产的（　　）认定存在错报。

A. 准确性　　　　B. 计价

C. 分摊　　　　D. 存在

10. 注册会计师为了获取审计证据明确被审计单位对于销售收入的准确性认定是否不存在重大错报而实施的下列实质性程序中，有效果的是（　　）。

A. 将所选择的销售业务笔数与销售发票存根的张数进行比较

B. 将销售发票上所列的单价与经过批准的商品价目表进行比较核对，对其金额小计和合计数也要进行验算

C. 将发票上列出的商品的规格、数量和顾客代号等与发货凭证进行核对

D. 将销售单上批准销售的数量与发货凭证上列示的数量相核对，并将顾客订货单和销售单中的商品数相核对

11. 函证通常是向第三方知情人发函获取回函结果的方法。下列账户适合使用函证程序的是（　　）。

A. 应收账款　　B. 应付账款

C. 固定资产　　D. 银行存款

12. 若想证明企业对某台设备的所有权，下列方法中不能获取相关证据的是（　　）。

A. 检查书面文件　　B. 观察实物资产

C. 重新计算　　D. 分析程序

（三）案例分析题

案例一

注册会计师赵某在对某通公司2021年度财务报表进行审计时，收集到以下六组证据：

（1）收料单与购货发票；

（2）销货发票副本与产品出库单；

（3）领料单与材料成本计算表；

（4）工资计算单与工资发放单；

（5）存货盘点表与存货监盘记录；

（6）银行询证函回函与银行对账单。

问题：请分别说明每组证据中哪些审计证据较为可靠，并简要说明理由。

案例二

注册会计师张某对某兴公司2021年度财务报表进行审计，根据审计目标设计和实施进一步审计程序已获取充分、适当的审计证据。相关资料如下：

（1）为证实应付账款的完整性，注册会计师张某拟从应付账款明细表中选择供应商进行函证。

（2）虽然怀疑一张大额采购发票可能被篡改，但因审计工作通常不涉及鉴定文件记录的真伪，注册会计师张某在复印发票后，没有采取其他措施。

（3）张某高度质疑领料单的可靠性，为此决定扩大审计程序的范围、增加审计证据的数量，以证实或否定证据的可靠性。

（4）为证实某兴公司销售发票复核制度的执行效果，从全年开具的总计9000张发票存根中选取了一定数量的销售发票，逐张检查有无复核人员签字。

（5）A 银行的函证回函与某兴公司的记录严重不符。注册会计师张某基于外部独立来源信息的可靠性更高这一原则，认为货币资金项目存在重大错报。

问题：分别针对上述每种情况，根据证据思维对证据充分性、适当性的要求，逐一指出所获取的审计证据在充分性或适当性方面是否符合要求，简要说明理由。如认为不符合要求，请具体指明是充分性、相关性，还是可靠性不符合要求。

案例三

2022 年 1 月 17 日，浙江证监局对某会计师事务所下发《行政处罚决定书》，指出某会计师事务所对某药业公司的审计未勤勉尽责。《行政处罚决定书》部分内容摘录如下：

（1）证监局指出某会计师事务所在审计工作中存在的部分问题：

某药业公司的全资子公司某生物医药公司按照完工百分比法确认成本及对应收入，但作为完工进度主要依据的《下游技术平台项目实施进度确认报告》仅有个人签名、未加盖某生物医药公司及供应商公章，也未见签字人身份确认及是否得到授权认可等材料。审计工作底稿中未见获取完工进度的计算依据、量化业务数据支撑、项目研究等原始资料，证明完工进度的审计证据获取不充分。

（2）某会计师事务所对完工进度问题进行了申辩

某会计师事务所认为，某生物医药公司与供应商就项目进展情况举行项目总结会，由与会代表签署《下游技术平台项目实施进度确认报告》，此类报告仅有个人签字符合商业会议通常做法且具有法律效力。审计人员已经通过抽样并函证“当年服务进度”、检查合同及工商信息、实地走访等多种方式对完工进度获取了充分、适当的审计证据。

（3）对于（2）中某会计师事务所申辩，证监局的最终判定

某会计师事务所未提供证据证明某生物医药公司与供应商就项目进展情况举行项目总结会、类似报告仅有个人签字符合商业会议通常做法等，因此我局对当事人关于完工进度问题的申辩意见不予采纳。

问题：

1. 阅读上述材料（1），请分析某会计师事务所收集的审计证据在充分性或适当性方面存在何种问题？

2. 阅读上述材料（2），你认为某会计师事务所应该提供哪些证据证明已收集了充分和适当的证据呢？

3. 阅读上述材料（3），证监会是否采纳了某会计师事务所的申辩意见？这个结果对你有何启示？

参考答案

（一）单选题

1. A 2. B 3. C 4. D 5. A 6. B 7. C 8. C 9. D 10. C 11. A

（二）多选题

1. ABD 2. BCD 3. ACD 4. ACD 5. ACD 6. ABCD 7. ABD 8. ABC 9. ABC 10. BCD 11. ABD 12. BCD

（三）案例分析题

案例一：

（1）购货发票比收料单可靠。购货发票来自公司以外的机构或人员，而收料单是公司自行编制的。

（2）销货发票副本比产品出库单可靠。销货发票是在外部流转的，并获得公司以外的机构或个人的承认，而产品出库单只是在公司内部流转。

（3）领料单比材料成本计算表可靠。领料单预先被连续编号，并且经过公司不同部门人员的审核，而材料成本计算表只在公司的会计部门内部流转。

（4）工资发放单比工资计算单可靠。工资发放单需经会计部门以外的工资领取人签字确认，而工资计算单只在会计部门内部流转。

（5）存货监盘记录比存货盘点表可靠。存货监盘记录是注册会计师自行编制的，而存货盘点表是公司提供的。

（6）银行询证函回函比银行对账单可靠。银行询证函回函是注册会计师直接获取的，未经公司有关职员之手，而银行对账单经过公司有关职员之手，存在伪造、涂改的可能性。

案例二：

（1）相关性不符合要求。应付账款明细表是根据应付账款明细账编制的，表中列示的都是已入账的应付账款，从其中抽取样本难以发现少入账（完整性认定的）错报。若要发现应付账款少入账问题，应该查看购货发票等原始凭证，检查应计入应付账款的业务是否均已记账。

（2）可靠性不符合要求。如果文件记录可能是伪造的，注册会计师应当做进一步调查，复印不属于调查，不能排除疑点。

（3）可靠性不符合要求。可靠性影响审计证据的质量。当审计证据的质量存在缺陷时，仅靠获取更多的审计证据可能无法弥补其质量上的缺陷。

（4）相关性不符合要求。销售发票上是否有复核人员签字只能证实复核人员是否对发票进行了复核，但不能证实复核的效果，还要检查销售发票的内容是否与装运凭证、销售单和商品价目表一致。

（5）可靠性不符合要求。如果从不同来源获取的审计证据不一致，表明某项审计证据可能不可靠，应追加必要的审计程序，证实或排除疑点。

案例三：

1. 完工进度直接涉及收入确认问题，因此，必须确定完工进度的准确性。材料（1）中提到，“作为完工进度主要依据的《下游技术平台项目实施进度确认报告》仅有个人签名、未加盖某生物医药公司及供应商公章，也未见签字人身份确认及是否得到授权认可等材料”，证据的证明力不够，可靠性不足，不满足证据的适当性要求。另外，审计工作底稿中未见获取完工进度的计算依据、量化业务数据支撑、项目研究等原始资料，证明完工进度的审计证据不够充分。因此，本案例中，某会计师事务所未对完工进度获取适当和充分的审计证据。

2. 某会计师事务所要证明证据的充分性和适当性，应提供以下证据：一是要证明《下游技术平台项目实施进度确认报告》仅有个人签字符合商业会议通常做法且具有法律效力。需要提供如行业内其他公司案例，或者行业调查报告、权威人士说明等书面证据来进一步证明上述报告在确认完工进度方面的可靠性。二是某会计师事务所需要通过提供审计工作底稿，抽样记录，走访材料等证据，证明自身所宣称的对被审计单位“进行了抽样并函证‘当年服务进度’、检查合同及工商信息、实地走访等多种方式对完工进度进行确认，的审计工作。”

3. 证监局认为，某会计师事务所未提供证据证明《下游技术平台项目实施进度确认报告》的可靠性和其他函证等程序。这给我们以下启示：工作中必须树立证据意识，及时保留与工作相关的证据，如在审计中，在审计工作底稿中保留函证回函等材料，走访或调查必须留有记录，所有重要审计事项完成后，必须形成审计工作底稿，并将支持材料附在审计工作底稿中，证明审计工作是按照审计准则展开的。

第三节　风险思维

一、风险思维的整体框架

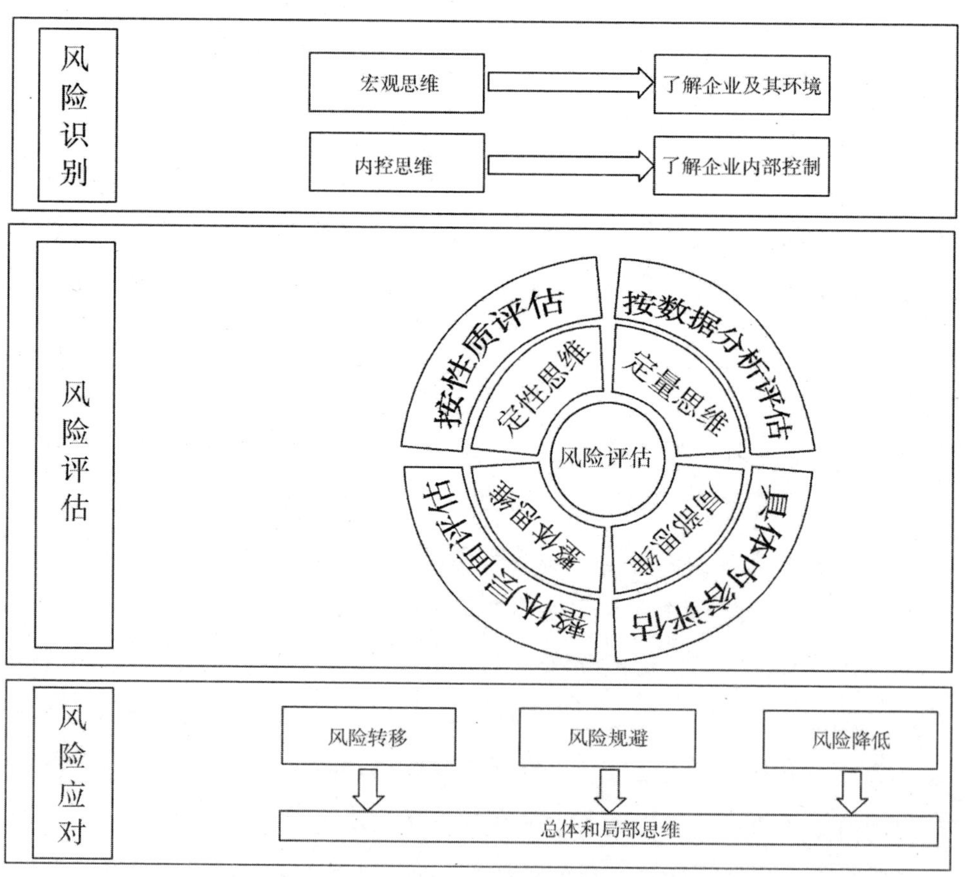

图 2.6　审计风险思维训练整体框架

二、什么是风险思维（原理）

为减少审计失败，风险导向型审计模式更加深入人心，审计人员也将风险思维提升到了前所未有的高度。所谓风险思维，就是要建立起全过程的风险管理方式，主要实现风险识别、风险评估和风险应对三个阶段的管理和控制。风险识别是风险思维的起点，主要是为发现风险项目；风险评估是对风险项目或者风险点的量化和分析，筛选和确定需要着重管理的风险项目；风险应对是针对评估出的风险项目，制定相关措施以降低风险。

三、为什么要具备风险思维（价值）

风险思维的价值在于建立一种风险管理的思维模式，帮助我们有效控制和降低风险。注册会计师具备风险思维，能够有效降低审计风险，避免审计失败；企业家具备风险思维，能够帮助企业识别风险，降低经营和管理过程中的风险，避免经营失败；工作人员具备风险思维，可以审视自身工作流程中的风险隐患，减少工作上的纰漏和问题。总之，风险思维可以帮助我们有效地发现问题和解决问题。

四、风险思维有哪些要求及如何应用

下面按照风险识别、风险评估和风险应对三阶段的风险管理架构具体介绍风险思维方式。

（一）风险思维—风险识别

注册会计师通过了解被审计单位和环境，以及内部控制来识别被审计单位可能存在的重大错报风险领域。这同样也给我们提供了风险识别的思路。

第一，要建立宏观思维识别风险。

在企业整体层面，考虑企业性质和企业所面临的经济形势、宏观政策等方面的内容，进而分析和识别可能遇到的风险。宏观思维通常可以帮助发现企业的重大经营风险，了解企业基本经营情况。具体而言，可以从以下几个方面着手分析，见表 2.6。

表 2.6　运用宏观思维识别风险

序号	了解企业及相关环境
1	行业状况、法律环境和监管环境及其他外部因素（如宏观经济、金融环境等）。
2	企业的性质（如所有权结构、治理结构、组织结构）。
3	企业对会计政策的选择和运用（重大和异常交易、政策变更）。
4	企业的目标、战略以及相关经营风险。
5	企业财务业绩的衡量和评价。

在了解企业及环境时，我们可以参照表 2.6 的几个方面进行。但是，对于不同企业，我们需要了解的重点不同。例如，对于高科技企业，可以通过重点了解行业技术发展和进步情况，来判断企业是否存在较大的经营风险。技术发展对于科技类企业是最为关键的，可能直接决定企业的成败。再如，对于工业企业，可以通过重点了解国家环保政策和能源价格问题，来判断企业成本是否存在大幅增加的风险。

第二，要建立内控思维识别风险。

内部控制是企业为了合理保证财务报告的可靠性、经营的效率和效果以及对法律法规的遵守，由治理层、管理层和其他人员设计与执行的政策及程序。通常，内部控制活动主要包括授权、业绩评价、信息处理、实物控制和职责分离等。通过了解企业内控活动，可以帮助识别企业业务流程、交易处理、重大业务、实物保存和舞弊等方面的风险，具体情况见表 2.7。

表 2.7　运用内控思维识别风险

序号	控制活动	识别的风险
1	授权	了解业务交易的权限，可以帮助识别重大交易风险。
2	业绩评价	了解预算执行、各部门人员的业绩情况，可以帮助识别潜在的舞弊风险。
3	信息处理	了解业务、财务等交易信息的处理和加工，可以帮助识别交易中的操作风险。
4	实物控制	了解实物资产的控制，可以帮助识别财产被盗等风险。
5	职责分离	了解业务流程岗位职责的分工和牵制，可以帮助识别错报风险和潜在的舞弊风险。

（二）风险思维—风险评估

风险评估阶段，主要是建立两种思维，由两个路径入手对风险实施评估。

第一，采用定性和定量思维相结合的方法评估风险。

定性思维就是透过现象看本质，对事物的性质与属性进行探索和认知。风险评估时，需要首先考虑已识别出的风险的性质。例如，某个账户可能存在舞弊风险，即使金额较小，也要被视作高风险账户，而且必须被认为是存在重大错报风险的领域。在定性分析基础上，还要进一步做定量分析。定量思维就是从数量方面进行分析和研究。在风险评估时，需要考虑风险敞口的规模和概率。例如，审计人员要对可能存在的错报金额进行估算，如果金额比较大，也要认为存在重大错报风险。

第二，采用整体和局部思维相结合的方法评估风险。

风险评估既要着眼于企业或项目整体，又要仔细考量局部的具体环节。例如，审计人员既要评估财务报表整体层面是否存在重大错报风险，也要评估特定交易、账户余额和披露的具体认定层面是否存在重大错报风险。企业管理层严重缺乏诚信，存在重大舞弊风险，可能对财务报表产生较为广泛的影响。这种舞弊风险就是与财务报表整体相关的风险。企业存在复杂的合资或联营，则其长期股权投资账户的具体认定就可能存在重大错报风险。这种风险就是与具体账户相关的风险。

（三）风险思维—风险应对

风险评估完成后，就需要采取措施进行风险应对。风险应对阶段所需的风险思维就是要建立风险应对的基本思路。通常，风险应对的基本思路有风险规避、风险转移和风险降低。

风险规避，是指回避、停止或退出蕴含某一风险的活动或环境，避免成为风险的所有人。例如，会计师事务所在风险评估后，认为审计风险无法降低到可接受的水平，选择解除业务约定，不再承接相关业务就完全规避了风险。这种风险应对方式是消极的，也是最后的无奈之举。

风险转移，是指通过合同或其他手段将风险全部或部分转移到第三方。风险转移最常见的方法就是购买保险，通过保险合同将部分风险转移至保险公司。例如，会计师事务所可以通过购买职业责任保险，转移部分风险。

风险降低，是指利用政策或措施将风险降低到可接受的水平。采取措施把风险降低到可接受的水平，是最常见和积极的风险应对策略。通常，审计人员会针对已评估出的风险，有针对性地制订降低风险的审计计划。

当然，风险应对阶段，同样需要建立整体和局部思维，一方面制定总体应对措施；另一方面针对具体认定层面的风险，制定具体应对措施。例如，对风险较高的审计项目，会计师事务所可能会通过选派更有经验的注册会计师，更多审计人员等整体应对措施，降低审计风险。当然，也会制订详细的计划，对具体账户等具体认定层面的重大错报风险领域执行实质性程序，通过收集充分适当的证据，发表恰当的审计意见，降低审计风险。

五、风险思维训练

案例　由某药业公司事件谈风险思维

2020 年 5 月，证监会公布了对某药业公司的《行政处罚决定书》，明确披露某药业公司 2016 年年报虚增货币资金 225 亿余元，2017 年年报虚增货币资金 299 亿余元，2018 年半年报虚增货币资金 361 亿余元。数百亿货币资金造假开创了上市公司货币资金造假之最。作为某药业公司审计机构的某会计师事务所，对如此巨大的造假金额竟然没有察觉，仍出具了无保留意见的审计报告，最终导致审计失败。证监会也对某会计师事务所作出了行政处罚，没收其业务收入 1425 万元，并处 4275 万元罚款。

这起审计失败案例再次为会计师事务所敲响警钟：随着上市公司业务日益复杂，造假手段层出不穷，审计风险也日益增大，有效管理风险是事务所迫切需要重视和解决的问题。那么，某会计师事务所在风险识别、评估和应对方面有哪些重要缺陷需要我们反思？我们可以从证监会后续发布的对某会计师事务所的行政处罚书中找到一些端倪。证监会披露的部分审计问题如下：

一、业务管理系统方面

捷科系统为某药业公司的业务管理信息系统，金蝶系统为某药业公司进行账务处理的信息系统。在审计过程中，某会计师事务所的主要问题集中在：一是在财务报表层面了解信息技术的运用时，未涵盖业务管理系统。二是某会计师事务所了解金蝶系统时，未执行审计程序了解金蝶系统与捷科系统之间数据的钩稽关系。三是某会计师事务所实施风险应对措施时，未从业务管理信息系统获取审计证据。某会计师事务所在内控测试、实质性程序中计划获取销售出库单等业务单据，但仅从金蝶系统获取审计证据，没有追溯至捷科系统。

二、货币资金方面

在审计过程中，某会计师事务所的主要问题集中在：货币资金由于期末余额大、"存贷双高"明显、外部媒体质疑较多等原因，明显存在舞弊风险。但是，某会计师事务所的审计工作底稿中认为货币资金不存在重大错报风险，货币资金风险评估结果错误。

对货币资金的内部控制进行测试时，主要问题集中在：一是未识别捷科系统与金蝶系统存在的差异；二是往来对账控制、资金对账等与货币资金相关的内控测试未按照计划充分执行。

对货币资金执行实质性程序时，主要问题集中在：一是未按照审计计划直接从银行获取银行账户流水资料，舞弊风险应对不足；二是某会计师事务所未对银行账户函证过程保持有效控制，具体包括：使用了某药业公司伪造的银行询证回函；未对回函路径进行有效核对，未发现回函人员与被询证者不符等。

思考：

1. 某会计师事务所在风险识别方面有哪些不足?

2. 某会计师事务所在风险评估方面有哪些不足?

3. 某会计师事务所在风险应对方面有哪些不足?

分析：

1. 风险识别阶段的不足

风险识别阶段，主要由了解企业及其环境和企业的内部控制，帮助识别重大错报风险。

业务管理系统方面，在了解企业情况时，事务所应对企业重要系统进行梳理，应该明确各业务和财务系统之间的基本关系，在了解信息技术的运用时，未涵盖该业务系统的做法，显然存在错误。

货币资金方面，已有媒体质疑某药业公司的货币资金项目，会计师事务所却不知晓或者未引起重视。可见，会计师事务所对企业环境了解不足或不够重视。

2. 风险评估阶段的不足

风险评估应该具有定性思维和定量思维。某会计师事务所在风险评估阶段，未做充分的分析，从而导致风险评估出现明显错误。

业务管理系统方面，某会计师事务所了解金蝶系统时，未了解金蝶 EAS 系统与捷科系统之间数据的钩稽关系，未进行定量分析，未发现两者之间的差异。因此，未识别业务系统存在重大错报风险。

货币资金方面，某会计师事务所未对货币资金项目进行量化分析，未发现该报表项目期末余额大、“存贷双高”明显的重大舞弊风险。为了进一步说明问题，我们可以进行如下量化分析，帮助会计师事务所评估重大错报风险。

首先，分析货币资金项目期末余额，选取2012年至2017年某药业公司年报中相关数据，如表2.8所示。

表2.8　某药业公司货币资金情况（单位：亿元）

项目	2017年	2016年	2015年	2014年	2013年	2012年
货币资金	341.51	273.25	158.18	99.85	84.97	61.06
资产总额	687.22	548.24	381.05	278.79	222.51	179.58
货币资金占资产总额比率	50%	50%	42%	36%	38%	34%

从货币资金项目的总额来看，金额由2012年的61.06亿元每年大幅度增加。截至2017年，仅五年时间，货币资金项目总计已高达341.51亿元。由货币资金占比来看，其占总资产比例由2012年的34%上升至2017年的50%。也就是说，货币资金已经占据了某药业公司一半的资产。因此，无论从绝对数还是相对数来

讲，货币资金项目对资产负债表和企业的影响都是重大的，应该被列入重大错报风险领域。

其次，分析“存贷双高”问题。历史经验表明，通常货币资金造假案例中，企业“存贷双高”是个重要信号。自有资金充沛，却频频举债融资，支付高额利息，这种举动显然有违常理。因此，“存贷双高”是分析舞弊风险的一个重要指标。某药业公司有息负债情况分析如表 2.9 所示。

表 2.9　某药业公司有息负债情况（单位：亿元）

项目	2017 年	2016 年	2015 年	2014 年	2013 年	2012 年
短期借款	113.70	82.52	46.20	34.20	22.94	21.00
一年内到期的非流动负债	25.00	0.00	0.05	2.00	8.75	2.00
其他流动负债	50.00	75.00	55.00	10.00	2.00	0.00
应付债券	83.07	48.89	48.85	24.96	24.94	33.11
长期借款	0.00	0.00	0.00	0.05	2.05	0.00
有息负债合计	271.77	206.41	150.10	71.16	58.63	56.11
资产总额	687.22	548.24	381.05	278.79	222.51	179.58
有息负债与资产总额之比	40%	38%	39%	26%	26%	31%

从绝对数来看，某药业公司有息负债由 2012 年的 56.11 亿元激增到 2017 年的 271.77 亿元，债务融资金额屡创新高。再看有息负债占总资产比率，由 2012 年的 31%升高到 2017 年的 40%，也足见企业债务负担加重，企业杠杆加重，财务风险增加。具体来看，短期借款账户自 2015 年起账户余额大幅度增加，也就是企业每年都借入巨额的短期借款。另外，其他流动负债账户余额（根据报表附注披露，该账户主要是公司短期融资券）也是自 2015 年起大幅增加。大幅负债融资的迹象显示某药业公司很“缺钱”，可是，其报表账面又显示着巨额货币资金，显得某药业公司非常“富裕”。这两个方面的数据存在明显异常和问题。通过上述定量分析，能够判定“货币资金”、“短期借款”和“其他流动负债”项目是高风险领域。

3. 风险应对阶段的不足

风险应对是针对评估出的风险领域采用相关策略进行应对。某会计师事务所接受了某药业公司的审计业务，也就是选择了降低风险的策略。那么，就要充分进行风险应对，将审计风险降低至可接受的水平。但是，某会计师事务所风险应对措施不足，主要表现在：

业务管理系统方面，某会计师事务所在内控测试和实质性程序中，仅从金蝶系统获取审计证据，没有追溯至捷科系统。捷科系统是业务发起系统，起着十分重要的作用，不应忽视此业务系统数据。未进行充分测试，就轻易信赖了某药业公司的内部控制，无法降低审计风险。

货币资金方面，某会计师事务所在内控测试时，未核对业务系统和财务系统的差异，也未充分测试资金对账等货币资金的内部控制，内控测试执行不到位。实质性程序方面，虽然制订了审计计划，但实际执行存在偏差，未直接向银行获取对账单，因此无法获取可靠证据，不能降低风险。对函证程序完全失控，甚至未发现回函人员与被询证者不一致的明显错误，未通过检查及时发现各项函证的问题，显然风险应对不足。

六、风险思维训练习题

（一）单选题

1. 下列有关被审计单位整体层面的内部控制与业务流程层面控制的关系，表述正确的是（　　）。

A. 整体层面的内部控制是否有效将直接影响重要业务流程层面控制的有效性

B. 重要业务流程层面控制是否有效将直接影响整体层面的内部控制的有效性

C. 二者没有直接关系

D. 注册会计师仅需关注业务流程层面控制即可

2. 下列有关内部控制的人工和自动化成分的表述中，错误的是（　　）。

A. 被审计单位的内部控制系统包含人工成分，通常也包含自动化成分。人

工或自动化成分的特征，与注册会计师的风险评估以及在此基础上实施的进一步审计程序相关

B. 内部控制中采用的人工成分和自动化成分，将影响交易生成、记录、处理和报告的方式

C. 如果被审计单位信息技术健全的话，内部控制不用再设人工控制

D. 人工控制可能独立于信息技术，可能利用信息技术生成的信息，或可能只限用于监督信息技术和自动化控制的有效运行或者处理例外事项

3. 下列有关内部控制的表述中，注册会计师不认可的是（　　）。

A. 内部控制可以绝对保证被审计单位财务报告的可靠性、经营的效率和效果以及对法律法规的遵守

B. 设计和实施内部控制的责任主体是治理层、管理层和其他人员，组织中的每个人都对内部控制负有责任

C. 实现内部控制目标的手段是设计和执行控制政策及程序

D. 内部控制包括控制环境、风险评估过程、与财务报告相关的信息系统和沟通、控制活动、对控制的监督 5 个要素

4. 下列各项中，不属于内部控制要素中控制活动的是（　　）。

A. 业绩评价　　B. 信息处理

C. 职责分离　　D. 监督控制

5. 下列有关内部控制要素的说法中不正确的是（　　）。

A. 信息系统与沟通中所说的与财务报告相关的信息系统，包括用以生成、记录、处理和报告交易、事项和情况，对相关资产、负债和所有者权益履行经营管理责任的程序和记录

B. 对控制的监督是有助于确保管理层的指令得以执行的政策和程序，包括与授权、业绩评价、信息处理、实物控制和职责分离等相关活动

C. 对控制的监督是指被审计单位评价内部控制在一段时间内运行有效性的过程。对控制的监督涉及及时评估控制的有效性并采取必要的补救措施

D. 风险评估过程的作用是识别、评估和管理影响被审计单位实现经营目标的各种风险

6. 下列需要了解的被审计单位及其环境的内容中，既属于内部因素又属于外部因素的是（　　）。

A. 相关行业状况、法律环境与监管环境以及其他外部因素

B. 被审计单位对会计政策的选择和运用

C. 对被审计单位财务业绩的衡量和评价

D. 被审计单位的内部控制

7. 注册会计师在了解被审计单位及其环境时，应当了解被审计单位的组织结构。以下内容中，最有助于注册会计师了解被审计单位组织结构的是（　　）。

A. 生产经营的季节性和周期性

B. 通货膨胀水平及币值变动

C. 利率和资金供求情况

D. 财务报表合并

8. 下列有关内部控制的说法中不正确的是（　　）。

A. 实施内部控制目标的手段是设计和执行控制政策及程序

B. 注册会计师需要了解和评价的只是与财务报表审计相关的内部控制，并非甲公司所有的内部控制

C. 内部控制的目标是合理保证财务报告的可靠性、经营的效率和效果以及对法律法规的遵守

D. 设计和实施内部控制的责任主体是甲公司的治理层和管理层，其他人员无须对内部控制负有责任

9. 在下列所描述的内部控制中，最有利于防止被审计单位出现漏记购货现象的是（　　）。

A. 生成收货报告的计算机程序，同时也更新采购档案

B. 在更新采购档案之前必须先有收货报告

C. 销售发票上的价格根据价格清单上的信息确定

D. 计算机将各凭证上的账户号码与会计科目表对比，然后进行一系列的逻辑测试

10. 注册会计师在识别和了解信息系统内部控制时，采用询问程序，以下说法中正确的是（　　）。

A. 被审计单位业务控制越复杂，注册会计师就越有必要询问信息系统人员，以辨认有关的控制

B. 在询问的过程中，注册会计师应该先询问级别低的人员，再询问级别高的人员，这种询问方法可以使注册会计师迅速地辨别被审计单位重要的控制

C. 在询问的过程中，从级别高的人员处获取的信息，通过向级别低的人员核实其完整性，可以使注册会计师了解管理层对控制运行情况的熟悉程度

D. 被审计单位业务控制越复杂，注册会计师就越有必要询问管理层，以辨认有关的控制

11. 风险识别通常涉及对企业内部控制的了解，以下哪项不是内部控制手段？（　　）

A. 授权　　B. 职责岗位分离

C. 实物控制　　D. 发起业务

12. 关于风险评估，下列说法错误的是（　　）。

A. 风险评估需要定性思维和定量思维相结合

B. 风险评估需要从整体和局部两个层面进行评估

C. 风险评估发生在风险应对之后

D. 风险评估建立在风险识别基础上

（二）多选题

1. 下列事项中表明被审计单位很可能存在重大错报风险的有（　　）。

A. 在高度波动的市场开展业务

B. 被审计单位的供应链发生变化

C. 被审计单位从基础设施行业转为风险投资行业

D. 经常与控股股东发生交易

2. 下列关于了解内部控制的说法中，注册会计师认可的有（　　）。

A. 内部控制为财务报告的可靠性提供合理保证

B. 在了解被审计单位的内部控制时，只需关注控制的设计

C. 特别风险通常与重大的非常规交易和判断事项有关

D. 在某些情况下，了解内部控制后可能识别到仅通过实施实质性程序不能获取充分、适当的审计证据的风险

3. 下列有关了解被审计单位内部控制的表述中正确的有（　　）。

A. 注册会计师通过了解，确定控制设计不当，就不需要再考虑控制是否得到执行

B. 注册会计师可使用询问程序来获得其控制的设计以及确定其是否得到执行的充分、适当的证据

C. 对某信息系统的内部控制的了解有可能代替对控制运行有效性的测试

D. 执行穿行测试既可评价内部控制的设计是否合理，又可确定其是否得到执行

4. 注册会计师在了解被审计单位及其环境的过程中，除要从被审计单位内部获取相应的审计证据外，下列各项中，注册会计师还可以执行的程序有（　　）。

A. 阅读贸易与经济方面的报纸期刊

B. 询问被审计单位的法律顾问

C. 阅读政府部门发布的行业数据

D. 阅读开户银行发布的信用等级报告

5. 下列属于内部控制局限性的有（　　）。

A. 控制的设计和修改可能存在失误

B. 控制的运行可能无效

C. 管理层可能与客户签订“背后协议”，修改标准的销售合同条款和条件，从而导致不适当的收入确认

D. 软件中的编辑控制旨在识别和报告超过赊销信用额度的交易，但这一控制可能被凌驾或不能得到执行

6. 注册会计师对相关行业状况、法律环境与监管环境以及其他外部因素了解的范围和程度会因被审计单位所处行业、规模以及其他因素的不同而不同。以下关于了解重点的说法中正确的有（　　）。

A. 对于化工等产生污染的行业，注册会计师可能更关心相关环保法规

B. 对于从事计算机硬件制造的被审计单位，注册会计师可能更关心市场和竞争以及技术进步的情况

C. 对于金融机构，注册会计师更加关心宏观经济走势以及货币、财政等方面的宏观经济政策

D. 对于建筑行业，注册会计师要更加关心其长期合同涉及的收入与成本的重大估计是否恰当

7. 以下对于注册会计师了解经营风险的说法中恰当的有（　　）。

A. 经营风险可能源于不恰当的目标和战略

B. 所有经营风险均与财务报表重大错报风险相关

C. 多数经营风险最终都会产生财务后果，从而影响财务报表

D. 经营风险可能对某些交易、账户余额和披露认定产生重大且直接的影响

8. 注册会计师在对被审计单位整体层面的风险评估过程进行了解和评估时，考虑的主要因素可能包括（　　）。

A. 被审计单位是否已建立并沟通其整体目标，并辅以具体策略和业务流程层面的计划

B. 被审计单位是否已建立风险评估过程，包括识别风险、估计风险的重大性、评估风险发生的可能性以及确定需要采取的应对措施

C. 被审计单位是否已建立某种机制，识别和应对可能对被审计单位产生重大且普遍影响的变化

D. 会计部门是否建立了某种流程，以识别会计准则的重大变化

9. 下列程序中，通常不会在风险评估中使用的有（　　）。

A. 检查　　　　B. 分析程序

C. 重新执行　　　　D. 重新计算

10. 注册会计师在对被审计单位财务报告流程进行了解时发现，相关系统运行良好，同时系统本身没有发生重大变化，此时注册会计师的下列做法中，正确的有（　　）。

A. 仍需执行穿行测试

B. 需要了解业务处理流程是否过入总账

C. 对非标准分录进行评估

D. 不需要对标准分录进行评估

11. 风险思维主要包含的风险分析三个阶段是（　　）。

A. 风险识别　　B. 风险评估

C. 风险应对　　D. 风险衡量

12. 风险应对最常用的三种策略是（　　）。

A. 风险规避　　B. 风险转移

C. 风险降低　　D. 风险防范

（三）案例分析题

案例一

注册会计师陈某在审计工作底稿中记录了所了解的某公司及其环境的情况，部分内容摘录如下：

（1）某公司财务总监已为公司工作超过6年，于2021年9月劳动合同到期后被某公司的竞争对手高薪聘请。由于工作压力大，某公司会计部门人员流动频繁，除会计主管服务期超过4年外，其余人员的平均服务期少于2年。

（2）2021年12月31日，某公司将所有库存的B产品出售给了某启公司，双方协商一致确定了2个月的退货期限。某公司无法根据过去的经验估计该批产品的退货率。

（3）2021年9月1日，某公司与某明公司签订协议，自当月起，由某明公司为某公司于2021年第四季度投放市场的一款新产品——A产品提供为期12个月的广告服务。某公司于2021年9月1日向某明公司预付6个月基本广告服务费，每月10万元。另外，按照协议约定，某公司于每月月末按当月A产品销售收入的5%向某明公司另行支付追加的广告服务费。

（4）自2021年11月起，某公司将主要产品交货方式由在某公司仓库交货，改为运至客户指定交货地点交客户签收，但客户需承担某公司因此而发生运费的80%。

（5）某公司从2013年起将一项非专利技术的研究开发工作提上日程，截至2021年年末该非专利技术的研发工作正式完成。某公司因该非专利技术确认了无形资产500万元，并拟短期内出售该无形资产。但是受国家政策影响，市场对该非专利技术并无需求。

问题：请逐一判断上述与企业整体情况和环境相关事项，是否可以识别被审计单位存在重大错报风险？运用整体和局部思维，评估属于哪个层面的重大错报风险。

案例二

2019年11月20日，证监会下发对某会计师事务所的《行政处罚决定书》，明确指出事务所审计过程中存在的问题，并予以相应处罚。

部分问题摘录如下：

风险评估程序不到位，导致未能识别和评估财务报表重大错报风险。

问题一：财务报表层次舞弊风险评估程序不到位。经查，注册会计师在编制舞弊风险评价底稿时，在"管理层为满足第三方要求或预期而承受过度的压力"所列各项中均填写"不存在"。但该审计项目的备查底稿显示，2013年8月，某股权投资基金合伙企业（有限合伙）与某绿股份实际控制人陈某1、董事长陈某2，某投资合伙企业（有限合伙），某投资管理公司，某投资中心（有限合伙）签订了关于《增资协议》之补充协议，约定2013年度至2015年度某食品公司扣除非经常性损益前和扣除非经常性损益后按照税后净利润孰低原则，分别是不低于5750万元、7475万元、9775万元。而某绿股份2012年度的实际利润只有3721万元，承受了过度的压力。注册会计师执行的财务报表层次风险评估程序不充分、不适当，未能充分识别出某绿股份存在的舞弊风险。

问题二：账户余额认定层次的风险评估程序不到位。经查，注册会计师在执行应收账款和预付账款函证程序时，未对重要客户和供应商函证回函为复印件的情况予以考虑。例如，对2014年度销售客户某科贸公司（函证期间交易金额2022.85万元，期末余额590.82万元）实施了函证程序并予以审计确认，但函证回函为复印件；对供应商某物产公司（2013年年末预付余额626.45万元，2015年年末预付余额156.10万元）实施函证，但函证回函为复印件。注册会计师在执行存货采购合同检查程序时，未对抽查的供应商李某1、马某、李某2、刘某合与某绿股份签订的收购合同时间晚于收购发票开具时间的情况予以考虑。注册会计师未能在账户余额认定层次充分识别和评估重大错报风险，无法为设计和实施进一步审计程序提供合理基础。

问题：

1. 阅读问题一，请思考问题一属于运用何种思维可以帮助发现重大错报风险，避免风险评估不到位。

2. 如果识别问题一的风险，应如何进行风险应对？

3. 结合案例中的问题一、问题二，请思考运用何种思维可以帮助发现重大错报风险，避免风险评估不到位。

4. 如果识别问题二的风险，应如何进行风险应对？

参考答案

（一）单选题

1. A 2. C 3. A 4. D 5. B 6. C 7. D 8. D 9. A 10. A 11. D 12. C

（二）多选题

1. ABCD 2. ACD 3. ACD 4. ABCD 5. ABCD 6. ABCD 7. ACD 8. ABCD 9. CD 10. ABC 11. ABC 12. ABC

（三）案例分析题

案例一：

（1）关键人员的变动和缺乏有经验的会计人员可能表明存在重大错报风险，属于财务报表层次的重大错报风险。

（2）将所有B产品出售，且尚不能确认收入，B产品应计入发出商品，可能导致认定层次（营业收入）存在重大错报风险。

（3）追加广告服务费的发生是与当月A产品实际销售业绩挂钩的，应在发生当期计入利润表，因此在2021年年末存在多计预付款项——追加广告服务费（少计2021年度销售费用）的风险，属于认定层次的重大错报风险。

(4) 某公司主要产品的交货方式的改变，可能涉及相关产品与所有权的改变，由发货转移推迟到运至客户指定的交货地点后交客户签收才转移。因此，2021年（11月起）可能存在甲公司在发货时即提前确认相关营业收入的风险。

(5) 该非专利技术并无市场需求，因而不具备资产确认条件。无形资产可能存在重大错报风险。

案例二：

1. 针对问题一，第一，应该运用宏观思维，通过了解被审计单位和环境识别风险。对“管理层为满足第三方要求或预期而承受过度的压力”的关注，即通过了解被审计单位情况由宏观层面进行风险识别。第二，进一步运用定性/定量思维评估风险。被审计单位的《增资协议》中，约定2013年度至2015年度某食品公司扣除非经常性损益前和扣除非经常性损益后按照税后净利润孰低原则，分别是不低于5750万元、7475万元、9775万元。而某绿股份2012年度的实际利润只有3721万元。按照约定，被审计单位的利润增长率计算如表2.10所示。

表2.10　约定利润的增长率计算表

项目	2012年 实际利润	约定 2013年利润	约定 2014年利润	约定 2015年利润
金额（万元）	3721	5750	7475	9775
增长率（与2012年比）		55%	101%	163%

由表2.10可知，按照补充约定，2013年、2014年、2015年利润增长率分别高达55%、101%和163%。显然，利润增长率设置过高，势必将对管理层造成压力，被审计单位可能会虚增利润完成约定。因此，被审计单位存在较高的舞弊风险。

2. 一是针对舞弊风险的总体风险应对措施有：（1）在分派和督导项目组成员时，考虑承担重要业务职责的项目组成员所具备的知识、技能和能力，并考虑由于舞弊导致的重大错报风险的评估结果；（2）评价被审计单位对会计政策（特别是涉及主观计量或复杂交易的会计政策）的选择和运用，是否可能表明管理层通过操纵利润对财务信息作出虚假报告；（3）在选择审计程序的性质、时间安排和范围时，增加审计程序的不可预见性。

二是针对认定层次舞弊风险应对措施有：（1）改变拟实施审计程序的性质，以获取更为可靠、相关的审计证据，或获取其他佐证性信息，包括更加重视实地观察或检查，在实施函证程序时改变常规函证内容，询问被审计单位的非财务人员等；（2）改变实质性程序的时间，包括在期末或接近期末实施实质性程序，或针对本期较早时间发生的交易事项或贯穿于整个本期的交易事项实施测试；（3）改变审计程序的范围，包括扩大样本规模，采用更详细的数据实施分析程序等。

3. 结合问题一和问题二，需要运用整体/局部思维进行风险识别和评估。问题一需要从整体层面、财务报表层面进行风险识别和评估。问题二则需要由具体认定层面进行风险识别和分析。具体来说，注册会计师在实施应收账款和预付账款函证程序时，对于重要客户和供应商函证回函为复印件的情况未予以关注，且没有提供证据证明其已收到回函原件。另外，对于某绿股份与供应商签订的合同、开具的发票细节未予以重视，未发现收购合同时间晚于收购发票开具时间等异常点。

4. 当识别和评估上述重大错报风险领域后，注册会计师应当采取有效措施应对风险。具体风险应对方式为：（1）回函为复印件的，应确定后续是否收到原件，如未收到原件，必须重新实施函证程序，且对整个函证程序保持控制，由注册会计师发函和接收回函。（2）对于存货交易事项，应追查相关原始凭证，如合同、发票等，确定交易的真实存在，帮助发现收入虚增或提前确认收入的问题。

第四节　抽样思维

一、审计抽样思维的整体框架

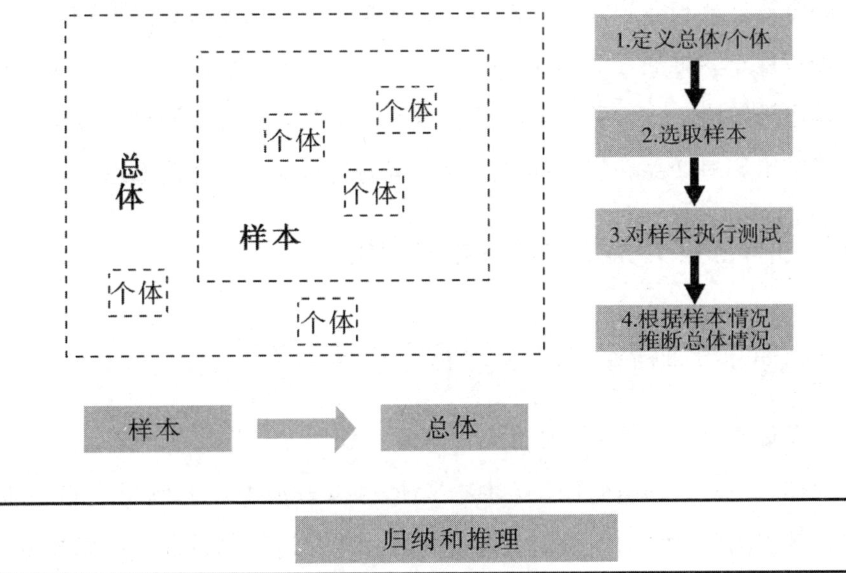

图 2.7　审计抽样思维的整体框架

二、什么是抽样思维（原理）

审计抽样是指注册会计师对具有审计相关性的总体中低于百分之百的项目实施审计程序，使所有抽样单元都有被选取的机会，为注册会计师针对总体得出结论提供合理基础。可见，抽样思维就是建立一种思维方法，即选取部分样本进行测试，由样本结果来合理推断总体情况的方法。

三、为什么要具备抽样思维（价值）

抽样思维为我们提供了解决问题的一种思路。当总体规模庞大时，可以通过研究样本的规律推断总体的情况。生活中，很多问题的解决都闪烁着抽样思维的光芒。例如，我们想买一斤瓜子，但是味道怎么样呢？可以拿几颗尝一下来推断这批瓜子的质量。又如，我们在网络上购物，经常会查看购买评论，通过其他买家评论来推断产品的质量。生活中运用抽样思维的案例不胜枚举。

同样，在经济领域，抽样思维更是发挥了重要作用。例如，工厂车间可以通过对产品进行抽查，检验产品质量，进而推断车间所有产品的质量；销售人员采用抽样的方法，调查客户需求，推断市场整体需求；财务人员可以抽取部分业务凭证等进行检查，推断企业整体账务差错率等。几乎每个部门、每个员工都可以运用抽样思维解决工作中的很多问题。当然，企业的管理层同样需要运用抽样思维，来了解市场对产品和服务的满意度、市场新需求、企业内部运营等情况。

四、抽样思维有哪些要求及如何应用

（一）抽样思维需要“总体/个体”思维

1. “总体/个体”思维需要明确“总体”和“个体”

在抽样之前，必须有效确定总体。总体可以是某类交易或账户的全部项目，也可以是其中的部分项目。例如，对应收账款账户进行测试前，可以先分析应收账款账面余额是否存在特别重大的项目。对于账户余额重大的应收账款，可以挑选出来单独测试。而对其余的应收账款进行抽样测试，在此情况下，总体就只包括除重大金额外的剩余应收账款账户。当然，如果企业的应收账款不存在特别重大的项目，可以将所有应收账款进行抽样，此时，总体就是全部应收账款。总之，确定抽样的总体范围，可以考虑剔除异常值和特殊情况。

总体确定后，需要进一步确定构成总体的个体项目。个体项目也常常被称作“抽样单元”。个体项目需要与证明的目标保持一致，可以是一个账户，一笔交易或一个记录。例如，需要测试应收账款是否存在时，可以选择应收账款明细账账户余额作为个体项目。

2. “总体/个体”思维需要合理选取样本

确定好总体和个体后，就需要合理选取样本。选取样本通常可以采用三种方式，包括随机选样，系统选样，随意选样。随机选样通常借助随机数表或计算机产生的随机数来选取样本。系统选样也称等距选样，是指首先计算选样间隔，确定随机起点，按照间隔顺序选取样本。随意选样是指审计人员不带任何偏见地选取样本。三种方法都是运用了统计学的基本理论，体现了基本的统计思想。

（二）抽样思维需要归纳和推理

抽样思维提供了解决问题的方案，即先对样本的情况进行归纳和梳理，进而推测总体情况。尤其是当总体数据量非常大，无法进行逐一调查和分析时，通过合理抽样，根据抽样调查得到的部分样本特征来推断总体特征，在分析中寻找规律，可以帮助进行相关的预测和决策。当然，通过研究样本推断总体的方法，也可以极大地提高工作效率，节约成本和资源。

具体来说，首先，我们要充分研究样本信息，归纳样本情况。例如，现需要通过函证对某企业应收账款账户余额的存在性进行测试。假设该企业应收账款存在借方余额的账户有 1000 个，注册会计师不需要逐一对其进行函证，而是在 1000 个账户中抽取部分账户（如 50 个）实施函证。然后主要研究 50 个账户的回函情况，如回函单位、回函日期、回函金额等方面，来确定样本是否存在错报。

其次，根据样本信息推断总体情况。如果应收账款样本中的错报很小，在可容忍范围内，那么，一般认为应收账款总体可以接受，不存在重大错报。但是，如果样本中的错报接近或者超过可容忍错报的范围，注册会计师就认为应收账款总体应该也是超过可容忍错报范围的，就需要与被审计单位进行沟通，进一步调查错报，必要时调整账面错报记录。

五、抽样思维训练

案例一　抽样思维在盘点中的运用

王先生经营了一片鱼塘，现在需要估计鱼塘里的活鱼数量。王先生先从湖里捕捞了 100 条鱼，并为其做上标记，然后将其放回鱼塘中，经过一段时间，待有标记的鱼完全混合于鱼群后，第二次又捕捞了 200 条鱼，若其中带标记的鱼有 10 条，那么鱼塘里大约有多少条鱼呢？

思考：

1. 指出上述案例中的总体、个体和样本分别是什么。

2. 请根据样本情况，合理推断鱼塘里的活鱼数量。

分析：

1. 本案例中的总体是鱼塘里活鱼的数量，个体是鱼塘里的每一条活鱼。样本是捕捞的200条鱼。

2. 本案例根据样本的信息来估计总体的信息，也就是根据样本所标记鱼的比率，推断总体所标记鱼的比率，进而推断出鱼塘中活鱼的数量。200条活鱼样本中，带标记的鱼占比为10/200=1/20，因此推断鱼塘中带标记的鱼占比也是1/20，因此鱼塘里的活鱼总数为20×100=2000条。

说明：所谓“看山难数树，看池难点鱼”，生物资产盘点是很重要和棘手的问题。在存货盘点中，人们常用抽样思维解决相关问题。例如，某个农场拥有5000亩圈养动物，该如何确定如此大场地的动物数量呢？常见的方法是选择一部分地区进行抽样，然后推断总体即整个农场的动物数量。

案例二　抽样思维在应收账款检查中的运用

某会计师事务所的注册会计师需要确认ABC公司2020年12月31日应收账款明细账记录的金额是否全部存在。ABC公司应收账款账户余额为220000元，共计150个账户。

思考：

1. 请指出上述案例中的测试目标、总体和抽样单元分别是什么。

2. 请设计抽样测试的方案。

分析：

1.（1）明确测试目标——确认ABC公司2020年12月31日应收账款明细账中记录的金额是否全部存在。

（2）抽样总体是应收账款账户余额220000元，包括150个账户。

（3）抽样单元是每个应收账款明细账户。

2. 设计抽样方案

在明确总体和抽样单元后，通常审计人员会进行以下设计：

(1) 确定可容忍错报（实际执行的重要性）。审计人员将错报界定为被审计单位不能合理解释并提供相应依据的，应收账款账面金额与审计人员实施抽样所获得的审计证据所支持的金额之间的差异（高估）。审计人员以此为基础，根据被审计单位特点、风险评估结果和内部控制运行有效性等因素，确定应收账款可容忍错报为 14000 元。

(2) 确定样本规模（公式法计算）。审计人员将应收账款存在认定的重大错报风险水平评估为"中"，且没有对应收账款的存在认定实施与函证目标相同的其他实质性程序，因而将"其他实质性程序的检查风险"评估为"最高"。

(3) 选取样本进行函证。注册会计师随机抽取 36 个客户寄发了询证函，并对函证结果进行检查和汇总。36 个样本中发现的错报如表 2.11 所示。

表 2.11　样本错报汇总

汇总错报	样本账面总额（元）	样本错报额（元）	样本错报数量（个）
结果	17900	299	3

(4) 根据样本审计结果，推断总体错报

按照比率法，根据样本推断总体错报 = 299/17900×220000 = 3675 元。

(5) 评价总体，形成审计结论

注册会计师将推断的错报总额 3675 元与可容忍错报 14000 元比较，认为应收账款借方账面余额发生的错报超过可容忍错报的风险很小，因此总体可以接受，初步认定，应收账款账面余额确实存在。

六、抽样思维训练习题

（一）单选题

1. 审计抽样既可以用于控制测试，又可以用于实质性程序，在下列具体的审计程序中，适宜采用审计抽样的是（　　）。

A. 询问　　B. 细节测试

C. 分析程序　　D. 观察

2. 针对选取测试项目的方法，以下说法中，错误的是（　　）。

A. 对全部项目进行检查不会导致抽样风险

B. 对某总体包含的全部项目进行测试不属于审计抽样

C. 从总体中选取特定项目进行测试构成审计抽样

D. 审计抽样适用于控制测试（控制的运行留下轨迹时）和细节测试

3. 下列关于抽样风险与非抽样风险的表述中，正确的是（　　）。

A. 注册会计师可以通过扩大样本规模消除抽样风险

B. 抽样风险与非抽样风险均可以量化

C. 抽样风险与样本规模呈反向变动关系

D. 统计抽样运用概率论评价样本结果，无须注册会计师进行职业判断

4. 下列各项中，正确反映变量抽样法的基本步骤的是（　　）。

A. 确定总体和抽样单元—确定抽样参数—确定样本量—选取样本进行测试—评价抽样结果推断总体

B. 确定总体和抽样单元—确定样本量—确定抽样参数—选取样本进行测试—评价抽样结果推断总体

C. 确定总体和抽样单元—确定抽样参数—选取样本进行测试—确定样本量—评价抽样结果推断总体

D. 确定样本量—确定总体和抽样单元—确定抽样参数—选取样本进行测试—评价抽样结果推断总体

5. 变量抽样主要运用于（　　）。

A. 内部控制测试　　B. 实质性程序

C. 非统计抽样　　D. 判断抽样

6. 下列情况中可以采用审计抽样进行审查的是（　　）。

A. 检查总体的完整性

B. 抽样单位较少

C. 有特殊风险或需要特别关注的情况

D. 审计事项包含的数量较多，需要对审计事项某一方面的总体特征作出结论时

7. 抽样方法的选择主要取决于（　　）。

A. 审计人员对审计效率的考虑　　B. 审计人员对审计效果的考虑

C. 审计人员对成本效果的考虑　　D. 审计人员对审计程序的考虑

8. 下列与内部控制有关的审计工作中，通常可以使用审计抽样的是（　　）。

A. 评价内部控制设计的合理性

B. 测试自动化应用控制的运行有效性

C. 确定控制是否得到执行

D. 测试留下运行轨迹的人工控制的运行有效性

9. 在使用审计抽样实施控制测试时，下列情形中，注册会计师不能另外选取替代样本的是（　　）。

A. 单据丢失　　B. 单据不适用

C. 单据无效　　D. 单据未使用

（二）多选题

1. 下列各项情形中，不适合进行审计抽样的有（　　）。

A. 检查总体的完整性

B. 抽样单位较多

C. 总体中每笔业务金额均超过重要性水平

D. 有特殊风险或者需要特别关注的事项

E. 要求的审计检查保证程度过高

2. 下列各项中，属于审计抽样基本特征的有（　　）。

A. 对具有审计相关性的总体中低于百分之百的项目实施审计程序

B. 可以根据样本项目的测试结果推断出有关抽样总体的结论

C. 所有抽样单元都有被选取的机会

D. 可以基于某一特征从总体中选出特定项目实施审计程序

3. 某公司的账面记录显示，该公司在2021年度共发生了4680笔A产品销售业务，确认的销售收入为14040万元，注册会计师王某在审核该公司销售业务时，从销售业务总体中抽取了300笔构成样本进行审查。这300笔业务的账面记录金额为960万元，王某审定的金额为810万元，则以下结论中正确的有（　　）。

A. 采用差额估计抽样方法时，推断的总体金额为11700万元

B. 采用差额估计抽样方法时，推断的总体误差为2340万元

C. 采用均值估计抽样方法时，推断的总体金额为12636万元

D. 采用比率估计抽样方法时，推断的总体金额为11846.25万元

4. 在确定审计对象的总体时，要考虑的方面有（　　）。

A. 总体的相关性和完整性

B. 总体中项目的可辨性

C. 总体中项目的同质性

D. 总体中项目的充分性

E. 总体中项目的差异性

5. 下列选项中，运用属性抽样法的基本步骤包括（　　）。

A. 确定审查总体

B. 确定抽样参数

C. 确定样本量

D. 选取样本

E. 撰写审计报告

6. 与统计抽样相比，非统计抽样的特点有（　　）。

A. 使用方便、灵活，能够充分利用审计人员的实践经验和判断能力

B. 依据主观判断确定样本量，一般不采用随机原则选取样本

C. 根据审计人员的经验和主观判断推断总体特征，易导致审计结论不够准确

D. 不能对抽样误差和抽样风险进行计量和控制

E. 采用随机原则进行样本选择

7. 下列关于属性抽样法的表述，正确的有（　　）。

A. 属性抽样一般适用于内部控制测试和实质性程序中的业务测试

B. 属性抽样将重点放在了对审计对象总体的质量特征进行定性评价上

C. 被测试的控制程序只有留有书面证据，才能运用抽样方法

D. 属性抽样中，可靠性程度由审计人员根据审计目标和主观经验确定

8. 下列关于审计抽样在控制测试应用的相关说法中，正确的有（　　）。

A. 抽样单元通常是能够提供控制运行证据的一份文件资料、一个记录或其中一行

B. 如果定义抽样单元的方法都适合测试目标，则将发票定义为抽样单元不

如将每一行的项目作为抽样单元效率高

C. 在定义总体时，注册会计师无须考虑总体的同质性

D. 注册会计师在界定总体时，应当确保总体的适当性和完整性

9. 下列程序中通常不涉及审计抽样的有（　　）。

A. 风险评估程序　　B. 控制测试（非信息技术处理）

C. 细节测试　　D. 实质性分析程序

10. 为估计湖里活鱼数量，先从湖里捕捞50条鱼都做上标记，然后放回湖中，经过一段时间，待有标记的鱼完全混合于鱼群后，第二次再捕捞100条鱼，发现其中10条有标记，那么推断湖里带标记鱼的比率是多少，以此推断，湖里大约有多少条鱼？（　　）

A. 1/10　　B. 1/2

C. 800条　　D. 500条

（三）案例分析题

案例一

注册会计师江某负责审计甲公司2021年度财务报表。在针对管理费用的发生认定实施细节测试时，江某决定采用传统变量抽样方法实施统计抽样，相关事项如下：

（1）注册会计师抽样单元界定为构成管理费用总额的每个货币单元。

（2）注册会计师将总体分成两层，使各层包含的账户数大致相等。

（3）在确定样本规模后，采用随机数表的方式选取样本，注册会计师选取的一个管理费用账户金额极小，因此另选了一个金额较大的管理费用账户予以代替。

（4）在对选中的一个样本项目进行检查时，注册会计师发现所附发票丢失，于是另选一个样本项目代替。

（5）甲公司2021年管理费用账面金额合计7500万元，总体规模为4000万元。确定的样本规模为200万元。样本账面金额合计为400万元，样本审定金额合计为360万元。

问题：

1. 请判断注册会计师的做法是否存在不当之处。针对上述第（1）项至第

（4）项，逐项指出是否存在不当之处，如果存在不当，简要说明理由。

2. 针对上述第（5）项，分别采用差额估计抽样和比率估计抽样，推断管理费用的总体错报金额。

案例二

某会计师事务所指派注册会计师赵某对某公司2021年度财务报表进行审计，在存货项目审计时，发现其业务总体规模数量为1000个，存货项目账面金额为100万元，假设注册会计师利用审计抽样模型计算的样本规模为200个，经过对200个样本逐一实施审计程序后得到样本平均审定金额为980元，同时，注册会计师在计划审计阶段评估的存货项目重要性水平为15000元。

问题：

1. 请代注册会计师采用均值估计抽样方法估计存货项目的总体金额。

2. 请根据存货项目的重要性水平对其抽样结果进行评价。

案例三

2021年4月13日，证监会下发对某会计师事务所的《行政处罚决定书》，对某会计师事务所在对某药机审计中存在的问题予以通报和处罚，部分内容摘录如下：

某会计师事务所对公司银行存款收付记录与银行对账单进行了抽样核对。其中，2015年审计，从公司49个银行结算账户中共抽取30笔收款记录与银行对账单核对，共抽取30笔付款记录与银行对账单核对；2016年审计，从公司58个银行结算账户中共抽取26笔收款记录与银行对账单核对，共抽取25笔付款记录与银行对账单核对。

某会计师事务所在选取银行账户核对检查时，抽取的样本量较少，且不具备代表性，对大额异常的资金进出未予以重点关注并选取检查。工商银行1901××××1166账户、华夏银行1345××××3894账户。是2015年、2016年公司资金借贷发生额最大的两个银行账户，某会计师事务所在审计中对上述重要银行账户仅选取2笔到4笔发生额进行核对检查。经查明，对工商银行1901××××1166账户的发生额，2015年仅检查了2笔收款记录，合计为1093万元，占该账户公司账面借方发生额的比例为3.48%；2016年，仅检查了1笔往来款145万元，2笔与公司内部其他银行账户转账共4200万元，合计为4345万元，占该账户账面借方发生额的比例为 2.24%；付款记录检查了 2 笔，合计为 2700 万元，占该账户账面贷方发生额的比例为 1.52%。

问题：

1. 请分析上述案例对银行账户检查中的总体、个体分别是什么。

2. 请思考该案例中抽样存在什么问题。

参考答案

（一）单选题

1. B　2. C　3. C　4. A　5. B　6. D　7. C　8. D　9. A

（二）多选题

1. ACDE　2. ABC　3. ABCD　4. ABCD　5. ABCD　6. ABCD　7. ABCD　8. ABD　9. AD　10. AD

（三）案例分析题

案例一：

1. 第（1）项错误。抽样单元应为 2021 年度确认的每一笔管理费用。

第（2）项错误。分层的目的在于减少总体变异性，分层后应保证各层内包含的项目金额相近，而不是账户数大致相等。

第（3）项错误。不应随意更换样本项目，否则会破坏样本的随机性，不符合统计抽样原理。

第（4）项错误。不应另外选择一个样本项目替代，应查明原因，或实施替代程序；如果无法查明原因或实施替代审计程序，则直接将其视为错报。

2.（1）差额估计抽样：

平均错报 = 样本实际金额与账面金额的差额/样本规模 =（3600000 - 4000000）/200 = -2000（元）

推断的总体错报 = 平均错报×总体规模 = -2000×4000 = -800000000（元）

（2）比率估计抽样：

比率 = 样本审定金额/样本账面金额 = 3600000/4000000 = 0.9

估计的总体实际金额 = 总体账面金额×比率 = 0.9×75000000 = 67500000（元）

推断的总体错报=估计的总体实际金额−总体账面金额=67500000−75000000=−7500000（元）

案例二：

1. 均值估计抽样是指通过抽样审查确定样本的平均值，再根据样本平均值推断总体的平均值和总值的一种变量抽样方法。使用这种方法时，注册会计师先计算样本中所有项目审定金额的平均值，然后用这个样本平均值乘以总体规模，得出总体金额的估计值。总体估计金额和总体账面金额之间的差额就是推断的总体错报。

估计的存货项目审定金额=980×1000=980000（元）

推断的存货项目总体错报=980000−1000000=−20000（元）

2. 由于存货项目的重要性水平为15000元，审计人员估计的总体错报为20000元，大于其重要性水平，说明存货项目存在重大错报，总体不能接受。

案例三：

1. 银行收款交易中，所有收款交易是检查的总体，每笔收款交易是检查的个体。银行付款交易中，所有付款交易是检查的总体，每笔付款交易是检查的个体。

2. 注册会计师应当考虑审计程序的目的和抽样总体的特征，应当确定足够的样本规模，以将抽样风险降至可接受的低水平。某会计师事务所在抽样过程中的主要问题：一是选取银行账户核对检查时，抽取的样本量较少，且不具备代表性，对大额异常的资金进出未予以重点关注并选取检查。二是在确认货币资金科目为高风险项目的情况下，某会计师事务所在审计过程中抽取货币资金科目的样本时以选择公司内部银行账户转账记录为主，未说明抽样标准，未按照科学方法确定样本容量，导致最终未及时发现某药机大额资金转出账实不符、隐瞒解除应收账款保理业务等情况。

第五节　测试思维

一、测试思维的整体框架

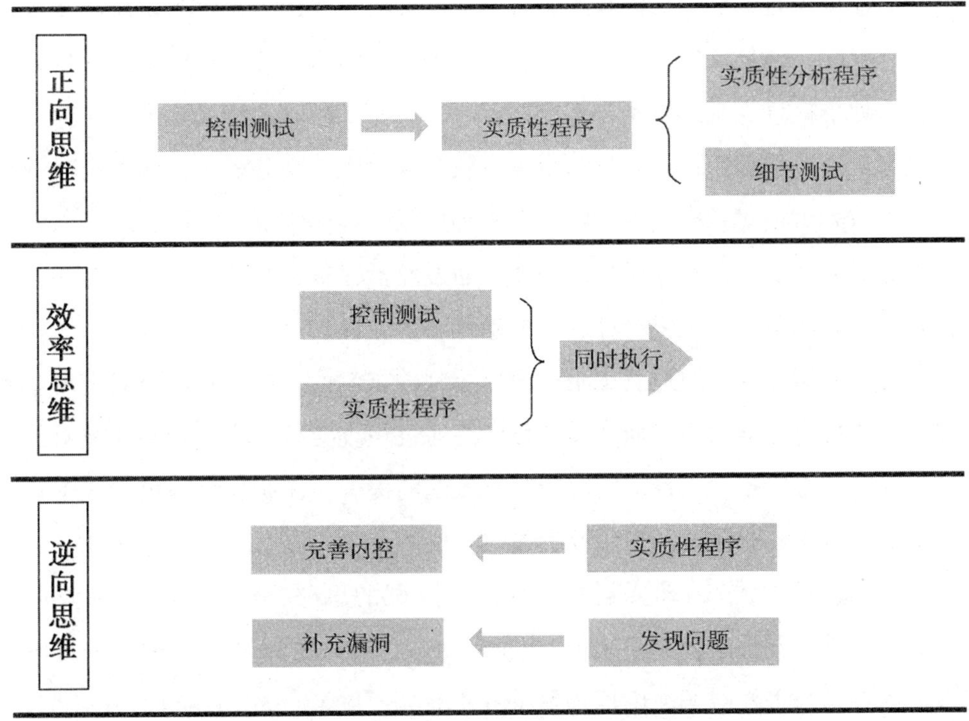

图 2.8　审计测试思维整体框架

二、什么是测试思维（原理）

审计的过程就是不断进行各种测试的过程。尤其是针对认定层次重大错报，可以选用的测试类型包括控制测试和实质性程序。

控制测试是指用于评价内部控制在防止或发现并纠正认定层次重大错报的有效性而实施的测试。控制测试的目的是看控制是否有效，能否防范业务和财务差错。例如，某公司内部控制规定，财务经理每月需要复核销售返利计算表，检查计算是否准确，并及时处理异常情况，复核完成后签字存档。对这项内部控制进行控制测试时，不仅需要查看财务经理是否签字（签字只能证明执行了控制），还要抽取一定数量的计算表，检查相关计算是否确实准确无误，财务经理是否及时处理。只有计算表确实准确，财务经理及时处理异常，才能说明这项控制是有效的。

实质性程序是针对评估的重大错报风险实施的直接用于发现认定层次重大错报的审计程序，包括实质性分析程序和细节测试。实质性分析程序是通过研究数据间关系评价信息来帮助识别各类交易、账户余额和披露及相关认定是否存在错报。例如，通过测算银行存款累计余额应收利息收入，来分析银行存款余额的真实性。细节测试是对各类交易、账户余额和披露的具体细节进行测试，可以直接识别财务报表认定是否存在错报。例如，通过监盘存货来验证存货确实存在；通过检查银行对账单等测试银行存款的准确性和存在性。

总之，控制测试是通过测试企业内部控制的有效性，进而判定企业出现业务和财务差错可能性的大小。而实质性程序是通过检查交易、账户余额和披露的具体层面发现重大错报。在预期内部控制有效的前提下，注册会计师出于成本效益的考虑，通常将控制测试和实质性程序结合使用。

所谓"测试思维"，即要建立一种业务测试的思路，对内部控制和业务交易、账户等具体层面（实质性程序）进行测试。测试的路径有三种：一是可以先由内部控制入手，对相关内部控制的有效性进行测试，然后再进行业务交易、账户等具体层面的测试，这是"正向思维"。二是有时可以实现双重目的的测试，测试既完成了控制测试，又完成了实质性程序，这是"效率思维"。三是业务交易、账户等具体层面发现的问题又可以指导和完善企业的内部控制，这是"逆向思维"。这三种思维方式是测试思维的核心。

三、为什么要具备测试思维（价值）

当前，"互联网+"、大数据等新技术不断涌现，带来了无数商机和新业务类型。新业务的推出以及对原有业务的冲击，都需要进行大量的测试。唯有有效和快速的测试，才能保证新业务顺利推出，并有效降低相关风险。当我们具备测试思维，就可以按照预设的思路，及时、有效地合理规划和设计测试方案，在迅速推出新业务的同时，实现有效的内部控制，并防范相关风险。可以说，现代经济社会已经进入了“无测试，不业务”的阶段。

应该说，人人需要测试思维。企业一线员工具备了测试思维，能够帮助快速响应和推出新业务；中后台员工具备了测试思维，就可以对业务进行有效检查和控制；企业管理层具备了测试思维，将更加重视企业的内部控制，为企业内控提供更好的环境。

四、测试思维有哪些要求及如何应用

（一）正向思维：由控制测试到实质性程序

内部控制是企业用来防范、发现和纠正各种业务差错的重要方式。有效的内部控制，可以在事前防范错误的发生，在事中及时发现错误，在事后及时纠正错误。因此，企业的内部控制越有效，出现重大差错的可能性越小。所以，注册会计师可以通过控制测试，评价企业的内部控制是否有效，进而确定具体实质性程序的数量和范围。这是通常情况下的正向思维。

当控制测试完成后，可将注册会计师控制测试结果划分为以下三种情况，不同情况也会对实质性程序的方案产生不同的影响，具体情况如表 2. 12 所示。

表 2. 12　控制测试三种情况对实质性程序的影响

序号	内控测试三种结果	三种结果的说明	对实质性程序的影响
1	高信赖程度	企业内控健全合理，并能有效发挥作用，经济业务和会计记录发生差错的可能性很小。	可以较多地信赖、利用内部控制，相应减少实质性程序的数量和范围。
2	中信赖程度	企业内控较好，但存在一定的缺陷或薄弱环节，在一定程度上可能影响会计记录的真实性和可靠性。	应扩大内控测试范围，增加抽样样本数量，或增加财务报表项目实质性程序的数量和范围。

续表

序号	内控测试三种结果	三种结果的说明	对实质性程序的影响
3	低信赖程度	重要的内部控制明显失效，大部分经济业务和会计记录失控，各项资料和数据经常出现差错，从而导致对内部控制难以信赖和利用。	应扩大对经济业务和财务报表项目实施实质性程序的数量和范围，以获取足够的审计证据，编写审计报告。情况严重时，可考虑取消审计约定。

也就是说，控制测试结果显示企业内部控制健全且有效时，经济业务和会计记录出现错误的可能性较小。那么，注册会计师就可以信赖和利用内部控制，减少对交易、账户等具体环节的实质性程序，从而提高工作效率，降低测试和收集证据的成本。当然，如果内控测试结果表明企业内部控制十分薄弱，就只能依靠实质性程序获取充分、可靠的审计证据。

例如，注册会计师对某企业赊销审批制度的设计进行控制测试，进而发现审批制度设计存在较大缺陷。那么，注册会计师就不能信赖内部控制，需要更多地使用函证等实质性程序检查赊销业务和应收账款。

（二）效率思维：双重目的测试

控制测试可评价企业内部控制是否有效；细节测试可发现认定层次的重大错报。尽管两者的目的不同，但有时注册会计师可以考虑针对同一交易同时实施控制测试和细节测试，同时取得有关控制的有效性（控制测试）和报表中的重要错报（交易细节的实质性程序）两个方面的证据。实务中，同时执行两种测试一般比单独执行一种测试更加经济有效，充分体现了效率思维。

例如，对应收账款内部控制进行测试时，需要检查应收账款业务凭证的签名、审核和交易记录金额等情况。这种测试一方面为应收账款的内部控制有效性提供证据（完成控制测试），另一方面也为应收账款的真实性和准确性提供审计证据（完成实质性程序测试）。又如，检查某笔交易的发票，可以确定其是否经过适当的授权，验证内控的有效性，也可以获取关于该交易的金额、发生时间等细节证据。

（三）逆向思维：由重大错报到完善内控

如果通过实质性程序发现某项认定存在错报，注册会计师就应该考虑为什么内部控制未有效防范此类差错。尤其是实质性程序发现被审计单位没有识别出的重大错报，通常表明内部控制存在重大缺陷，注册会计师应当就这些缺陷与管理层和治理层进行沟通。这就是我们所说的“逆向思维”。在日常工作中，可以通过发现的业务或账务问题，反向追溯至企业的内部控制情况，分析内部控制未防范差错的原因，进一步完善企业内部控制。具体分析时，可以由以下两个方面入手：一是由交易或事项的事前、事中、事后全过程进行考虑，检查现有内部控制手段是否充分，是否需要补充控制手段；二是分析现有内控手段的落实情况，如各岗位是否知悉自身内控职责，内控执行情况如何等。通过上述逆向思维，在错误中吸取教训，汲取经验，完善企业内部控制，有效防范风险。

五、测试思维训练

案例一　正向思维：由控制测试到实质性程序

2021 年 9 月，某会计师事务所因未按要求执行销售有关的内部控制测试程序，受到证监会的行政处罚，处罚书部分内容摘录如下：

某会计师事务所查阅了货物出库单及其运货单，针对某股份对同一客户销售的同类产品同时存在“XS”开头和“XOUT”开头的出库单，未采取恰当的审计程序获取排除此异常情况的充分、适当的审计证据，导致其未发现某股份“XS”开头的出库单有虚假的情况。

思考：

1. 某会计师事务所执行的控制测试是否存在缺陷？

2. 如果控制测试发现某股份的业务系统存在上述缺陷，对后续实质性程序有何影响？

分析：

1. 存在缺陷。对于同一客户存在两种出库单的明显问题，没有进一步检查和追究，对企业业务系统控制的测试不充分。因此，控制测试存在缺陷。

2. 如果控制测试及时发现了业务系统控制存在问题，需要降低对业务系统控制的信赖，并且要扩大实质性程序的范围。选取足够多样本的“XS”开头和“XOUT”开头的出库单，核实相关发票、订购单等业务凭证，也可以函证被审计单位客户，获取销售情况的具体信息，来测试销售业务是否真实发生。通过控制测试，发现系统问题，扩大实质性程序范围，可以帮助确认错报金额和事项，及时发现被审计单位虚假的出库单。

案例二　效率思维：双重目的测试

某企业对销售收入的部分内部控制措施如下：对于每笔销售收入，财务部的账单开具人员对客户订单、客户已签收的送货单（所有货物由物流公司运送）以及发票上的客户名称、货物品种、数量、价格进行核对，并在发票记账联盖“核对确认无误”章，交由财务部销售会计作为确认销售收入的凭证。对于数据不符的交易，则进行调查和调整。

思考：如何对企业上述内控措施设计测试程序，实现双重目的测试。

分析：

针对上述内控措施，注册会计师可以设计以下测试程序：

1. 通过询问账单开具人员是否知晓自身核对和确认职责，对发现数据不符的情况如何处理等相关问题，测试该控制是否得到有效执行。

2. 从销售收入明细账中抽取一定数量的交易，核对客户订单、客户已签收的送货单以及发票，检查有关数量和金额等信息是否一致，发票记账联上是否有“核对确认无误”章，以及入账金额是否准确，进而验证控制是否有效执行，起到防范业务差错的作用。

通过上述测试程序一方面测试了企业的内部控制是否得到有效执行，另一方面由明细账查找到相关原始凭证进行数量、金额等核对，也达到了细节测试的目的，为判定销售收入的存在性和准确性收集了审计证据。因此，上述程序实现了控制测试和细节测试的双重目的。

案例三　逆向思维——由重大错报到完善内控

某上市公司近期收到证监会行政处罚，部分原因如下：企业收发存系统 2018 年至 2019 年共有 21 家客户收入异议期存在错误，进而导致 2018 年 11 月至 12 月共计6家客户收入确认时点错误，金额合计90万元。（说明：企业将产品经验收合格且异议期届满作为收入确认条件，因此异议期错误将直接导致销售收入确认时点错误）

思考：如果你是上述公司相关负责人，请分析应该如何应对上述重大错报。

分析：

作为公司相关负责人，发现上述问题，应该第一时间配合检查，及时进行账务调整。与此同时，要指定专人复核所有收入异议期是否存在差错。更重要的是，要查找出现错误的原因，分析内部控制手段的不足，完善内部控制，有效防范重要风险点。

异议期届满是收入确认的重要环节之一，所以，异议期的确定是业务的关键节点。必须设定有效的内部控制手段，防止异议期错误的发生。具体来说，事前方面，加强员工对异议期的理解和培训；事中方面，企业可以在收发存系统中，增设一个异议期复核环节，由财务部指定人员对录入的异议期按照合同情况予以审核；事后方面，在企业内控或部门检查中增加异议期检查的项目。通过上述方式，实现对异议期全过程的控制，杜绝因异议期错误而导致收入确认时间不准确的问题。

六、测试思维训练习题

（一）单选题

1. 以下程序中，属于测试采购交易与付款交易内部控制“存在性”目标的常用控制测试程序的是（　　）。

A. 检查企业验收单是否有缺号

B. 检查付款凭单是否附有卖方发票

C. 检查卖方发票连续编号的完整性

D. 审核采购价格和折扣

2. 在执行财务报表审计业务时，细节测试是注册会计师拟实施的实质性程序的重要组成部分。下列有关细节测试的说法中，不正确的是（　　）。

A. 细节测试适用于对各类交易、账户余额和披露的测试，特别适用于对存

在、发生、计价的认定的测试

B. 相对于在控制测试中利用以前测试结论而言，注册会计师对在细节测试中利用以前细节测试的结论和证据更加谨慎

C. 注册会计师出于审计成本的考虑用实质性分析程序代替细节测试

D. 将财务报表与相关财务记录相核对、检查财务报表编制过程中作出的重大会计分录和其他重大会计调整均属于细节测试

3. 下列各项中，预防员工贪污和挪用销售货款的最有效的方法是（　　）。

A. 收取顾客支票与收取顾客现金由不同人员担任

B. 定期与客户进行对账

C. 请顾客将货款直接汇入公司指定的银行账户

D. 记录应收账款明细账的人员不得兼任出纳

4. 下列审计程序中，不适用于细节测试的是（　　）。

A. 函证　　B. 重新执行

C. 检查　　D. 询问

5. 以下审计程序中，不属于分析程序的是（　　）。

A. 计算应付账款与存货的比率，与以前年度相关比率对比分析

B. 分析样本误差后，根据抽样发现的误差推断审计对象总体误差

C. 将购入的存货数量与耗用或销售的存货数量进行比较

D. 计算本期重要产品的毛利率，分析比较本期与上期同类产品毛利率变化情况

6. 下列有关实质性程序的说法中，正确的是（　　）。

A. 应当针对所有类别的交易、账户余额和披露实施实质性程序

B. 应当专门针对特别风险实施细节测试

C. 针对特别风险实施的程序仅为实质性程序时，应当将细节测试和实质性分析程序结合使用

D. 为应对特别风险，仅实施实质性分析程序不足以获取充分、适当的审计证据

7. 注册会计师在执行财务报表审计业务时，应当执行恰当的审计程序。以

下所列程序中，每次审计均必须实施的有（　　）。

A. 双重目的测试　　B. 控制测试

C. 细节测试　　D. 实质性分析程序

8. 对于应付账款项目，注册会计师常常将检查有无未入账的业务作为重要的审计目标。在以下程序中，难以达到这一目标的程序是（　　）。

A. 结合存货监盘，检查在资产负债表日是否存在有材料入库凭证，但未收到购货发票的经济业务

B. 检查资产负债表日后收到的购货发票，关注购货发票的日期

C. 检查资产负债表日前应付账款明细账及现金、银行存款日记账

D. 检查资产负债表日后应付账款贷方发生额的相应凭证

9. 小型被审计单位可能不存在能够被注册会计师识别的控制活动，注册会计师实施的进一步审计程序可能主要是（　　）。

A. 实质性程序　　B. 分析程序

C. 细节测试　　D. 控制测试

10. 关于注册会计师拟实施的控制测试程序，以下说法中不恰当的有（　　）。

A. 旨在减轻特别风险的控制，不论该项控制在本期是否发生变化，注册会计师均应当在每次审计中都测试这些控制

B. 注册会计师对内部控制的了解可以代替对控制运行有效性的测试

C. 如果认为仅实施实质性程序获取的审计证据无法将认定层次重大错报风险降至可接受的水平，注册会计师应当实施相关的控制测试，以获取认定的审计证据

D. 当拟实施的进一步审计程序以控制测试为主时，注册会计师应当获取有关控制运行有效性的更高的保证水平

（二）多选题

1. 以下审计程序中，属于控制测试程序的有（　　）。

A. 检查付款的授权批准手续是否符合规定

B. 计算银行存款累计余额应收利息收入，分析比较被审计单位银行存款应收利息收入与实际利息收入之间的差异

C. 抽取一定期间银行存款余额调节表，查验是否按月正确编制并经复核

D. 检查甲公司外币银行存款折算方法是否符合规定

2. 以下控制测试程序中，不属于测试“采购与付款循环”内部控制“发生”认定的是（　　）。

A. 检查验收单是否连续编号

B. 检查有无未记录的供应商发票

C. 检查付款凭单是否附有购货发票

D. 审核批准采购价格和折扣的授权签字

3. 下列各项控制活动中，属于检查性控制的有（　　）。

A. 定期编制银行存款余额调节表，并追查调节项目或异常项目

B. 对接触计算机程序和数据文档设置访问和修改权限

C. 财务人员每季度复核应收账款贷方余额并找出原因

D. 财务总监复核月度毛利率的合理性

4. 在了解被审计单位财务业绩的衡量和评价时，下列各项中，注册会计师可以考虑的信息有（　　）。

A. 经营统计数据　　B. 信用评级机构报告

C. 证券研究机构的分析报告　　D. 员工业绩考核与激励性报酬政策

5. 控制测试中，期中已经获取控制运行有效的审计证据，则在针对剩余期间获取补充审计证据时，下列各项中，需要考虑的因素有（　　）。

A. 评估的认定层次重大错报风险的重要程度

B. 期中测试的特定控制，以及自期中测试后发生的重大变动

C. 在期中对有关控制运行有效性获取的审计证据的程度

D. 剩余期间的长度

6. 以下事项属于注册会计师采用的测试内部控制的程序有（　　）。

A. 从检查内部控制手册到实际操作的过程获取该项控制运行的效果

B. 追踪交易在财务报告信息系统中的处理过程

C. 重新执行某项控制

D. 现场观察所选取测试样本的控制运行情况

7. 下列情形中，注册会计师通常应考虑对采购与付款交易和相关余额实施细节测试的有（　　）。

A. 重大错报风险评估为高

B. 实质性分析程序呈现出未预期的趋势

C. 对需要在纳税申报表中单独披露的事项进行分析

D. 需要在财务报表中单独披露的金额或很可能存在错报

8. 细节测试适用于各类交易、账户余额和披露认定的测试，尤其针对的认定有（　　）。

A. 存在　　B. 发生

C. 完整性　　D. 准确性、计价和分摊

9. 实质性程序包括（　　）。

A. 控制测试　　B. 实质性分析程序

C. 重新执行　　D. 细节测试

10. 下列关于实质性程序的结果对控制测试结果的影响的说法中，正确的有（　　）。

A. 如果通过实施实质性程序发现被审计单位没发现的某项认定存在重大错报，与该认定有关的控制仍可能有效

B. 如果通过实施实质性程序未发现某项认定存在错报，这本身并不能说明与该认定有关的控制是有效运行的

C. 如果通过实施实质性程序发现某项认定存在错报，注册会计师应当在评价相关控制的运行有效性时予以考虑

D. 如果实施实质性程序发现被审计单位没有识别的重大错报，通常表明内部控制存在重大缺陷，注册会计师应当就这些缺陷与管理层和治理层进行沟通

（三）案例分析题

案例一

注册会计师孙某主要负责审计甲公司 2021 年度财务报表，正在针对财务报表的重大错报风险设计和实施实质性程序，相关情况如下：

（1）为应对应收账款项目计价和分摊认定的重大错报风险，注册会计师孙某决定全部采用积极的方式函证，同时扩大函证程序的范围。

（2）由于甲公司管理层面临实现盈利指标的压力而可能提前确认收入，注册会计师孙某实施了实质性分析程序以获取营业收入项目充分、适当的审计证据。

（3）针对甲公司固定资产的存在认定，注册会计师孙某从固定资产明细账中选取项目追查到验收单等原始凭证。

（4）注册会计师孙某认为实施控制测试最好是在期中，而实施实质性程序均应该在期末。

（5）注册会计师孙某评估的存货计价认定相关控制的有效性较高，在设计进一步审计程序时，决定相应缩小控制测试的范围。

问题：逐项指出注册会计师孙某针对评估的重大错报风险设计和实施的实质性程序是否恰当，如不恰当，简要说明理由。

案例二

某方公司系某会计师事务所的常年审计客户。某方公司是一家生产和销售高端卫浴用品的上市公司，其产品主要用于星级酒店宾馆和大型饭店。除在北京、上海直接向终端客户销售外，在全国其他地区均向省级或市场经销商销售。

资料：某方公司提供的2020年度财务报告显示，其2020年度税前利润为1000万元。注册会计师赵某和孙某按税前利润的5%确定了某方公司财务报表整体重要性为50万元。

某方公司销售与收款环节相关的内部控制如下：

（1）业绩评价控制：营业收入和应收账款汇总表由财务系统自动生成并与当月财务报表的营业收入总额和应收账款余额核对一致。销售主管每月审核按客户分列的营业收入（与上月销售额和本月销售额比较）和应收账款（包括当月货款回收金额和月末余额）汇总表，对其中的重大差异和异常情况进行跟进分析，编制分析报告并呈报销售经理和总经理。总经理和销售经理审阅后讨论解决措施。

（2）人工控制：某方公司每天发生数笔销售业务。对每笔销售业务，销售部专职秘书负责对客户订单、客户已签收的送货单（所有货物由物流公司运送）及发票（计算机发票由销售部开具）上的客户名称、货物品种、数量、价格进行核对，并在发票记账联盖“核对确认无误”章，交给财务部作为确认营业收入的凭证。对于数据不符的交易进行调查并调整。

(3) 自动化应用控制：订单分为“待批准”、“已批准”和“已执行”状态。订单一经批准就会自动生成相应的送货单；已发货的订单在系统中被设置成“已执行”状态，每月末系统会自动配比当月的“已执行”订单、送货单和当月入账的销售收入（均有订单号索引），对未确认收入的订单生成“已执行订单未入账报告”。财务人员对该报告进行跟踪调查，补记漏记的营业收入。

问题：

1. 针对资料（1），如果注册会计师决定选取 2020 年 10—12 月 3 个月和 2021 年 1—3 月 3 个月对销售业务内部控制进行测试，请判断是否恰当，并简要说明理由。

2. 针对资料（2）请回答，何为双重目的测试？测试的主要目的何在？简述注册会计师进行双重目的测试的程序。

3. 针对资料（2）、(3)，回答下列问题：

(1) 资料（2）、(3) 所述的内部控制与某方公司财务报表中哪个项目的何种认定相关？

(2) 假定注册会计师基于上年度审计已经测试了该控制，并证明该控制的运行是有效的，了解到本年度该控制没有发生变化，决定不对该内部控制进行测试；本年度已经测试了信息技术一般控制的运行有效性，因而不必再测试该自动化控制，并决定采用资料（2）、(3) 中所述的内部控制，请判断是否恰当，简要说明原因。

4. 根据资料，假定控制测试表明资料（2）所述的各项内部控制均得以有效执行，注册会计师决定采用选取特定项目进行测试的方法选取函证样本是否恰当？

案例三

审计人员利用审计系统对某局的费用支出结构进行分析时，发现某局劳务费支出占比高，金额大，且报销经手人涉及该局及二层机构多数职工。审计人员抽查了部分劳务费开支的票据，发现支出的票据均为税务部门代开的务工发票，内容多为相关试验基地雇用人员的劳务费。该局支付劳务费的收款人，绝大部分为该局的经手人，且没有相应的劳务合同，没有雇用人员的收款证明，没有使用劳务量的原始凭证。

上述问题引起审计人员注意，审计人员进一步进行调查，询问该局相关人员劳务费支出的内容、程序和方式。谈话结果反映，该局在项目实施过程中确有聘请劳务人员的需要和事实，劳务费支出有包干使用的情况，但没有具体的标准和制度规定。

另外，审计人员对某局2017年5月至2021年3月发生的所有劳务费按支出时间、劳务人员信息、劳务内容、经手人、金额等情况汇总整理，形成劳务费支出明细表。支出明细表显示，该局2017年5月至2021年3月，在实施项目中支出务工人员劳务费用金额共计83.90万元。经核对发现，劳务人员有多人多次出现的情况，但发票却只提供了劳务人员的名字和身份证号码，没有地址和联系电话等信息，给审计核查增加了难度。

后续，审计人员把表格信息按人员、金额排序，将部分劳务人员身份证号码提交公安部门协查家庭地址，审计人员再入户走访了解其参与某局的务工情况。

审计人员分组多次辗转深入各乡镇、村屯寻找劳务人员，进行走访谈话，了解情况，掌握第一手资料。经抽查发现，该局在支出劳务费用过程中，存在虚报务工人员数量套取劳务费、多报务工劳务标准套取劳务费、虚列劳务事项套取劳务费、未与务工人员签订劳务合同或签订虚假劳务合同等问题，问题涉及金额占抽查金额的39.44%。

问题：

1. 请分析上述案例中，运用了哪些测试方法。

2. 实质性程序中发现的问题，也可以帮助被审计单位发现内控缺陷，也是测试思维的体现，请分析上述案例中，审计人员在执行实质性程序时发现了哪些问题，怎样帮助被审计单位完善相关内控呢？

参考答案

（一）单选题

1. B　2. C　3. C　4. B　5. B　6. D　7. C　8. C　9. A　10. B

（二）多选题

1. ACD　2. ABD　3. ACD　4. ABCD　5. ABCD　6. ABCD　7. ABCD　8. ABD　9. BD　10. BCD

（三）案例分析题

案例一：

（1）不恰当。函证通常不能为应收账款的计价和分摊认定提供审计证据。有针对性的程序是检查应收账款账龄和期后收款情况、了解欠款客户的信用等。

（2）不恰当。管理层面临实现盈利指标的压力而可能提前确认收入属于特别风险，为应对特别风险需要获取具有高度相关性和可靠性的审计证据，仅实施实质性分析程序不足以获取有关特别风险的充分、适当的审计证据。

（3）不恰当。针对固定资产的存在认定，注册会计师应该从固定资产明细账追查到验收单等原始凭证，再追查到固定资产实物。

（4）不恰当。控制测试最好是期中实施，但是并不是所有的实质性程序都在期末实施，有些情况下出于成本效益的考虑，可能也会在期中实施实质性程序。

（5）不恰当。控制测试的范围不当，在风险评估时评估的控制运行有效性越高，控制测试的范围应当越大。

案例二：

1. 销售业务内部控制是月度控制，注册会计师选择若干月份进行控制测试是恰当的，但其选取的月份不恰当。销售业务涉及整个会计年度，任何一个月份的内部控制失效都将导致重大错报风险的产生，因此注册会计师应当从全年各月中选择月份进行控制测试，测试结果才具代表性。注册会计师选择的 2020 年度 3 个月过于接近年末，选择的 2021 年度 3 个月与 2020 年度无关。

2. 双重目的测试是指注册会计师可以考虑针对同一交易同时实施控制测试和细节测试，以实现双重目的。控制测试目的是评价控制是否有效运行。细节测试目的是直接识别财务报表认定是否存在错报。

注册会计师进行双重目的测试的程序：询问执行该控制的销售部专职秘书和负责记录销售收入的会计人员，确认该控制确实得到执行；从每月销售收入明细账中抽出5笔交易，核对客户订单、客户已签收的送货单和发票，以检查有关信息是否一致，发票记账联上是否有“核对确认无误”章，以及入账金额是否准确。

3. (1) 资料 (2)、(3) 所述的内部控制与某方公司财务报表中营业收入项目的完整性认定相关。

(2) 不恰当。

原因有二：一是注册会计师在利用上年内部控制测试结论时，应当合理确信这些结论能够延伸到本期；二是注册会计师在决定利用资料 (2)、(3) 中所述的内部控制时，还应就其中“财务人员的跟进程序”这一人工控制程序进行测试。

4. 由于从控制测试中获取了较高程度的信赖，注册会计师仅需从细节测试中获取较低程度的保证。因此，注册会计师可以采取选取特定项目进行测试的方法选取函证样本。

案例三：

1. 上述案例中，审计人员运用的主要测试方法为：(1) 实质性分析程序，审计系统对某局的费用支出结构进行分析时，发现某局劳务费支出占比较高，属于实质性分析程序。(2) 细节测试，一是审计人员抽查了劳务费开支的票据，二是审计人员检查了该局2017年5月至2021年3月发生的所有劳务费所涉及的人员和相关发票；三是逐户走访调查劳务费所涉及人员的实际务工情况。(3) 控制测试，审计人员询问该局相关人员劳务费支出的内容、程序和方式，对被审计单位的内部控制情况进行检查。

2. 分析上述案例中，主要需要改进的内控问题如表 2. 13 所示：

表 2. 13　内控改进建议

	实质性程序发现的问题	内控改进建议
1	审计人员在执行的实质性程序中发现了劳务费支出没有相应的劳务合同，没有雇用人员的收款证明，没有使用劳务量的原始凭证。	完善劳务费支出规定相关制度，明确业务流程和所需单据，如劳务合同、收款证明、与劳务相关的原始凭证。
2	发票只提供了劳务人员的名字和身份证号码，没有地址和联系电话等信息。	加强对劳务人员的管理，要求该类业务必须留有劳务人员的姓名、身份证号码、联系电话和地址等信息，以确保业务的真实性。

第三章

企业合规师的审计逻辑思维

审计逻辑思维是执行审计活动过程中能够扩展审计人员认知，节约审计成本，提高审计效率的重要思维模式，具体包括具备职业怀疑态度和习惯性的审计**质疑思维**，以此及彼具备推测联想能力的审计**类比思维**，提高审计工作效率、不断创新审计方法的审计**归纳思维**。学好、练好并主动运用好这类思维，对企业合规师合规能力的提升、合规技巧的把握有着重要意义。

本章联系思维导航

质疑思维	类比思维	归纳思维
本节重要性 审计质疑点	本节重要性 类比思维应用	本节重要性 归纳思维的要求
核心要点： 质疑思维的价值 审计质疑点 质疑思维能力训练	核心要点： 类比思维价值 类比思维的应用 类比思维能力训练	核心要点： 归纳思维的形式 归纳思维的要求 归纳思维能力训练

第一节　质疑思维

一、质疑思维的整体框架

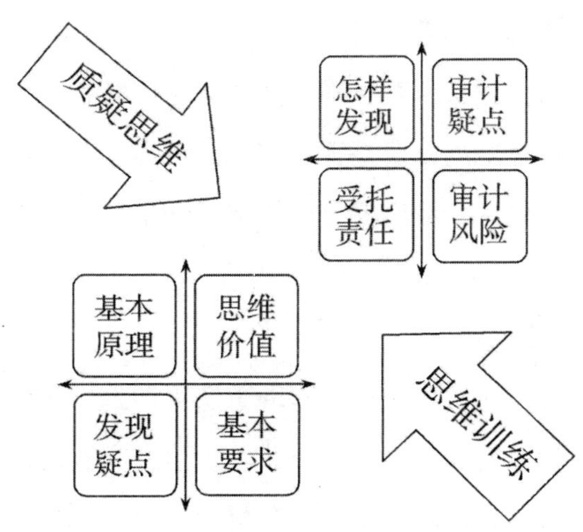

图 3.1　审计质疑思维整体框架

二、什么是质疑思维（原理）

质疑就是利用证据提出疑问。质疑思维就是质疑思维习惯、质疑思维方法。审计质疑思维就是要求审计人员具备审计职业怀疑态度和习惯。所谓审计职业怀疑，就是指审计师执行审计业务时保持怀疑的一种态度，包括采取质疑的思维方式，对可能存在因错误或舞弊而导致的错报的迹象保持警觉，以及对审计证据进行审慎评价。

三、为什么要具备审计质疑思维（价值）

质疑是审计职业的执业理念，是审计工作的内在要求。在审计工作中保持质疑态度对识别和评估重大错报风险，评价审计证据是否充分适当，识别存在由于舞弊导致的重大错报的可能性都有重要作用。具体内容如下：

1. 质疑思维在识别和评估重大错报风险的作用

在识别和评估重大错报风险时，保持职业怀疑有助于审计人员设计恰当的风险评估程序，有针对性地了解被审计单位及其环境；有助于使审计人员对引起疑虑的情形保持警觉，充分考虑错报发生的可能性和重大程度，有效识别和评估重大错报风险。

2. 质疑思维对评价审计证据的作用

在评价审计证据时，具备质疑思维，保持职业怀疑有助于审计人员评价是否已获取充分、适当的审计证据以及是否还需执行更多的工作；有助于审计人员审慎评价审计证据，纠正仅获取最容易获取的审计证据，而忽视存在相互矛盾的审计证据的偏向。

3. 质疑思维对识别舞弊的作用

具备质疑思维、时刻保持职业怀疑有助于使审计人员认识到存在由于舞弊导致的重大错报的可能性，使注册会计师对获取的信息和审计证据是否表明可能存在由于舞弊导致的重大错报风险始终保持警惕。

四、审计质疑思维有哪些要求

一是要求秉持一种质疑的理念。要摒弃“存在即合理”的逻辑思维，寻求事物的真实情况。

二是要求审计全流程质疑。审计质疑思维要求审计人员在审计整个过程中始终保持质疑的思维状态。在从业务是否承担到审计过程对审计单位信息的真实性、准确性、完整性、合法性、合理性的质疑再到审计程序的有效性和审计证据是否充分适当的质疑，到最后自己得出的审计结论是否正确的质疑。质疑的思维方式要贯穿审计的整个程序。

三是要求合理质疑，不吹毛求疵。合理质疑要求审计人员有质疑的依据，而不是任性妄想或是故意刁难。审计业务属于合理保证的鉴定业务，而不是绝对保证。因此，在审计全流程中的质疑要求只要保持在合理水平即可。

五、怎样发现审计疑点

（一）根据受托经济责任质疑

审计的质疑点与被审计单位受托经济责任的履行情况息息相关。受托经济责任，是指按照特定要求或原则经管受托经济资源和报告其经营状况的义务。受托经济责任的基本内容包括行为责任和报告责任两个方面，行为责任主要强调受托人在合法性、合规性的前提下按照委托人的要求保证受托经济资源的安全和增值，即对受托经济资源进行经营管理的保全性和效益性提出了要求；而报告责任则是以恰当的方式客观公正地反映受托人经营管理行为的过程及结果，即强调对受托责任履行情况报告的真实性和完整性。对受托经济责任进行监督是审计的基本职能，相应的审计质疑点可以从行为责任和报告责任两方面进行确定。

1. 行为责任的质疑

行为责任的质疑就是对受托人经营管理责任的质疑，包括责任履行结果和履行过程的质疑。行为责任的质疑具体可从经营管理者的具体职责要求、是否按照职责要求履职、履职的最终结果三方面产生。审计人员可通过审查经济对象的组织架构、目标责任书、管理制度、内控规范等判断存在的质疑点。

2. 报告责任的质疑

经营管理者的责任报告分为财务报告和其他报告。财务报告和其他报告是对经营管理者的一种认定，报告责任的质疑即对管理层认定是否恰当提出质疑。具体以财务报表为例，财务报表的认定分为三大类：（1）与各类交易和事项相关的认定，即发生、完整性、准确性、截至、分类认定。（2）与期末账户余额相关的认定，即存在、权利和义务、完整性、计价和分摊认定。（3）与列报相关的认定，即发生以及权利和义务、完整性、分类和可理解性、准确性和计价认定。审计具体的质疑点要和管理层具体的认定做到相对应。

（二）根据审计风险点提出质疑

审计风险，是指会计报表存在重大错报或漏报，而审计人员在审计后发表不恰当审计意见的可能性。审计风险包括重大错报风险和检查风险。被审计单位的重大错报风险点和检查风险点就是审计人员的质疑点。审计人员可通过思考"被审计单位报表中可能会存在哪些错报?""审计证据是否充分恰当?""实质性测试是否能够发现某一账户或交易类别的错报?"等问题并提出质疑，进而去认证。

六、质疑思维训练

案例　财务报表审计时对报表项目提出质疑

财务报表审计时对报表项目的质疑就是对货币资金、应收账款、存货、营业收入等具体报表项目产生的质疑。常见报表项目的质疑点主要从其内部控制是否完善、相关认定是否正确等方面进行审查。下文对货币资金、应收账款、存货、营业收入等主要报表项目的质疑点作出具体说明。

一、货币资金的质疑点

表3.1为某教育培训公司的现金日记账及部分记账凭证，开户银行核定该公司的库存现金留存限额为1万元。公司现金管理制度规定，现金使用额度5000元以上需总经理张某签字审批同意。2021年1月31日，审计人员对该公司现金进行监盘，监盘金额为2000.00元。

表3.1　现金日记账

2021年		凭证编号		摘要	借方	贷方	余额
月	日	字	号				
				上年结转			2000.00
1	3	银付	4	提现发放上年12月员工工资及奖金	34568.00		36568.00
1	5	现付	1	支付上月工资和奖金		34568.00	2000.00
1	7	银付	5	提取备用金	20000.00		22000.00
1	10	现付	2	支付学员培训用教材款		15000.00	7000.00
1	15	现收	1	收到学员培训费用	46880.00		53880.00
1	15	现付	3	支付兼职教师上月课时费		26880.00	27000.00
1	17	现收	2	代B公司收报名考试费	3860.00		30860.00

续表

2021 年		凭证编号		摘要	借方	贷方	余额
1	17	现付	4	支付水电费		400.00	30460.00
1	23	现付	5	购买办公用品		300.00	30160.00
1	28	现付	6	支付邮费		160.00	30000.00
1	31	现付	7	支付打印费		6000.00	24000.00
1	31	现付	8	将超过限额款项存入银行		20000.00	4000.00

思考：审阅现金日记账及相关凭证，结合审计人员对库存现金的监盘结果，指出该企业现金管理存在的问题或可能的疑点。

分析：

企业现金管理存在的问题或疑点有：

（1）公司留存现金经常超出限额。银行核定留存限额为 1 万元，查看该公司现金日记账，发现公司很多天现金留存都超过了这一限额。

（2）存在现金审批手续不完整的情况。现金支出超过 5000 元，需要总经理审批方可，查看现付 7 号凭证，发现支付打印费 7000 元无总经理签字审批。

（3）存在现金坐支情况。公司 1 月 10 日的现金余额只有 7000 元，1 月 15 日却发生现金支出 26880 元，很显然，差额不足部分是从 1 月 15 日收到的 46880 元中支付的。

（4）存在超范围使用现金情况。按照现金管理规定，单位之间 1000 元以上的结算应通过银行转账，公司 1 月 10 日购买教材款及 1 月 31 日支付打印费有可能属于超范围使用现金。

（5）存在部分现金不属于本单位的情况。1 月 17 日代 B 公司收取的报名考试费用不属于本单位的现金。

（6）可能存在白条抵库的情况。现金监盘结果为 2000 元，账面却是 4000 元，账实不符，可能存在白条抵库的情况。

报表中的货币资金包括库存现金、银行存款和其他货币资金三项。我们对风险性较高的货币资金和银行存款存在的质疑点加以说明。

1. 库存现金的质疑点

（1）库存现金的内部控制是否完善的质疑点：

①现金收支与记账岗位是否分离；

②现金收支是否有合理、合法的依据；

③全部支出是否有核准手续；

④是否有坐支行为；

⑤是否超过限额留存现金；

⑥是否超范围使用现金；

⑦是否每月定期盘点。

（2）库存现金相关认定是否正确的质疑点：

①记录的库存现金收支是否真实发生；

②所有的现金收支是否均已记录；

③记录金额是否准确；

④有无属于其他科目的金额记入本科目；

⑤记录时间是否正确；

⑥库存现金账户期末余额是否存在；

⑦有无账外资金；

⑧现存的库存现金是否为被审计单位所有；

⑨库存现金在报表中是否恰当列报。

2. 银行存款的质疑点

（1）银行存款内部控制是否完善有效，主要包括：

①银行存款收支与记账岗位是否分离；

②银行票据和印章的管理与使用是否规范，是否建立票据、用章登记制度和票据定期盘存制度，票据和印章是否分开保管，有无存在一人掌管全部银行印鉴的情况；

③银行存款收支是否有合理、合法的依据；

④全部支出是否有核准手续，大额资金支出是否执行集体审批制度；

⑤是否每月末均由出纳以外的人员核对银行存款日记账和银行对账单，编制银行余额调节表；

⑥是否定期盘点银行票据。

（2）银行存款相关认定是否正确，包括：

①记录的银行存款收支是否真实发生；

②所有的银行存款收支是否均已记录；

③记录金额是否准确；

④有无属于其他科目的金额记入本科目；

⑤记录时间是否正确；

⑥银行存款账户期末余额是否存在；

⑦有无账外资金；

⑧银行存款是否属于企业所有；

⑨银行存款在报表中是否恰当列报，包括金额及变化、受限情况等。

二、应收账款的质疑点

2021 年 A 股市场诸多股票中，异动最为明显的当数某汽车公司。从年初至 7 月中旬，该只股票累计收获了 60 个涨停，但某汽车一直徘徊在破产的边缘。7 月 3 日，某汽车公司在回复深圳证券交易所的关注函中表示，公司股票面临终止上市的风险。同时表示，目前公司已进入司法重整程序，但仍存在因重整失败而被宣告破产的风险。某汽车公司便是利用应收账款调节收入以美化业绩，甚至虚增收入的典型的上市公司之一。表 3. 2 是该公司近四年应收账款期末余额、应收账款计提减值准备金及营业收入情况。

思考：请你从审计人员的角度，分析其应收账款存在的质疑点。

表 3. 2　某汽车公司近四年应收账款情况表（单位：亿元）

年份	2017	2018	2019	2020
应收账款期末余额	46. 55	62. 18	46. 39	33. 34
应收账款计提减值准备金	0. 2132	1. 25	4. 59	36. 86
营业收入	208. 04	147. 64	29. 86	13. 38

分析：查看某汽车公司应收账款情况表，发现该公司应收账款占收入的比率不断提高。到 2020 年，应收账款占比高达 249. 17%，而应收账款计提的减值准

备金到2020年已经高达36.86亿元。作为审计人员，看到该公司应收账款的异常变动后，应有较高的职业敏感性，对该公司的应收账款期末余额的真实性表示怀疑，要考虑该公司是否在2017—2018年（这两年正好是该公司业绩“对赌”期）有通过虚增应收账款从而调增利润美化报表后又在2019—2020年通过计提减值准备金抹平前期虚增利润的舞弊行为。当发现质疑点后，审计人员要寻找审计证据做进一步的分析。

调整应收账款是企业操纵利润，财务舞弊的常用手段。作为审计人员，要对企业应收账款合理性保持高度质疑。常见质疑点如下：

（1）应收账款的内部控制是否完善的质疑点，包括：

①是否有健全的客户信用档案，赊销业务是否经过严格的信用审批，信用审批与销售是否分离；

②应收账款明细账的记录与出纳是否分离；

③是否建立了货款回收考评制度；

④是否建立应收账款管理台账，密切追踪应收账款的变化情况和债务人的财务状况，并按月编制应收账款账龄分析表；

⑤是否每月末均由出纳和应收账款明细账记录者以外的人员核对应收账款，发现异常及时处理；

⑥是否建立了应收账款核销的审批制度。

（2）应收账款的相关认定是否正确的质疑点，包括：

①记录的应收账款增减是否真实发生；

②所有的应收账款增减变化是否均已记录；

③记录金额是否准确；

④有无属于其他科目（如应收其他客户的账款或者本属于其他应收款）的金额记入本科目；

⑤记录时间是否正确；

⑥应收账款账户期末余额是否存在；

⑦应收账款的坏账准备计提是否恰当；

⑧应收账款是否由被审计单位拥有；

⑨应收账款在报表中是否恰当列报，包括应收账款和坏账准备的余额及本期增减金额、主要债务人及账款比例、关联方应收账款金额、应收账款的账龄分析、坏账准备计提比例说明、应收账款的转让与质押登记情况等。

三、存货的质疑点

2014 年以前，某养殖公司是大连的一家海产品养殖公司，主营业务是养殖虾夷扇贝和海参。在 2006 年登陆中小板上市前，其虾夷扇贝底播增殖面积和产量已经达到全国首位，此后养殖海域面积由上市时的 65.63 万亩上涨至今日的 230 余万亩。作为海产品养殖企业，某养殖公司的第一大资产是存货——主要包括播撒在 230 余万亩茫茫海底的虾夷扇贝、海参等海珍品，它们在某养殖公司资产中的比重约为 30%，若扇贝等存货产量受损，公司资产势必大打折扣。于是有意思的一幕来了。

2014 年 10 月，某养殖公司宣布其养殖的价值人民币 10 亿元的扇贝，全“跑”了，因为扇贝的生长水域——北黄海的水温异常冰冷。时隔半年后，“冷水团”事件再次被提及。2015 年 6 月 1 日，某养殖公司发布公告称，于 2015 年 5 月 15 日启动春季底播虾夷扇贝抽测活动，抽测涉及 2012 年、2013 年、2014 年底播未收获的海域 160 余万亩，抽测调查结果显示，公司底播虾夷扇贝“尚不存在减值的风险”。2018 年 1 月，某养殖公司又发布公告称，因为海洋灾害导致扇贝“饿死”，公司在年报中披露亏损 7.23 亿元。2019 年秋，某养殖公司又称“扇贝跑了”，公司全年亏损 3.92 亿元。

2018 年 2 月 9 日，某养殖公司收到了证监会的调查通知书，因某养殖公司涉嫌信息披露违法违规，证监会对其进行立案调查。

为了查办某养殖公司案，证监会借助北斗导航定位系统，委托专业机构某科技公司和某水产科学研究院东海水产研究所，通过某养殖公司采捕船卫星定位数据，还原了采捕船只的真实航行轨迹，进而复原了公司真实的采捕海域，最终解开了某养殖公司财务造假手段的谜题。

根据证监会的调查数据，2016 年，某养殖公司实际采捕的海域面积比账面记录多出近 14 万亩，这意味着实际的成本比账面上要多出人民币 6000 万元，这 6000 万元成本都被某养殖公司隐藏了起来。

调查人员还发现：某养殖公司在部分海域没有捕捞的情况下，在2016年年底重新进行了底播，根据某养殖公司成本核算方式，重新底播的区域的库存资产应作核销处理，又涉及库存资产7111万元，需要计入营业外支出视为亏损。

通过这两种方式，某养殖公司成功地在2016年实现了所谓的“账面盈利”，成功摘帽，保住了上市公司的地位。到了2017年，某养殖公司故技重演，再度宣称扇贝“跑路”和“死亡”，借此消化掉前一年隐藏的成本和亏损，共计约1.3亿元。这种乾坤大挪移，把2016年的成本和损失移转到2017年的做法，是典型的“寅吃卯粮”，操纵财务报表的行为。

2020年6月15日，证监会依法对某养殖公司及相关人员涉嫌违反证券法律法规案作出行政处罚和市场禁入决定。证监会认定，某养殖公司2016年虚增利润1.3亿元，占当期披露利润总额的158%；2017年虚减利润2.8亿元，占当期披露利润总额的39%。

思考：查看该公司相关年报，从存货质疑点的基本原理出发，分析上述案例中存货相关认定中存在哪些质疑点。

分析：某养殖公司一次又一次上演闹剧，均是利用了海洋生物盘点核查比较困难的特点，进而通过操纵存货来操纵企业利润。作为审计人员，要意识到农业股存货的超高审计风险，对企业的存货保持高度职业怀疑。根据证监会调查结果，“2016年度实际采捕的海域面积比账面记录多出近14万亩”说明该公司年底这部分的存货已不存在，未及时进行成本结转。根据“2016年年底重新进行了底播……区域的库存资产应作核销处理”说明公司存货未能做恰当的计提减值准备。这些都是存货认定存在的质疑点。

存货质疑点也需要从内部控制的完善性和相关认定的准确性进行考虑。

（1）存货的内部控制是否完善有效的质疑点，包括：

①存货的入库是否经过严格验收；

②存货的保管与会计记录是否分离，是否建立存货物资台账；

③存货入库是否办理入库手续，明确交接双方的责任；

④存货出库是否经过审批并办理出库手续，非库管人员出入仓库是否经过登记；

⑤是否定期盘点清查、编制存货清查表，对于盘盈盘亏、毁损、闲置及需要报废的存货是否查明原因、落实并追究责任，按规定权限批准后及时处理；

⑥是否将代管、代销、暂存、受托加工的存货单独存放和记录。

（2）存货的相关认定是否正确，包括：

①记录的存货增减是否真实发生；

②所有的存货增减变化是否均已记录；

③记录金额是否准确；

④有无属于其他科目的金额记入本科目；

⑤记录时间是否正确；

⑥账户期末的存货是否存在；

⑦有无未入账的存货；

⑧存货是否由单位所拥有，有无将代管、代销、暂存、受托加工的存货计入本企业的存货账；

⑨存货是否恰当地计提了减值准备；

⑩存货在报表中是否恰当列报，包括存货的分类、金额及变化、计价方法、减值准备的计提、抵押质押情况等。

四、营业收入的质疑点

某咖啡公司的注册资本为205000万美元，于2019年5月17日在美国上市。2020年1月31日，知名做空机构某公司发文称，其收到长达89页的匿名调查报告，报告中通过各种调查数据分析得出某咖啡公司从2019年第三季度便已开始造假行为的结论。2020年4月2日，某咖啡公司发布公告，承认虚增收入人民币22亿元，公司股价暴跌80%，盘中数次暂停交易。2020年6月29日，某咖啡公司正式在纳斯达克交易所停牌，并进行退市备案。某咖啡公司收入虚增造假手段如下：

手段一：虚增销售商品数量。该公司公布的单个门店的每日销售品数：2019年Q3为444件，2019年Q4为483—506件，而据某公司报告显示2019年Q4单个门店每日销售仅263件，相比之下某咖啡公司每个门店每天的商品销量在2019年第三季度至少夸大了69%，在2019年第四季度至少夸大了88%。

手段二：夸大了每件商品的净售价。某咖啡公司2019年第三季度的财报显示每件商品的净售价为11.2元，而由于发送优惠券到APP中以鼓励大众来某咖啡公司消费，它的净售价为9—10元，虚增的幅度高达12.3%。

思考：在上述案例中，某咖啡公司违反了营业收入的哪些认定？

分析：某咖啡公司是通过夸大销售量和销售单价来虚增收入的，这说明该公司的账面部分收入并未真实发生，金额记载不正确，违反了收入的发生认定。

（1）销售内部控制是否完善有效的质疑点，包括：

①是否根据销售预测与生产能力制订了恰当的销售计划；

②是否制定并执行合理的定价机制和销售策略；

③销售、发货、收款是否分离；

④合同谈判人员与合同订立人员是否分离，谈判是否有两人以上参加，合同的审批和签署是否规范；

⑤销售通知单是否预先连续编号，销售通知单的编制是否与发票开具人员分离，开票依据是否充分。

（2）营业收入的相关认定是否正确的质疑点，包括：

①记录的营业收入是否真实发生；

②所有的营业收入是否均已记录；

③记录金额是否准确；

④有无属于其他科目的金额记入本科目；

⑤记录时间是否正确；

⑥营业收入在报表中是否恰当列报，包括营业收入的种类构成、区域分布、金额及变化、确认条件等。

七、质疑思维训练习题

（一）单选题

1. 下列认定中，与销售信用批准控制相关的是（　　）。

A. 发生　　　　B. 计价和分摊

C. 权利和义务　　　　D. 完整性

2. 下列各项认定中，与交易和事项、期末账户余额以及列报和披露均相关的是（ ）。

A. 完整性　　B. 发生

C. 截至　　D. 权利和义务

3. 下列有关职业怀疑的说法中，错误的是（ ）。

A. 职业怀疑要求注册会计师摒弃“存在即合理”的逻辑思维

B. 职业怀疑要求注册会计师对引起疑虑的情形保持警觉

C. 职业怀疑要求注册会计师审慎评价审计证据

D. 职业怀疑要求注册会计师假定管理层和治理层不诚信，并以此为前提计划审计工作

4. 下列有关职业怀疑的说法中，错误的是（ ）。

A. 会计师事务所的业绩评价机制会削弱注册会计师对职业怀疑的保持程度

B. 注册会计师是否能保持职业怀疑在很大程度上取决于其胜任能力

C. 审计的时间安排和工作量要求有可能会阻碍注册会计师保持职业怀疑

D. 保持独立性可以增强注册会计师在审计中保持职业怀疑能力

5. 下列有关职业怀疑的说法中，正确的是（ ）。

A. 职业怀疑与所有职业道德基本原则均密切相关

B. 保持职业怀疑可以提高审计程序设计和执行的有效性

C. 职业怀疑是一种思维状态，审计工作底稿不能为注册会计师是否保持职业怀疑提供证据

D. 职业怀疑要求注册会计师质疑获取的审计证据并鉴别其真伪

6. 下列有关职业怀疑的说法中，错误的是（ ）。

A. 职业怀疑与所有职业道德基本原则均密切相关

B. 职业怀疑是保证审计质量的关键要素

C. 职业怀疑要求注册会计师质疑相互矛盾的审计证据的可靠性

D. 保持职业怀疑可以提高审计程序设计和执行的有效性

7. 关于审计质疑，正确的是（ ）。

A. 质疑思维要求证据不能有瑕疵

B. 质疑要求贯穿审计全流程、全方位

C. 质疑最终目的是找到审计风险点

D. 审计人员要保持高度质疑，即使吹毛求疵也不为过

8. 下列情形中，通常表明存在财务报表层次重大错报风险的是（　　）。

A. 被审计单位的竞争者开发的新产品上市

B. 被审计单位从事复杂的金融工具投资

C. 被审计单位资产的流动性出现问题

D. 被审计单位存在重大的关联方交易

9. 下列不属于导致企业收入发生认定不合理的原因是（　　）。

A. 管理层面临业绩“对赌”压力

B. 管理层难以实现预期利润目标

C. 公司股价持续低迷

D. 管理层预期难以达到下一年度的销售目标而已经超额实现了本年度的销售目标

（二）多选题

1. 关于审计人员在计划和执行审计工作时保持职业怀疑的作用，下列说法中，正确的有（　　）。

A. 降低检查风险

B. 降低审计成本

C. 避免过度依赖管理层提供的书面声明

D. 恰当识别、评估和应对重大错报风险

2. 注册会计师在财务报表审计的做法中，不符合职业怀疑态度的是（　　）。

A. 注册会计师认为过去管理层和治理层是诚实、正直的，能降低保持职业怀疑的要求

B. 在进行询问和实施其他审计程序时，不能因为轻信管理层和治理层的诚信满足于说服力不够的审计证据

C. 以审计中的困难、时间或成本，作为省略不可替代的审计程序或满足于说服力不足的审计证据的理由

D. 在怀疑信息的可靠性或发现舞弊迹象时，注册会计师无须作出进一步调查，直接根据判断形成结论

3. 关于审计质疑，不正确的有（　　）。

A. 质疑是审计的基本思维方式，质疑要宽泛、任意

B. 质疑的重要意义在于提出不同意见或得出不同的结论

C. 质疑思维要求证据不能有瑕疵

D. 质疑最终目的是得出合理的、确定的结论

4. 可能导致货币资金被挪用侵占支出失控的因素，包括（　　）。

A. 没有专职的会计人员

B. 货币资金支出依据不充分，核准手续不齐全

C. 印章票据管理不规范

D. 没有定期核查实存数

5. 下列属于减少坏账控制的有（　　）。

A. 赊销业务经过严格的信用审批，信用审批与销售分离

B. 应收账款明细账的记录与出纳分离

C. 建立货款回收考评制度

D. 建立应收账款管理台账，按月编制应收账款账龄分析表

6. 审计质疑的基本要求包括（　　）。

A. 勇于质疑　　　　B. 质疑就是否定

C. 全程质疑　　　　D. 合理质疑，不走极端

7. 关于质疑思维，正确的有（　　）。

A. 质疑的目的是得出确定的结论

B. 不仅要勇于质疑，而且要善于质疑

C. 质疑的目的是不接受对方的观点

D. 质疑不是思维的最终目的，而是一种获取确定结论的思维方式

8. 进行恰当质疑的方法有（　　）。

A. 根据审计对象的受托责任要点提出质疑

B. 根据受托责任的行为规范和验收标准提出质疑

C. 审计人员需质疑审计程序的有效性和审计证据的适当性

D. 根据被审计单位可能的错误或舞弊提出质疑

9. 与应收账款的坏账准备计提的合理性评价有关的内部控制有（　　）。

A. 赊销业务是否经过严格的信用审批

B. 是否建立了货款回收考评制度

C. 每月末由专门人员核对应收账款

D. 应收账款的核销必须经过严格审批

10. 关于银行存款和现金日记账的质疑说法正确的是（　　）。

A. 质疑大额现金收支是否为超范围使用现金

B. 现金日记账余额过多，应质疑是否超过限额

C. 若现金支出累计超过了上次提取备用金后的余额，则质疑有坐支的行为

D. 银行对账单上多笔收支在银行存款日记账上均未找到，质疑可能存在账外经营

11. 下列哪些属于库存现金内部控制是否完善的质疑点？（　　）

A. 现金收支与记账岗位是否分离

B. 现金收支是否有合理、合法的依据

C. 现金收入是否及时入账

D. 是否有坐支行为

12. 审计质疑的基本要求是（　　）。

A. 敢于质疑　　B. 全面质疑

C. 全流程质疑　　D. 质疑就是否定，敢质疑，敢否定

13. 下列属于应收账款相关认定的质疑点有（　　）。

A. 记录的应收账款增减是否真实发生

B. 记录时间是否正确

C. 应收账款账户期末余额是否存在

D. 应收账款的坏账准备计提是否恰当

（三）判断题

1. 质疑的思维习惯就是完全不相信被审计单位的会计记录和会计人员的访谈内容。（ ）

2. 应收账款明细账记录、货币资金收付、往来账核对人员相互分离，主要目的是防止个人侵吞货款，保护企业资产的安全。（ ）

3. 对财务报表整体的一般质疑分为合理性和公允性两方面。（ ）

4. 票据和印章必须分开保管，全部银行印鉴也必须由不同的人进行保管。（ ）

5. 如果银行给某单位核定的库存现金限额为20000元，单位的库存现金日记账的余额显示为40000元，则该单位的库存现金可能超限了。（ ）

6. 因为提供资料者应对资料的真实性负责，所以审计人员可将获取的资料直接作为审计证据使用。（ ）

（四）简答题

1. 审计人员对库存现金的一般质疑点。

2. 主要从哪些方面考察销售收入内部控制是否完善？

（五）案例分析题

案例

（1）情况介绍

某金属公司是一家生产镍钴等金属的企业。2013年，其“借壳”某网络公司重组成立某钴镍材料公司（以下简称某钴镍）在深圳证券交易所成功主板上市。公司重组后，某钴镍为掩盖子公司长期占用资金的行为，利用票据复印件伪造出子公司已还款，而某会计师事务所作为某钴镍2013年、2014年年度财务报告的审计机构，对上述两年年度报告均出具了标准无保留的审计意见。

2018年12月29日证监会发文指出，某钴镍将无效票据入账，2013年年报和2014年年报存在虚假记载的事项。作为某钴镍2013年、2014年年度报告审计机构的某会计师事务所，因为缺乏应有的关注和没有执行充分适当的审计程序，出具了错误的审计意见。证监会责令某会计师事务所改正违法行为，并没收其业务收入，同时对事务所和签字注册会计师处以罚款。

表 3.3　某钴镍 2013 年和 2014 年应收票据相关项目余额及占比

年份	应收票据（亿元）	应收账款（亿元）	预收账款（亿元）	应收票据占总资产比例（%）
2013	13.64	2.88	2.47	32.45
2014	13.25	2.51	1.57	38.85

（2）某会计师事务所的做法

2013 年，某会计师事务所在应收票据审计过程中，未实施相关的控制测试，在实质性测试中的函证过程中，某会计师事务所通过传真取得的 9 家不同单位的询证函的回函中，最早的与最迟的回函时间相差仅为 5 分钟，回函时间高度集中，但某会计师事务所未实施相应的审计程序核验回函的来源。2014 年，某会计师事务所在已经发现某钴镍内部控制存在缺陷的情况下，采取倒轧的方法确定 2013 年、2014 年应收票据余额。同时，根据其审计底稿显示，某会计师事务所收到的 6 家单位的询证函回函中，有 4 家盖章为非“鲜章”，2 家为“鲜章”。但某会计师事务所并未对盖章的异常情况给予应有的关注，未实施相应的审计程序去核验。

问题：请根据上述提供的资料信息，利用质疑思维分析某会计师事务所审计过程中存在的问题。

参考答案

（一）单选题

1. B　2. A　3. D　4. A　5. B　6. A　7. B　8. C　9. D

（二）多选题

1. ACD　2. ACD　3. ABC　4. BCD　5. ACD　6. ACD　7. ABD　8. ABCD　9. ABD　10. ABCD　11. ABCD　12. ABC　13. ABCD

（三）判断题

1. ×　2. √　3. √　4. √　5. √　6. ×

（四）简答题

1. 库存现金的质疑点主要从内部控制和相关认定方面进行质疑：

（1）库存现金的内部控制是否完善的质疑点，包括：

①现金收支与记账岗位是否分离；

②现金收支是否有合理、合法的依据；

③全部支出是否有核准手续；

④是否有坐支行为；

⑤是否超过限额留存现金；

⑥是否超范围使用现金；

⑦是否每月定期盘点。

（2）库存现金相关认定是否正确的质疑点，包括：

①记录的库存现金收支是否真实发生；

②所有的现金收支是否均已记录；

③记录金额是否准确；

④有无属于其他科目的金额记入本科目；

⑤记录时间是否正确；

⑥库存现金账户期末余额是否存在；

⑦有无账外资金；

⑧现存的库存现金是否为被审计单位所有；

⑨库存现金在报表中是否恰当列报。

2. 销售收入内部控制是否完善有效的质疑点，包括：

（1）是否根据销售预测与生产能力制订了恰当的销售计划；

（2）是否制定并执行合理的定价机制和销售策略；

（3）销售、发货、收款是否分离；

（4）合同谈判人员与合同订立人员是否分离，谈判是否有两人以上参加，合同的审批和签署是否规范；

（5）销售通知单是否预先连续编号，销售通知单的编制是否与发票开具人员分离，开票依据是否充分。

（五）案例分析题

案例：

首先，从表 3.3 给的数据可以发现，某钴镍在 2013—2014 年两年应收票据余额是应收账款和预收账款的六倍之多，说明某钴镍绝大多数情况下都是采用商业票据收款的方式，而且应收票据占总资产的比例在这两年均在 35%左右，无论是基于定性考虑还是定量考虑，作为审计人员都应保持职业怀疑，质疑应收票据的真实性和合理性。对应收票据审计应当是审计人员执行审计工作关注的重点。

其次，从应收票据余额变化中可以发现，应收票据余额变化存在异常的情况。2013 年年底应收票据余额高达 13.64 亿元，但是 2014 年 3 月底骤降了 13 亿元，应收票据余额降到 0.6 亿元，到了 2014 年 6 月又激增至 14 亿元，截至 2014 年年底，余额依然高达 13.25 亿元，而 2015 年 3 月底如同上年一样，再次骤降 13 亿元。某钴镍连续两年出现应收票据均在期前集中背书转入，并于期后 3 个月内集中背书转出的重大异常情况，这种重大异常变动应引起审计人员的重视，要求审计人员继续保持怀疑，对应收票据可能导致的财务报表重大错报风险保持应有的关注和质疑。

保持职业怀疑，则需要某会计师事务所对应收票据的巨额异常变动保持应有的关注，在应收票据认定层面和内部控制是否完善上保持质疑，进而采取科学合理的审计程序。但是某会计师事务所在审计中却未能做到职业怀疑和尽职尽责。2013 年，某会计师事务所未对应收票据实施控制测试，而在认定层面实施函证过程中，对回函时间高度集中也没有给予应有的关注，更未实施相应的审计程序核验回函的来源。2014 年，某会计师事务所在实施内部控制，发现该公司存在内控缺陷的情况下却依然采取倒轧的方法确定 2013 年、2014 年应收票据余额，其获取的审计证据不具有可靠性。同时，对收到的 6 家单位的询证函回函中，有 4 家盖章为非“鲜章”，2 家为“鲜章”，应质疑其真实性进而进一步实施审计程序，但某会计师事务所均未做到。上述事项均说明该事务所成员由于缺乏必要的职业怀疑，未做到勤勉尽职，导致该项审计最终失败。

第二节　类比思维

一、类比思维整体框架

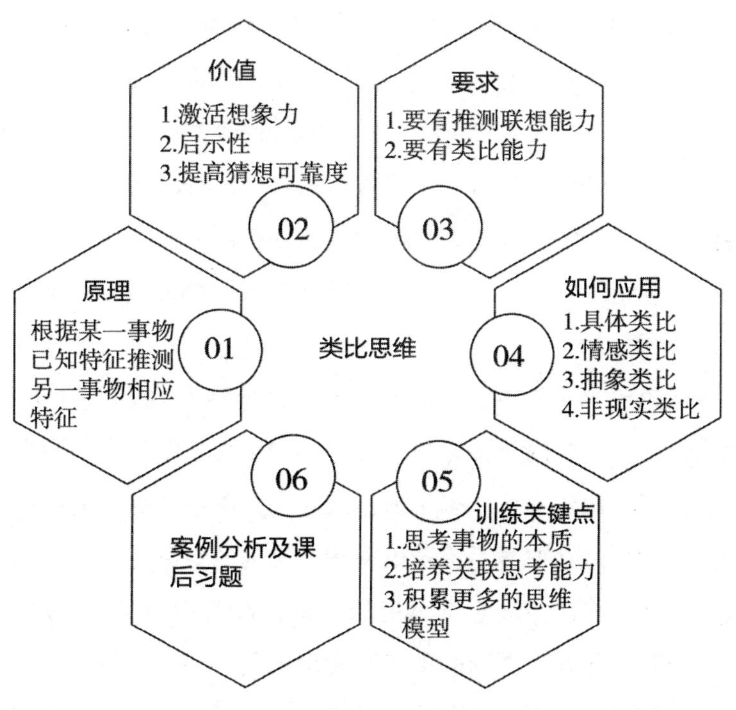

图 3.2　审计类比思维整体框架

二、什么是类比思维（原理）

类比思维是通过对比两个具有相同或相似特征的事物，根据某一事物的某些已知特征去推测另一事物的相应特征存在的思维活动。

类比思维是在两个特殊事物之间进行的分析比较，不需要建立在对大量特殊事物分析研究并发现它们的一般规律的基础上。因此，它可以在归纳与演绎无能为力的一些领域发挥独特的作用，尤其是在那些被研究的事物个案太少或缺乏足够的研究、科学资料的积累水平较低、不具备归纳和演绎条件的领域。

三、为什么审计要具备类比思维（价值）

类比作为一种重要的思维方法和推理方法，在历史发展长河中占有举足轻重的地位，需要我们认真审视和对待。其基本模式是：若A对象具有属性a、b、c、d，且B对象具有属性a、b、c，猜想：B对象具有属性d。

类比推理的过程，是从特殊到特殊，由此及彼的过程，可谓“他山之石，可以攻玉”。从两个或两类对象具有某些相似或相同的属性事实出发，推出其中一个对象可能有另一个或另一类对象已经具有的其他属性的思维方法。

该方法是古今中外许多知名人士最常运用的一种解决问题的方法，由这种方法得出的结论，虽然不一定很可靠、精确，但富有创造性，往往能将人们带入完全陌生的领域，并给予许多启发。类比思维具有激活想象力、启示性和提高猜想可靠度等功能。

第一，激活想象力。类比推理通过联想能充分激发创意主体发挥想象能力，并使之有明确方向。适当的类比能使创意主体产生合理的联想，激发创意主体的想象力去打破传统思想的束缚。多年来，人们一直以为圆是完美的曲线，球是完美的形体。可是圆周运动明显不符合第谷和开普勒的观测结果。开普勒就依靠实际的观测资料，通过多次对偏心圆轨道的探索，最后找到了椭圆形的运动轨道。开普勒的想象力是由与几何图形的类比激发出来的。

第二，启示性。类比推理具有重大的启示功能，它能为创意的探索提供较为具体的线索，尤其是当创意对象的有关材料还不足以进行系统归纳和演绎的时候，类比就起到了“开路先锋”的作用。在创意过程中，往往弄清楚一个问题的机制，就可以为类似的一大批问题的解决提供合理的启示。启示功能对审计工作效率的提高和降低审计风险有着莫大的帮助。例如，审计人员看到有招聘淘宝刷单的兼职人员时要联想到自己审计的互联网销售公司是否也会存在通过找人刷单虚增收入的情况。这就是很好地利用了类比的启示性。

第三，提高猜想可靠度。类比推理在形成和提出假说时常常起着重要的加强作用。因为在创意过程的最终，人们总是要提出可靠性较高的假说来解释未知现象和难题，从而缩短探索的时间。依靠类比推理，利用已经确证了的规律性的知识，推广到与之类似的领域或对象上，则可以大大提高假说的可靠性程度。审计人员利用类比推理可以大大提高猜想的可靠度。例如，个人独资企业普遍存在股东和企业之间的资金混淆不清的财务问题，企业账上往往会挂着大笔其他应付或者其他应收股东的往来款。作为审计人员在审计某个人独资企业时，借用类比猜测该公司也可能存在此类问题，后期进场审计后，查看企业账务，确实印证了开始的假设。这就是类比可大大提高猜想可靠度的案例。

四、类比思维有哪些要求

类比思维要求包括两个方面的内容：

一是要有推测联想能力，作为审计人员，要有推测联想思维，推测联想可分为相似联想、接近联想、对比联想、仿生联想、仿形联想等多种形式。推测联想有利于审计人员从审计个案问题的查处中，把握案件关联规律，深挖案件线索，发现一连串问题，如在某银行资产、负债、损益审计中，查出该银行违规高息揽储的问题，审计人员运用推测联想的方法很快查清了该行用发放手续费形式高息揽储的事实，审计人员还采用此法再查该行发放手续费资金的来源，结果查出了该行 200 多万元的小金库，从小金库的账目继续查下去，按照账目反映的手续费发放的流向，审计人员又发现了许多单位公款私存、私设小金库、个人贪污、合伙私分手续费等一连串违纪问题。

二是要有类比能力，要求审计人员张开富有创造性的翅膀，在审计过程中找到新、旧信息间相似和相异的地方，进行相似的、接近的、差异的等多种类比，善于由此及彼、由表及里、由上而下、由小到大、由少到多等多层次、多角度、多方位地联想推测，冷静缜密地思考、科学地分析、合理地选择，从而取得事半功倍的效果，即异中求同或同中求异。通过类比思维，在类比中联想，从而升华思维，既有模仿又有创新。

五、如何应用类比思维

类比思维是一种或然性极大的逻辑思维方式，它的创造性表现在发明创造活动中人们能够通过类比已有事物开启创造未知事物的发明思路，其中隐含触类旁通的含义。它把已有的事和物与一些表面看来与之毫不相干的事和物联系起来，寻找创新的目标和解决的方法。

类比主要包括：具体类比、情感类比、抽象类比、非现实类比。

第一，具体类比。具体类比是事物或事件之间具体特征的类比，就是根据事物某一点相同或相似而把原来极不相关的事物联系在一起而产生类比，即比喻。比喻作为文学中的常用方法在科学技术中的运用具有一些新的特点：它不仅是一种表达方式，而且带来了新的体验和理解，让人从一种全新的角度去看待旧事物；它还能带来新的解题思路，因为比喻具有双向作用。所以，可借用被借用事物、事件的特点去解决被比喻的问题。

第二，情感类比，又称移情。移情不是事物或事件之间的具体类比，而是借助人的情感作用，在人和事物、事件之间进行类比。移情也是双向的，既有把事物人格化或拟人化的一面，即把人的特点归于非人的物体或状态；也有使物人化的一面，即将事物或事件的特点赋予人的情况。移情主要使人产生新的看待问题角度，是从情感、体验上改变习惯看法，突破常规，实现创新的思维过程。

第三，抽象类比。抽象类比就是利用语词和概念进行类比。语言是储藏信息和隐喻的巨大仓库，语言的相关潜力可以通过各种各样的方式得到扩展、丰富，甚至使“衰老”的隐喻恢复活力。例如，流水账、沟通网络、作业瓶颈、精神崩溃等，都包含着极为丰富的隐喻。

第四，非现实类比。非现实类比是指借用幻想和童话中丰富的想象，与现实问题相联系，产生大胆的类比。这种类比也属于隐喻类比，只是它更需要与想象相结合。在创意过程中，人们往往先利用具体的事物，从最相似的课题答案开始，这种尝试不成功，才使得人迫不得已转向越来越远的情感、抽象的符号，最后进入超现实，进行非现实类比。

那么怎样应用好类比呢？首先，这需要我们将新知识与自身相联系。例如，你看到汽车网站的评价体系，那么多想想，是否评价一个人也可以从各种不同的维度来进行？当我这样评价一个人时，可信度是不是提升了很多？又如，我们通过学习物理了解到电流这个概念，就可以将电流和水流联系起来。遇到新的问题时，大脑喜欢从熟悉的信息中提取出可以用于解决问题的信息，当我们大脑提取到水流自然就会提取到电流了。其次，需要我们多多思考每个知识或事物的本质。很多时候，我们没有运用类比，往往是因为没有触及问题的本质。如果之前已经思考过类似问题的本质，那么遇到新问题时，解决效率会大大提升。看到汽车网站评价体系，多多思考不难发现，其实可以将之延展到任何可以多维量化的标准评价体系里。一旦抽象化某个解决方案，你会发现这个方案能够运用到很多领域。现实世界中很多事物的本质都是一样的。

六、类比思维训练

训练类比思维要把握三个要点：首先是思考事物的本质，其次是培养关联思考能力，最后是积累更多的思维模型。

（一）思考事物的本质

类比思维的关键是找到不同事物的结构相似性，只有回归到事物最本原的状态，才有可能看清楚事物的结构，从而发现不同事物结构的相似性。

（二）培养关联思考能力

所谓关联思考能力，就是对形式不同，但内在结构相似的事物建立联系，用已有的知识解决新的问题。

（三）积累更多的思维模型

思维模型本质是前人对很多事情的经验总结得出的人造框架，认识这些思维模型的有效性边界，在其适用边界内使用这些模型，将大大有助于提升我们的工作效率。

案例　零库存生产模式的由来

20 世纪 90 年代，汽车生产商都面临一个问题：人们对汽车的需求越来越多，汽车细分型号不断增加。但厂商无法准确预测哪款车型更受欢迎。因此，厂商在生产的时候就不可避免地存在包括设备、零件、人员等一系列成本的浪费。如何消除这种浪费呢？某汽车的一位高管一直苦恼于这个问题。直到有一天，他突然想到，超市是最古老的行业，大型超市管理的商品种类比汽车行业多得多，超市对市场需求也难以准确把握，它们是如何解决这个问题的？于是，某汽车决心研究零售超市的经营方法，结果大受启发，开发出了准时生产体制 JIT（Just In Time）（后来以此为基础，又发展出零库存生产模式）。

思考：如何管理众多存货？

分析：联想到零售超市也应存在类似问题，通过研究零售超市供应链的管理模式，某汽车高管受到启发，研究得出了汽车行业的准时生产体制。随后计算机行业受到汽车行业准时生产体制的启发，提出了零库存的直销模式。

七、类比思维训练习题

（一）单选题

1. 努力：成功（　　）

A. 生根：发芽　　B. 耕耘：收获

C. 城市：乡村　　D. 原告：被告

2. 泡影：虚幻（　　）

A. 泡沫：混乱　　B. 玫瑰：富贵

C. 昙花：憔悴　　D. 浮萍：漂泊

3. 偶数：整数（　　）

A. 花朵：玫瑰　　B. 将军：士兵

C. 老虎：动物　　D. 水果：西瓜

4. 珍珠港事件：历史学家（　　）

A. 植物学家：水杉　　B. 页岩：地质学家

C. 影迷：小燕子　　D. 狗嘴：牙医

5. 黄巾起义："苍天已死，黄天当立。"（　　）

A. 大泽乡起义："王侯将相，宁有种乎？"

B. 黄巢起义："天子当兵强马壮者为之！"

C. 金田起义："均贫富，等贵贱。"

D. 红巾起义："天下多男子，皆兄弟之辈。"

6. 剪刀：布匹 （ ）

A. 玻璃：门窗

B. 锯子：木头

C. 衣服：缝纫机

D. 门：玻璃

7. 阅读：技能（ ）

A. 种瓜：技巧

B. 焊接：技术

C. 浏览：才华

D. 作诗：天赋

8. 成功：水到渠成（ ）

A. 喜悦：一帆风顺

B. 焦虑：愁眉苦脸

C. 政治：大政方针

D. 谨慎：反复研究

9. 河北：河南（ ）

A. 新疆：西藏

B. 天津：上海

C. 湖南：吉林

D. 武汉：广州

10. 丰功：伟绩（ ）

A. 维和：行动

B. 风餐：露宿

C. 文化：传播

D. 风卷：残云

11. 义工：职员（ ）

A. 球迷：球员

B. 学生：教师

C. 初学者：生手

D. 志愿者：雇员

（二）多选题

1. 类比的形式主要包括（ ）。

A. 具体类比

B. 情感类比

C. 抽象类比

D. 现实类比

2. 类比思维有哪些作用？（ ）

A. 能够激发想象力

B. 具有启示功能

C. 大大提高猜想的可靠性

D. 可以很好地进行创新

3. 类比训练中需要把握的三个要点是（　　）。

A. 思考事物的本质　　B. 培养关联思考能力

C. 积累更多的思维模型　　D. 大胆猜想，用于创新

4. 下列属于类比推理的是（　　）。

A. 开锁：进门与生火：烧水　　B. 蜜蜂：蜂蜜与母鸡：鸡蛋

C. 风雨：彩虹与恋爱：婚姻　　D. 绿色：和平与洁白：纯洁

5. 招摇撞骗：锒铛入狱（　　）。

A. 厚积薄发：一鸣惊人　　B. 东施效颦：受宠若惊

C. 班门弄斧：贻笑大方　　D. 单枪匹马：众叛亲离

（三）判断题

1. 类比思维可提高人类的创新意识。（　　）

2. 抽象类比是毫无意义的类比。（　　）

3. 审计过程中不需要采用类比思维，因为每个被审计单位都不同。（　　）

4. 鲁班锯子的发明运用的是直接类比法。（　　）

5. 非现实类比属于隐喻类比，指借用幻想和童话中丰富的想象，与现实问题相联系，产生大胆的类比。（　　）

6. 类比思维的运用重点是需要有推测联想的能力，如果审计人员不具备推测联想的能力，则在每一次审计中都需要从零起步。（　　）

（四）简答题

1. 类比思维对审计人员的要求是什么？

2. 简述类比的分类。

（五）案例分析题

1. 铁人三项是体育运动项目之一，是把天然水域游泳、公路自行车和公路长跑这三个项目结合起来。铁人三项又被称为三项全能，这三个项目的排序是游泳、自行车和跑步，而这三个项目不能间断，只有完成其中一个项目，才能够进行下一个项目。

某科技公司的负责人雷某在对外发布会上表示，当硬件和新零售带来了大量的人流量的时候，某科技公司增加了互联网服务。这个互联网服务既能够增强我

们硬件的用户体验、电商的用户体验，也能够把我们硬件和电商带来的人流量进行有效变现来获取利润，支持公司的持续发展。所以某科技公司商业模式的这三个环，构成了某科技公司铁人三项商业模式。

问题：请根据你对铁人三项运动的理解，利用类比思维，剖析某科技公司“铁人三项”的商业模式。

2. 某得公司是生产和销售电钻的国际知名制造企业，但随着行业竞争日趋激烈，某得公司为了在行业中站稳脚跟并获得发展，积极组织人员调查顾客的真正需求，以便通过持续增加企业的销售来提高其竞争能力。通过调查，该公司发现由于顾客缺乏电动工具管理方面的技能，电动工具被盗和磨损等问题十分突出，这导致顾客工作的中断和延误，从而造成巨大的损失。

问题：请你参考汽车租赁公司的商业模式，利用类比思维帮助某得公司解决顾客的烦恼。

3. 在一个 IPO 项目的审计过程中，审计人员对被审计单位三年一期的财务报表进行了分析，比较三年一期的营业收入、营业成本、利润总额、税后净利润、净资产、总资产及现金流量净额等报表项目的波动。通过比较，发现该企业营业收入的波动较大，每年的收入增长比率均在 100% 以上，同时营业成本的增长比率却在逐年下降，现金流量净额却是每年基本持平。由此对比分析，审计人员发现该企业有虚增收入的嫌疑，经过后续的进一步求证，发现该企业确实有为了满足上市要求，有意调整库存，提前确认收入的情况。

问题：请借用本案例谈谈类比思维在审计中的作用。

参考答案

(一) 单选题

1. B　2. D　3. C　4. B　5. A　6. B　7. B　8. B　9. A　10. B　11. D

(二) 多选题

1. ABC　2. ABCD　3. ABC　4. ABCD　5. AC

(三) 判断题

1. √　2. ×　3. ×　4. √　5. √　6. √

（四）简答题

1. 类比思维要求包括两个方面的内容：一是推测联想的能力，作为审计人员，要有推测联想思维，推测联想可分为相似联想、接近联想、对比联想、仿生联想、仿形联想等多种形式。二是类比的能力，要求审计人员张开富有创造性的翅膀，在审计过程中找到新、旧信息间相似和相异的地方，进行相似的、接近的、差异的等多种类比，善于由此及彼、由表及里、由上而下、由小到大、由少到多等多层次、多角度、多方位地联想推测，冷静缜密地思考、科学地分析、合理地选择，从而取得事半功倍的效果，即异中求同或同中求异。通过类比思维，在类比中联想，从而升华思维，既有模仿又有创新。

2. 类比主要包括：具体类比、情感类比、抽象类比、非现实类比。

第一，具体类比。具体类比是事物或事件之间具体特征的类比，就是根据事物某一点相同或相似，把原来极不相关的事物联系在一起而产生类比，即比喻。

第二，情感类比，又称移情。移情不是事物或事件之间的具体类比，而是借助人的情感作用，在人和事物、事件之间进行类比。

第三，抽象类比。抽象类比就是利用语词和概念进行类比。语言是储藏信息和隐喻的巨大仓库，语言的相关潜力可以通过各种各样的方式得到扩展、丰富，甚至使“衰老”的隐喻（人们都已忘记）恢复活力。

第四，非现实类比。非现实类比是指借用幻想和童话中丰富的想象，与现实问题相联系，产生大胆的类比。这种类比也属于隐喻类比，只是它更需要与想象相结合。在创意过程中，人们往往先利用具体的事物，从最相似的课题答案开始，这种尝试不成功，才使得人迫不得已转向越来越远的情感、抽象的符号，最后进入超现实，进行非现实类比。

（五）案例分析题

1. 铁人三项是游泳、自行车和跑步三个项目相结合，只有完成游泳，才能进行自行车然后才能跑步。这三个项目是连续的，不能中断。某科技公司商业模式采用“硬件+新零售+互联网”三项相结合的方式。硬件产品主要包括：手机、电视、AI 音箱、生态链等；新零售包括：某科技商城、某科技之家以及某科技有品等；互联网服务则包括：内容、云服务、金融等。某科技公司是先靠硬件起家（手机、电视等），硬件产品通过新零售模式使得获客量大大增加，为某科技公司带来大量的流入量，进而某科技公司推出互联网服务，互联网服务又能增加客户的黏性，吸引更多的消费者来购买其硬件。所以某科技公司的硬件就好比是游泳，新零售就是自行车，而互联网服务就是跑步，三个板块是连续的，是相互促进的。没有硬件就不可能谈新零售，更不会有互联网服务，所以某科技公司就是将运动铁人三项的规定模式类比自己公司的产品运营，推出了自己独特的商业模式。

2. 某得公司通过调查发现由于顾客缺乏电动工具管理方面的技能，电动工具被盗和磨损等问题十分突出，从而给顾客造成巨大的损失。针对该公司顾客存在的问题，某得公司通过抽象化识别出该公司顾客需要的其实并非电动工具，而是电动工具的使用方法。由此，该公司利用类比思维联想到汽车租赁行业同样存在相似需求，汽车租赁公司通过车队管理和提供全套的汽车租赁服务，保证顾客所需价值而并非把汽车销售给顾客。当对价值主张抽象化后，某得公司可借鉴汽车租赁行业的租赁方法和收费方式，从而创新自身的商业模式。

3. 所谓类比思维，就是指在思维过程中把同类事物或同级事物的相同、相似、相反或有差异的方面加以对照区别，仔细研究、逐步分析，从而得出某种认识或结论的思维方式。在审计实务工作中，类比思维的应用非常广泛。本案例中审计人员通过对被审计单位三年一期的比较，发现该企业营业收入的波动较大，每年的收入增长比率均在100%以上，但营业成本的增长比率却在逐年下降，现金流量净额却是每年基本持平。审计人员发现该企业有虚增收入的嫌疑。然后对该公司进行进一步的审计，确实发现该公司有提前确认收入的情况。通过本例可见，类比思维对于我们审计工作至关重要，可以引导我们将最优质的审计资源配置到最有可能影响审计质量的地方，从而更加合理地贯彻风险导向审计的思想，进一步提高审计质量和审计工作效率。

第三节 归纳思维

一、归纳思维的整体框架

- 1. 归纳思维的含义
- 2. 归纳思维的形式
  - 完全归纳法
  - 不完全归纳法
    - 简单枚举法
    - 科学归纳法
- 3. 归纳思维的价值
  - 把握对象总体特征
  - 提高认知效率
  - 知识创新功能
- 4. 归纳思维的要求
  - 培养归纳思维意识
  - 熟练运用穆勒五法
  - 经验归纳与创新归纳并重
- 5. 归纳思维的四步法
  - 叙述
  - 分类
  - 整理
  - 归纳
- 6. 案例分析及课后习题
  - 案例分析
  - 训练习题

图 3.3 归纳思维框架图

二、什么是归纳思维（原理）

（一）归纳思维的含义

从特殊到一般，再从一般到特殊，是人们认识事物的基本途径。归纳和演绎就是实现上述途径的两种推理形式，也是两种基本的逻辑思维方式。从个别事实中概括出一般原理的思维就是归纳思维。它是一种由部分到整体、由特殊到一般的思维。例如，在一个平面内，直角三角形内角和是 180 度；锐角三角形内角和是 180 度；钝角三角形内角和是 180 度；直角三角形、锐角三角形和钝角三角形全部是三角形。所以，平面内的一切三角形内角和都是 180 度。这个例子从直角三角形、锐角三角形和钝角三角形内角和都是 180 度这些个别性知识，推出了“一切三角形内角和都是 180 度”这样的一般性结论，就属于归纳推理。

（二）归纳思维的形式

传统上，根据前提考察对象范围的不同，把归纳推理分为完全归纳推理和不完全归纳推理。完全归纳推理考察了某类事物的全部对象，不完全归纳推理则仅仅考察了某类事物的部分对象。并进一步根据前提是否揭示对象与其属性间的因果联系，把不完全归纳推理分为简单枚举归纳推理和科学归纳推理。

1. 完全归纳法

完全归纳推理是根据某类事物每一对象都具有某种属性，从而推出该类事物都具有该种属性的结论。其逻辑形式如下：

S_1 是 P

S_2 是 P

……

Sn 是 P

S_1，S_2，…，Sn 是 S 类的全部对象

所以，所有 S 都是 P。

例如，已知欧洲有矿藏，亚洲有矿藏，非洲有矿藏，北美洲有矿藏，南美洲有矿藏，大洋洲有矿藏，南极洲有矿藏，而欧洲，亚洲，非洲，北美洲，南美洲，大洋洲，南极洲是地球上的全部大洲，所以，地球上所有大洲都有矿藏。

完全归纳推理的特点是：在前提中考察了一类事物的全部对象，结论没有超出前提所断定的知识范围。因此，其前提和结论之间的联系是必然的。

2. 不完全归纳法

不完全归纳推理是根据某类事物部分对象都具有某种属性，从而推出该类事物都具有该种属性的结论。不完全归纳推理包括简单枚举归纳推理和科学归纳推理。

（1）简单枚举归纳推理

在一类事物中，根据已观察到的部分对象都具有某种属性，并且没有遇到任何反例，从而推出该类事物都具有该种属性的结论，这就是简单枚举归纳推理。

简单枚举归纳推理的逻辑形式如下：

S_1 是 P

S_2 是 P

……

Sn 是 P

S_1，S_2，…，Sn 是 S 类的部分对象，并且其中没有 S 不是 P

所以，所有 S 是 P。

例如，200 多年前，德国数学家哥德巴赫发现，一些奇数都分别等于三个素数之和。例如：

17＝3+3+11

41＝11+13+17

77＝7+17+53

461＝5+7+449

哥德巴赫并没有把所有奇数都列举出来（事实上也不可能），只是从少数例子出发就提出了一个猜想：所有大于 5 的奇数都可以分解为三个素数。这种推理方式就是简单枚举归纳推理。

要提高简单枚举归纳推理的可靠性，必须注意以下两个要求：

第一，枚举的数量要足够多，考察的范围要足够广。

第二，考察有无反例。

（2）科学归纳推理

科学归纳法是根据某类事物中部分对象与某种属性间因果联系的分析，推出该类事物具有该种属性的结论，也叫判断因果联系的归纳法。确定因果关系概括起来有求同法、差异法、共用法、共变法和剩余法五种方法。因这五种方法是由英国著名逻辑学家和哲学家穆勒提出的，所以也叫作穆勒五法。

科学归纳推理的逻辑形式如下：

S_1 是 P

S_2 是 P

……

S_n 是 P

S_1，S_2，…，S_n 是 S 类的部分对象，其中没有 S_i（$1\leqslant i\leqslant n$）不是 P；并且科学研究表明，S 和 P 之间有因果联系。

所以，所有 S 都是 P。

例如：

金受热后体积膨胀；

银受热后体积膨胀；

铜受热后体积膨胀；

铁受热后体积膨胀。

因为金属受热后，分子的凝聚力减弱，分子运动加速，分子彼此距离加大，从而导致膨胀，而金、银、铜、铁都是金属。

所以，所有金属受热后体积都膨胀。

关于确定因果关系的穆勒五法，我们一一来作解释。

①求同法

求同法的内容是：考察几个出现某一被研究现象的不同场合，如果各个不同场合除一个条件相同外，其他条件都不同，那么，这个相同条件就是某被研究现象出现的原因。

求同法可用下列公式表示：

场合一：A、B、C——a

场合二：A、D、E——a

场合三：A、F、G——a

……

所以A是a的原因。

例如，1960年，英国某农场十万只火鸡和小鸭吃了发霉的花生，在几个月内得癌症死了。后来，用这种花生喂羊、猫、鸽子等动物，又发生了同样的结果。1963年，有人又用发了霉的花生喂大白鼠、鱼和雪貂，也都纷纷得癌而死，在上述各种动物患癌症的前提条件中，对象、时间、环境都不同，唯一共同的因素就是吃了发霉的花生。于是，人们推断：吃了发霉的花生可能是这些动物得癌死亡的原因。后来通过化验证明，发霉的花生内含黄曲霉素，黄曲霉素是致癌物质。这个推断就是通过求同法得出的。

②差异法

差异法的内容是：比较某现象出现的场合和不出现的场合，如果这两个场合除一点不同外，其他情况都相同，那么这个不同点就是这个现象出现的原因。因这种方法是同中求异，所以又称之为求异法。

差异法可用下列公式表示：

场合一：A、B、C——a

场合二：B、C——

所以A是a的原因。

例如，100多年前，一艘远洋帆船载着五个中国人和几个外国人由中国开往欧洲。途中，除五个中国人外，其他人全病得奄奄一息。经诊断，他们都患有坏血病。同乘一艘船，同样是人，一样是风餐露宿，受苦挨饿，漂洋过海，为什么中国人和外国人却判若异类呢？原来这五个中国人都有喝茶的爱好，而外国人却没有。于是得出结论：喝茶是这五位中国人不得坏血病的原因。这个结论就是用差异法得出的。

差异法是求异除同。运用差异法进行比较的两个场合一定要只有一点不同，其他情况都相同。这种条件在通常情况下很少见，因而差异法常和实验直接联系。运用差异法应注意以下两点：

a. 运用差异法，必须注意排除除一点外的其他一切差异因素。如果相比较的两个场合还有其他差异因素未被发觉，结论就会被否定或出现误差。

b. 运用差异法，还应注意两个场合唯一不同的情况是被考察现象出现的全部原因还是部分原因。

③共用法

共用法又叫作求同求异并用法。它的内容是：如果某被考察现象出现的各个场合（正事例组）只有一个共同的因素，而这个被考察现象不出现的各个场合(负事例组）都没有这个共同因素，那么，这个共同的因素就是某被考察现象出现的原因。该法的步骤是两次求同一次求异。

共用法可用下列公式表示：

场合　先行情况　被研究现象

场合一：A、B、C——a

场合二：A、D、E——a

场合三：A、F、G——a

……

场合一：-B、C -

场合二：-D、E -

场合三：-F、G -

……

所以 A 是 a 的原因。

例如，某医疗队为了了解地方病甲状腺肿的原因，先到这种病流行的几个地区巡回调查。发现这些地区地理环境、经济水平都各不相同，但有一点是共同的，即居民常用食物和饮用水中缺碘。医疗队又到一些不流行该病的地区去调查。发现这些地区地理环境、经济水平也各不相同，但有一点是共同的，即居民常用食物和饮用水中不缺碘。医疗队综合上述调查情况后，认为缺碘是产生甲状腺肿的原因。后来对病人进行补碘治疗，果然疗效甚佳。这一结论就是通过求同法、差异法并用而得出来的。

应用共用法应注意以下两点：

第一，正反两组事例的组成场合越多，结论的可靠程度就越高。

第二，所选择的负事例组的各个场合，应与正事例组各场合在客观类属关系上较近。

④共变法

共变法的内容是：在其他条件不变的情况下，如果某一现象发生变化，另一现象也随之发生相应变化，那么，前一现象就是导致后一现象出现的原因。

共变法可用公式表示如下：

场合　先行情况　被研究现象

场合一：A_1、B、C——a_1

场合二：A_2、B、C——a_2

场合三：A_3、B、C——a_3

……

所以 A 是 a 的原因。

例如，一定压力下的一定量气体，温度升高，体积增大；温度降低，体积缩小。气体体积与温度之间的共变关系，说明气体温度的改变是其体积改变的原因。

应用共变法应注意以下几点：

第一，不能只凭简单观察，来确定共变的因果关系，有时两种现象共变，但实际并无因果联系，可能二者都是另一现象引起的结果，如闪电与雷鸣。

第二，共变法通过两种现象之间的共变，来确定两者之间的因果联系，是以其他条件保持不变为前提的。

第三，两种现象的共变是有一定限度的，超过这一限度，两种现象就不再有共变关系。

⑤剩余法

剩余法的内容是：如果某一复合现象已确定是由某种复合原因引起的，减去其中已确认有因果联系的部分，那么剩余部分也必有因果联系。

剩余法可用公式表示如下：

A、B、C 是复杂现象 a、b、c 的复杂原因，

已知 A 是 a 的原因，B 是 b 的原因，

所以 C 是 c 的原因。

例如，有一次居里夫人和她的丈夫为了弄清一批沥青铀矿样品中是否含有值

得提炼的铀，对其含铀量进行了测定。令他们惊讶的是，有几块样品的放射性甚至比纯铀的还要大。这就意味着，在这些沥青铀矿中一定含有别的放射性元素。同时，这些未知的放射性元素只能是非常少量的，因为用普通的化学分析法无法测出它们。量小放射性又那样强，说明该元素的放射性要远远高于铀。1898 年 7 月，他们终于分离出放射性比铀强 400 倍的钋。该元素的发现，应用的是剩余法。

应用剩余法应注意以下两点：

第一，确知复杂现象的复杂原因及其部分对应关系，不得有误差，否则结论就不可靠。

第二，复合现象剩余部分的原因，可能又是复杂情况，这又要进行再分析，不能轻率地下结论。

三、为什么要具备审计归纳思维（价值）

（一）对原有认知进行扩充和深化，把握对象总体特性

归纳思维通过由个体扩展到整体，由特殊推广到一般，突破了认知的限制，深化扩展了认知范围，有助于对事物总体一般特性的把握。对于审计工作人员来说，利用取得审计对象的零碎信息，通过归纳，可以得出该公司所处行业整体特性，对把握本公司的财务异常，降低审计风险有着重要的意义。

（二）总结经验，提高认知效率

归纳思维通过个体推论一般，通过部分认知全体，总结经验，能指导未来的工作，从而提高工作效率。对于审计人员来说，通过归纳思维，可以避免大量重复无效率的工作，透过现象看本质，对节约审计时间，提高工作效率有着莫大的帮助。

（三）归纳推理有知识创新功能，能推动现有理论的发展

归纳推理既是原有知识的深化和扩充，又是对未来理论的预测。在这个意义

上，我们认为科学归纳法是有知识创新功能的。审计师们在工作中如果能够很好地应用归纳推理，创新审计方法或者审计技巧，补充现有审计理论，就会对未来审计工作质量的提高有一定的指导意义。

四、归纳思维有哪些要求

要熟练掌握归纳思维方法，要求做到以下三点：

第一，培养归纳思维意识。

归纳思维是主动探究同类事务的共同特性或一般规律，是从个体到一般，通过部分认知全体的思维方式。审计人员对被审计单位进行审计时要善于运用归纳思维方式，能够“以点带面”，以小见大，对审计对象的整体情况进行评价。例如，在查阅被审计对象会计资料时，发现费用报销凭证缺少主管签字，企业大量采用现金进行结算等现象，审计人员就可以归纳推断企业内部控制可能不完善，可能有舞弊风险问题。

第二，熟练运用穆勒五法，发现因果关系，找到现象本质。

科学归纳推理主要特点是考察对象与属性之间的因果联系，以便探求事物的本质，发现事物的规律。对象与属性的因果关系则是进行归纳推理的关键。审计人员需要灵活运用“差异法”“共变法”等穆勒五法，在纷杂混乱的经济事务中找到因果关系，归纳出正确结论。当然，不完全归纳法由于考察的对象有限，其归纳的结论可能是或然的，要求审计人员进行更多的检验，根据检验结果不断修正前期的结论。

第三，经验归纳与创新归纳并重，提高工作效率。

专业领域的归纳方法包括经验归纳与创新归纳。所谓经验归纳就是学习他人的归纳经验，对相同或者相似对象进行考察，得出相同或相似的归纳结论。例如，针对高新技术企业的审计，研发费用归集不合理是高新技术企业存在的普遍问题，作为审计初学者就可以借用前辈的经验归纳提高认知效率。所谓创新归纳是通过对相同或者相似对象的考察，得出新的结论。创新归纳的结论必须是全新的，是他人未曾提出的。例如，针对首次投资比特币企业的审计，发现被审计单位的会计事务处理得五花八门，归纳得出数字货币的会计核算标准不统一的审计结论便是创新归纳的应用。随着归纳技能日臻熟练，审计人员应力争归纳创新，发现对象新的共同特征，以提高审计工作效率。

五、怎样运用归纳思维

用好归纳思维，要做好四步工作：

第一步是叙述。尽情地把自己对某审计对象可能存在审计风险点的见解、看法写出来。有时候也需要参考一下他人的见解和看法，以便让我们对审计风险点的叙述更加全面、更有说服力。

第二步是分类。对所收集的审计材料分门别类，把风险点相近或者相同的放在一起。

第三步是整理。整理工作又可以细分为三个小环节。首先，根据审计重要性水平对审计取得的材料进行取舍。其次，对审计材料进行层级划分。最后，给这些材料进行次序安排。

第四步是归纳。根据整理好的审计材料，运用穆勒五法进行归纳总结，得出审计结论。

六、归纳思维训练

案例一 孙思邈与脚气病

我国唐代著名医学家孙思邈对脚气病进行了研究。他发现富人患这种病的较多，穷人患这种病的很少。他通过进一步的观察、比较后发现富人的性格、脾气、身体状况、生活习惯等情况各有差别，但有一个共同点是吃去净米糠、麸皮的细面白面；穷人的情况也各不相同，但也有一个共同点，即吃的多是含有米糠、麸皮的糙米、粗粮。于是他得出结论：富人得脚气病是由于食物中缺少米糠、麦麸引起的。于是，他试着用米糠、麸皮来治脚气病，方法果真灵验。

思考：医学家孙思邈采用了什么归纳方法?

分析：

医学家孙思邈是通过科学归纳推理的求同求异并用法归纳得出结论的。他先找到富人存在的共同特性（正事例组），然后找到和富人不同的穷人存在的共同特性（负事例组），最后归纳得出富人患脚气病的原因。

案例二　上市公司毛利率归纳分析

表3.4为四家上市公司最近四期的毛利率情况。

表3.4　上市公司近四期的毛利率情况表（单位：%）

	2020-12-31	2021-3-31	2021-6-30	2021-9-30
某酒业公司	72.15	73.54	74.99	75.35
某房地产公司	29.25	20.41	22.94	22.10
某电器公司	26.14	24.43	23.74	24.13
某保险公司	0.00	0.00	0.00	0.00

思考：请查阅相关行业财务数据，采用归纳法分析：某酒业公司的毛利率是否过高？某保险公司毛利率是否过低？

分析：

表中列示了四家公司毛利率的情况，对比四家公司的毛利率数据，发现某房地产公司和某电器公司的毛利率均在20%—30%，而某酒业公司的毛利率在70%以上，某保险公司的毛利率则低至零。作为审计人员，不能直接得出某酒业公司毛利率过高和某保险公司毛利率过低等财务异常的结论，而要查阅同行业部分公司的财务数据，采用归纳总结的方法做进一步的分析。具体查阅的同行业部分公司财务数据如表3.5所示。

表3.5　白酒行业部分公司毛利率情况表（单位：%）

	2020-12-31	2021-3-31	2021-6-30	2021-9-30
A酒业	72.15	73.54	74.99	75.35
B酒业	91.41	91.68	91.38	91.19
C酒业	74.16	76.43	74.96	75.26
D酒业	83.05	86.04	85.67	86.30
E酒业	75.23	76.99	76.40	76.05

表 3.6　保险行业部分公司毛利率情况表（单位:%）

	2020-12-31	2021-3-31	2021-6-30	2021-9-30
A 保险	0.00	0.00	0.00	0.00
B 保险	0.00	0.00	0.00	0.00
C 保险	0.00	0.00	0.00	0.00
D 保险	0.00	0.00	0.00	0.00

根据表 3.5 显示的白酒行业部分公司毛利率情况，归纳可以得出白酒整个行业的毛利率在 70%以上。依据归纳结论，初步判断 A 酒业的毛利率并不过高。采用相同方法，可以归纳得出保险整个行业的毛利率均为零，A 保险的毛利率也不存在异常的结论。

七、归纳思维训练习题

（一）单选题

1. 陈某图便宜花 50 元买了双旅游鞋，穿了不到一个月鞋底就断了；不久，他按市价的几乎一半买了件皮夹克，结果发现原来是仿羊皮的。于是他得出结论：便宜无好货。陈某得出结论的思维方法，与下列哪项最为类似？（　　）

A. 李某是语文教师，他仔细地阅改了每一篇作文，得出结论：全班同学的文字表达能力普遍有所提高

B. 王某检验一批产品，第一件合格，第二件是次品，于是得出结论：这批产品不全合格

C. 美国挑战者号航天飞机失事的原因或是设备故障，或是操作失误，联邦调查局已经找到了操作失误的证据，因此得出结论：可以排除设备故障的原因

D. 吴某邻居家的小男孩，头上有两个旋儿，脾气很犟；吴某的小侄子，头上也有两个旋儿，脾气也很犟。吴某因此得出结论：头上有两个旋儿的孩子，脾气很犟

2. 人们早已知道，某些生物的活动是按时间的变化（昼夜交替或四季变更）来进行的，具有时间上的周期性节律，如鸡叫三遍天亮，青蛙冬眠春苏，大雁春来秋往，牵牛花破晓开放，等等。人们由此作出概括：凡生物的活动都受生物钟支配，具有时间上的周期性节律。以下哪项的论证手法与上面所使用的方法不同？（　　）

A. 麻雀会飞，乌鸦会飞，大雁会飞，天鹅、秃鹫、喜鹊、海鸥等也会飞，所以，所有的鸟都会飞

B. 我们摩擦冻僵的双手，手便暖和起来；我们敲击石块，石块会发出火花；我们用锤子不断地锤击铁块，铁块也能热到发红；古人还通过钻木取火。所以，任何两个物体的摩擦都能生热

C. 外科医生在给病人做手术时可以看X光片，律师在为被告辩护时可以查看辩护书，建筑师在盖房子时可以对照设计图，教师备课可以看各种参考书，为什么唯独不允许学生在考试时看教科书及其相关的材料

D. 张某是湖南人，他爱吃辣椒；李某是湖南人，他也爱吃辣椒；王某是湖南人，更爱吃辣椒。我所碰到的几个湖南人都爱吃辣椒。所以，所有湖南人都爱吃辣椒

3. 某国每年对全国吸烟情况做调查，结果表明：最近三年来，吸烟的中学生人数在逐年下降。于是，调查组的领导得出结论：吸烟的青少年人数在逐年减少。以下哪项如果为真，将使调查组领导所下结论不能成立？（　　）

A. 由于经费紧张，下一年不再对中学生做此调查

B. 香烟的价格在下降

C. 大部分吸烟的青少年都不是中学生

D. 近三年来，社会上帮助吸烟者戒烟的协会、组织在增加

4. 目前的大学生普遍缺乏中国传统文化的学习和积累。国家教委有关部门及部分高等院校最近做的一次调查表明，大学生中喜欢和比较喜欢京剧艺术的只占到被调查人数的14%。下列陈述中的哪一个最能削弱上述观点？（　　）

A. 大学生缺少京剧艺术欣赏方面的指导，不懂得怎样去欣赏

B. 喜欢京剧艺术与学习中国传统文化不是一回事

C. 14%的比例正说明培养大学生对传统文化的学习大有潜力可挖

D. 有一些大学生既喜欢京剧，又对中国传统文化的其他方面有兴趣

5. 据对一批企业的调查显示，这些企业总经理的平均年龄是57岁，而在20年前，同样地，这些企业的总经理的平均年龄大约是49岁。这说明，目前企业中总经理的年龄呈老龄化趋势。以下对题干的论证提出的质疑最为有力的是：（　　）。

A. 题干中没有说明，20年前这些企业关于总经理人选是否有年龄限制

B. 题干中没有说明，这些总经理任职的平均年数

C. 题干中的信息，仅仅基于有20年以上历史的企业

D. 20年前这些企业的总经理的平均年龄，仅是个近似数字

6. 我国多数企业缺乏“专利意识”，不懂得通过专利来保护自己的合法利益。相关部门最近对500家大中型企业专利工作的一次调查的结果表明，在科研或新产品规划时制订了专利计划的仅有26%。以下哪项如果为真，最能削弱上述论证？（　　）

A. 在被调查的500家企业以外，有一部分企业也制订了专利计划

B. 一些企业不知道应当怎样制订专利计划

C. 有不少企业申请了很多专利，但并没有制订专利计划

D. 制订了专利计划的企业不一定就牢固地树立了“专利意识”

7. 已知：$a_1+b_1=1$，$a_2+b_2=3$，$a_3+b_3=4$，$a_4+b_4=7$，$a_5+b_5=11$……则 $a_{10}+b_{10}=$（　　）。

A. 28　　　　B. 76

C. 123　　　　D. 199

8. 如图是今年元宵花灯展中一款五角星灯连续旋转闪烁所成的三个图形，照此规律闪烁，下一个呈现出来的图形是（　　）。

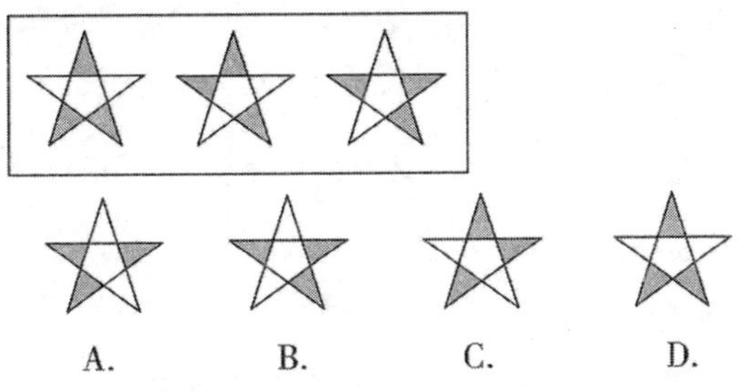

9. 下列结论能借助完全归纳推理得出的是（　　）。

A. 天下乌鸦一般黑　　　　B. 在24和28之间没有质数

C. 春夏秋冬，周而复始　　D. 龟背湿，阴雨兆

10. 根据图中给出的图形规律，下一个图形为：（　　）。

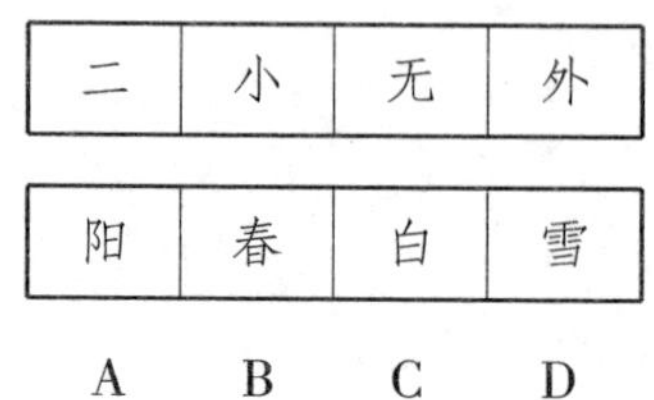

（二）多选题

1. 关于归纳思维的说法，不正确的有（　　）。

A. 将特定对象的特性推广到同类事物的其他对象上

B. 突破了前提所断定的范围，扩大了认识领域

C. 不会以偏概全

D. 归纳思维是在没有考察全体对象的情况下就对全体对象作出结论

2. 归纳思维的作用包括（　　）。

A. 通过有限个体，把握无限世界　　B. 总结经验，提高认知效率

C. 把握对象的一般规律　　　　　　D. 提出理论假设

3. 下列属于归纳思维的有（　　）。

A. 注册会计师看到被审计单位多笔销售收入没有对应的出库单，则怀疑其虚增收入

B. 注册会计师看到被审计单位存在原材料已入库，但由于未取得发票而未做账的现象得出该公司的会计核算不规范

C. 注册会计师发现被审计单位2018—2021年销售增长率分别为5.1%、5.2%、5.3%、5.2%，则认为被审计单位销售收入增长率一般为5%左右

D. 审计人员通过抽查被审计单位的费用报销业务的会计凭证，发现只有报销的费用单据，没有费用报销审批单，则认为被审计单位费用报销业务不够规范

4. 按照是否完全考察对象，归纳分为（　　）。

A. 完全归纳法　　B. 分步归纳法

C. 不完全归纳法　　D. 科学归纳法

5. 下列属于不完全归纳法的是（　　）。

A. 穷举法　　B. 简单枚举法

C. 科学归纳法　　D. 分解法

6. 下列属于完全归纳法特点的有（　　）。

A. 它的结论没有超出前提所断定的范围，结论中判断的对象集合与前提判断的对象集合相等

B. 它是一种必然性的推断方法

C. 它要求完全枚举出一类事物中的所有因子

D. 它不能用在具有无穷因子的类别中

7. 关于归纳思维的说法，正确的有（　　）。

A. 归纳思维容易以偏概全

B. 归纳思维是由特殊到一般

C. 归纳包括完全归纳和不完全归纳

D. 归纳思维突破了前提所断定的范围，扩大了认知范围

8. 下列属于穆勒五法的有（　　）。

A. 求同法　　B. 差异法

C. 共同法　　D. 剩余法

（三）判断题

1. 归纳思维是认知的一种拓展。（　　）

2. 不完全归纳法由于结果不是必然的，在严谨的科学研究中则很少采用。（　　）

3. 在不同的环境下，两个事物均出现，说明两个事物一定有因果关系。（　　）

4. 在审计中更多的是使用质疑思维，不需要归纳思维。（　　）

5. 简单枚举法的结论所断定的范围小于前提所断定的范围。（　　）

6. 求同法比剩余法可靠性更高。（　　）

（四）简答题

简述科学归纳法确定因果关系的五种方法。

（五）案例分析题

表 3. 7—表 3. 10 是一些上市公司的利润数据，请进行归纳总结。

表 3. 7　某医药集团利润数据

科目	2019 年度		2020 年度	
	金额（元）	结构比（%）	金额（元）	结构比（%）
营业收入	186565796464. 05	100. 00	191909156160. 88	100. 00
营业成本	159751669602. 13	85. 63	164473961224. 35	85. 70
销售费用	12855723141. 99	6. 89	12864843852. 81	6. 70
管理费用	4651573400. 28	2. 49	4731794293. 37	2. 47
研发费用	1349504051. 12	0. 72	1656670833. 68	0. 86

表 3. 8　某药业集团利润数据

科目	2019 年度		2020 年度	
	金额（元）	结构比（%）	金额（元）	结构比（%）
营业收入	44644476404. 16	100. 00	40378608107. 71	100. 00
营业成本	40736871644. 16	91. 25	37235801057. 28	92. 22
销售费用	1048411619. 03	2. 35	1034953006. 22	2. 56
管理费用	425435061. 47	0. 95	369481248. 71	0. 92
研发费用	44928354. 30	0. 10	51871336. 44	0. 13

表 3. 9　某网络公司利润数据

科目	2019 年度		2020 年度	
	金额（元）	结构比（%）	金额（元）	结构比（%）
营业收入	8509659748	100. 00	8524588604	100. 00
营业成本	2942232116	34. 58	3320586764	38. 95
销售费用	1633777585	19. 20	1536512656	18. 02
管理费用	1389010908	16. 32	959494789	11. 26
研发费用	1630127520	19. 16	1458677615	17. 11

表 3.10　某办公软件公司利润数据

科目	2019 年度		2020 年度	
	金额（元）	结构比（%）	金额（元）	结构比（%）
营业收入	1579520610.25	100.00	2260968393.13	100.00
营业成本	227765733.93	14.42	278134941.52	12.30
销售费用	344738048.45	21.83	482807656.63	21.35
管理费用	135696496.54	8.59	212541090.58	9.40
研发费用	598785660.65	37.91	710881894.57	31.44

问题：

1. 归纳上述四家公司所在的行业。

2. 归纳上述所涉及行业营业成本率，销售费用率和研发费用率的特点。

3. 根据表 3.11 和表 3.12 提供的财务数据，采用不完全归纳法，归纳旅游行业各季度营业收入的变化规律及分析年度营业收入的变化趋势。

表 3.11　四家旅游公司 2020 年分季度营业收入情况表（单位：万元）

	一季度	二季度	三季度	四季度
A 旅游公司	3732.97	6794.29	7763.01	11646.48
B 旅游公司	21586.68	20365.5	31545.75	107728.78
C 旅游公司	2749.22	6802.55	7545.18	8405.8
D 旅游公司	547.64	1812.84	7441.46	2790.61

表 3.12　四家旅游公司近五年年度营业收入情况表（单位：亿元）

	2016 年	2017 年	2018 年	2019 年	2020 年
A 旅游公司	8.00	7.3	8.86	8.64	2.99
B 旅游公司	14.60	16.21	22.60	28.79	18.12
C 旅游公司	4.86	5.56	5.73	6.06	2.55
D 旅游公司	1.26	1.42	1.79	1.88	1.26

参考答案

（一）单选题

1. D 2. C 3. C 4. B 5. C 6. C 7. C 8. A 9. B 10. A

（二）多选题

1. CD 2. ABCD 3. ABCD 4. AC 5. BC 6. ABCD 7. ABCD 8. ABD

（三）判断题

1. √ 2. × 3. × 4. × 5. × 6. ×

（四）简答题

确定因果关系概括起来有求同法、差异法、共用法、共变法和剩余法五种方法。因这五种方法是由英国著名逻辑学家和哲学家穆勒提出的，所以也叫作穆勒五法。

①求同法

求同法的内容是：考察几个出现某一被研究现象的不同场合，如果各个不同场合除一个条件相同外，其他条件都不同。那么，这个相同条件就是某被研究现象出现的原因。

②差异法

差异法的内容是：比较某现象出现的场合和不出现的场合，如果这两个场合除一点不同外，其他情况都相同，那么这个不同点就是这个现象出现的原因。

③共用法

共用法又叫作求同求异并用法。它的内容是：如果某被考察现象出现的各个场合（正事例组）只有一个共同的因素，而这个被考察现象不出现的各个场合（负事例组）都没有这个共同因素。那么，这个共同的因素就是某被考察现象出现的原因。该法的步骤是两次求同一次求异。

④共变法

共变法的内容是：在其他条件不变的情况下，如果某一现象发生变化，另一现象也随之发生相应变化。那么，前一现象就是导致后一现象出现的原因。

⑤剩余法

剩余法的内容是：如果某一复合现象已确定是由某种复合原因引起的，减去其中已确认有因果联系的部分。那么，剩余部分也必有因果联系。

（五）案例分析题

1. 上述四个公司所在的行业分别是医药行业和软件开发行业，其中某医药集团和某药业集团为医药行业，某网络公司和某办公软件公司为软件开发行业。

2. （1）医药行业的成本率较高，根据上述两个公司的成本率情况可归纳为医药公司成本率在80%以上，毛利率较低，基本在20%以下。由于毛利率较低，所以该行业的期间费用占比相对较低。但医药公司的销售费用占比和自身的管理费用占比、研发费用占比相比还是较高的，由于该行业经常进行大量广告宣传，导致销售费用占比相对其他费用而言还是较高的。

（2）根据上述两个软件公司成本率可归纳得出软件开发行业的成本率大大低于医药行业的营业成本率。成本率低意味着该行业毛利率高。再看其销售费用、管理费用和研发费用占比，和医药行业相比，可得出该行业费用占比相对医药行业来说较高。由于其成本率低，则该行业可支撑较高的期间费用占比。再看费用占比明细，软件行业期间费用占比中最高的是研发费用，某办公软件公司的研发费用占比则高达30%。由于该行业需要进行大量的软件开发，研发费用占比较高是正常合理的。

3. 从表3.11可以看到，四家旅游公司营业收入均是一季度收入最低，除D旅游公司是三季度收入最高外，其余三家均是四季度收入最高。通过四家公司的财务数据，可以归纳得出旅游公司收入具有季节性。三季度或者四季度是旅游旺季，而一季度是旅游淡季。

从表3.12可以看到，四家公司的营业收入从2016年到2019年总体呈上升趋势，2020年收入急剧下降。通过四家公司年度收入的总体趋势，可以归纳得出近几年随着人们收入水平的提高，人们的精神生活也越来越丰富，旅游行业自然呈现持续快速的增长趋势。

第四章

企业合规师的审计系统思维

审计系统思维是执行审计活动过程中提升工作效率的思维习惯与方式。审计系统思维包括提升思维高度的审计**整体思维**，拓宽审计思维广度的审计**结构化思维**，保证审计精准度的**准则—标准化思维**，以及“借力打力”“四两拨千斤”的审计**杠杆思维**。学好、练好并主动运用好这类思维，对企业合规师提升专业能力具有重要意义，对个人职业素质的提升很有帮助。这种思维能力的训练与提升的巨大意义，不仅表现在审计领域，同时会体现在你的工作、生活的方方面面。本章从系统角度讨论审计工作所应具备的能力拓展性思维方式。

本章联系思维导航

整体思维	结构化思维	准则—标准化思维	杠杆思维
本节重要性 审计思维的高度	本节重要性 审计思维的广度	本节重要性 审计思维的准度	本节重要性 审计思维的力度
核心要点： 整体思维的价值 应用审计整体思维 整体思维能力训练	核心要点： 结构化思维的含义 结构化思维的要求 结构化思维能力训练	核心要点： 准则思维的重要性 准则—标准化思维的要求 怎样应用标准化思维	核心要点： 杠杆思维的价值 怎样运用杠杆思维 杠杆思维能力训练

第一节　整体思维

一、整体思维的框架

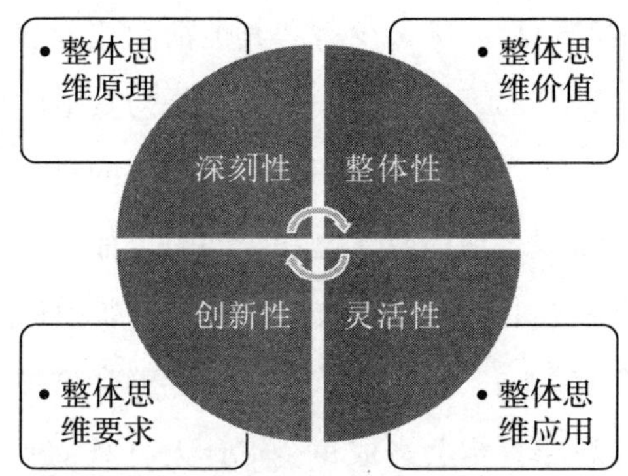

图 4.1　整体思维在企业财务分析与财务审计中的应用框架

二、什么是整体思维（原理）

整体思维是指把所要研究的对象看成一个完整的整体，把注意力和着眼点放在问题的整体结构上，从整体上把握全局，明确条件与结论之间的内在关系与本质内涵，选准解决问题的方向与策略。

整体思维把世界看作一个整体。整体包含许多部分，各部分之间有着密切的联系，因而构成一个整体。要了解整体中的各部分，必须先了解整体。在整体思维活动中，人们的认识往往是从整体到部分，对整体了解得越多，对部分了解得也就越多。

三、为什么要具备审计整体思维（价值）

第一，作为企业合规师，需要增强整体意识，在工作中根据被审计企业的业务特点，要有整体思维，思考不同财务数据之间可能的联系，并与负责相关审计工作的同事合作。把审计工作、审计业务、被审计事项当成一个整体，胸怀全局，脚踏实地，一步一步做好本职工作。

第二，在审计工作中，审计小组接到任务，一般是分工审计，按各人审计经验的多少分科目进行，经验少的审货币资金、期间费用类科目，经验多的负责资产、往来、负债类科目，经验更丰富的，负责收入、成本审计。每个人仅干自己的活，对于其他业务的了解则很少。

但是，企业的日常经营活动则很少有和其他活动完全独立的活动，表现在财务数据上，每一条财务记录都不会是独立的，而是与其他的记录有着实质上的联系。企业的财务记录一定是一个相互之间有联动关系的整体。

例如，企业销售产品，表现为收入增加，同时也往往发生运输费用（销售费用变化）。同时，应交税费科目会有变化，另外，假如销售人员的奖金与销售挂钩，则应付职工薪酬会有影响，应收账款或银行存款会增加。

因此，分科目审计思路肯定会造成每个审计人员对企业只了解到局部，一些整体信息、重要线索则可能被遗漏，从而导致审计工作无效甚至审计失败。

第三，整体思维倡导从系统内部诸要素之间、整体与部分之间、系统与环境之间的辩证关系去考察和探究对象，从事物的普遍联系来认识和理解对象，以获得对事物的整体把握，对被审计单位财务状况、经营成果和现金流量情况进行整体观察认识，从而避免在现实中犯“只见树木，不见森林”的错误。当然，对于每棵树木的深度探究也是必须完成的工作。

四、审计整体思维有哪些要求

一是要从整体出发，进行系统分析。

了解部分，分析结构，研究联系，把握功能，弄清历史。特别要注意全局和局部的有机联系，系统内部和外部的相互关联、相互影响和相互制约关系。审计人员在观察、分析和解决问题时，不仅要重视单元的作用，更要重视系统整体效应的优劣。

古希腊的亚里士多德说过：“整体大于部分之和。”我们常说的，1+1>2，都是强调要具备整体思维，不能“头痛医头，脚痛医脚”。

二是以系统论为指导，树立全局观念。

“跳出审计看审计，放眼审计看审计”，不能就审计论审计，“只见树木，不见森林”。在审计工作思路上，着眼于促进经济社会发展大局来考虑审计工作的可持续发展，最大限度地发挥好审计效应，不能一审了之。还要善于抓住“牛鼻子”。系统论认为，在一定条件下，系统各组成部分相互作用，某一部分可成为控制中心，起关键作用。因此，这就要求审计人员在掌握全局的基础上，突出重点，抓大放小，必须加大对重点领域、重点资金、重点项目、重点环节的审计力度和深度，不能面面俱到，防止四面出击而力不从心，事倍功半。

系统是指将零散的东西进行有序的整理、编排形成的具有整体性的整体。

系统的主要特征包括：

（1）集合性。系统是由两个或两个以上可以相互区别的要素（或子系统）组成的，单个要素不能构成系统。

（2）相关性。系统内每一要素（子系统）相互依存、相互制约、相互作用而形成了一个相互关联的整体。

（3）目的性。系统表现出的某种特定功能。一个系统可能有多重目的性。

（4）层次性。一个复杂的系统由许多子系统组成，子系统可能又分成许多子系统，而这个系统本身又是一个更大系统的组成部分，系统是有层次的。

（5）环境适应性（耦合性）。系统所具有的随外部环境变化相应进行自我调节以适应新环境的能力。

（6）动态性。系统通过与环境进行物质、能量、信息的流通实现交流。物质、能量、信息的有组织运动，构成了系统活动的动态循环。

五、怎样应用审计整体思维

一是要有全局意识、联系思维。

结合企业的各个科目，全面实施对企业的财务记录审计，查出问题，发现线索。例如，在审计某上市公司业绩时，从公布的财务数据来看可谓业绩“高、大、上”（即利润高，增幅大，排名上），前景诱人。然而真实情况却是，企业为了粉饰业绩，从采购到生产再到销售搞了个“一条龙”造假。审计人员经过整体排查分析，发现该公司虽然造假造得很全面，但是其水电费却并没有增加，这显然违反常识，因此通过延伸到水电费一起审计，就轻易发现了其中的问题。

又如，审计时发现线索：有企业本年收入增加，但是期间费用增加的比例要远超收入增加比例，这是为什么？有什么内情？

如果没有整体思维，仅对期间费用进行细节测试，可能并不能发现什么，但是如果审计师得知企业销售人员的工资并没有增加多少这一情况，也就是横向联系到关联信息，就可以发现，实际上企业将发给销售人员的工资计入了期间费用，其目的是避免员工高额的个人所得税。

二是要有整体思维、循环审计。

为了避免片面审计，在审计实务中应该按照业务循环来开展审计工作。一般把企业的业务循环在整体上分为收入—应收循环，采购—应付循环，生产循环，货币资金循环。例如，某员工负责收入—应收循环，则跟收入有关的主营业务收入、应收账款、应收票据、预收款项等一系列科目均由该员工统一负责。

仅有循环审计也不是根治之道。只要有分工就有割裂，就一定会有信息共享不及时、不完全的情况发生，所以需要引入审计交流机制，加强不同模块负责人之间的沟通交流。同时，注册会计师要增强整体意识，锻炼整体思维，在审计中根据企业的业务特点，多从全局的高度思考不同财务数据之间可能存在的联系，提升自己发现问题、解决问题的能力。

三是要主动、自觉地训练自己的思维技能。

思维是一种技能，是长期“练习”的结果，如自我心理暗示技术。技能需要特定的“练习”才能形成，在一个专业领域苦练10000个小时，才能在该领域有所成就。

六、整体上提升自己的思维品质

综上所述，整体思维是企业合规师应当具备的思维模式之一，自觉锻炼整体思维能力，有助于提升自己的思维品质。推而广之，企业合规师更应当自觉意识到高水平思维品质的重要性。具体表现为思维的四大特征：深刻性、整体性、创新性和灵活性。

（1）思维的深刻性。看问题看本质，看变化，看发展。

（2）思维的整体性。看事物看整体，看全面，看联系。

（3）思维的创新性。想问题想差异，想点子，想突破。

（4）思维的灵活性。干事情会适应，会变通，会成事。

七、整体思维训练习题

（一）单选题

根据图 4.2 所示信息，整体审计企业财务状况，并逐一回答以下问题：

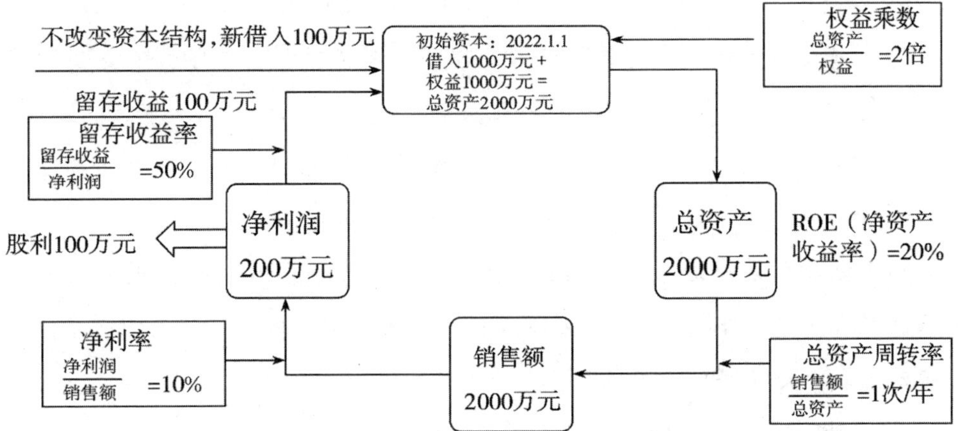

图 4.2 整体思维在 A 企业财务分析与财务审计中的应用

1. A 公司的财务杠杆表现为总资产是自有资本的倍数，本例中是（ ）倍。

A. 1　　B. 2

C. 3　　D. 4

2. A 公司的总资产运营效率表现为一年中实现的总产出与总投入之比的倍数，本例中是（ ）倍。

A. 1　　B. 2

C. 3　　D. 4

3. A 公司每销售百元，扣除成本、费用、税金及各项损失后还能剩余（ ）元。

A. 10　　B. 20

C. 30　　D. 40

4. A公司每实现净利百元，扣除给股东的分配后还能剩余（　　）元。

A. 30　　B. 20

C. 50　　D. 40

5. 系统的功能与各要素功能的机械组合和单纯相加并不等同，系统会突显出新的特性与功能，而这些新特性、新功能是各要素所不具备的。这句话说的是系统的（　　）特征。

A. 整体大于部分之和　　B. 层次性

C. 开放性　　D. 功能耦合性

6. 系统受到干扰后，能够通过系统内部的调节机制，"自动恢复"稳定状态。这句话说的是系统的（　　）特征。

A. 整体大于部分之和　　B. 层次性

C. 开放性　　D. 功能耦合性

7. 高层次的系统是由若干低层次子系统相互配合、作用构成的，具备低层并未拥有的性能；而低层子系统从属于高层，同时受到高层次系统的约束。这句话说的是系统的（　　）特征。

A. 整体大于部分之和　　B. 层次性

C. 开放性　　D. 功能耦合性

8. 一名外国游客到北京旅游。他要么上午出去游玩，下午在旅馆休息；要么上午休息，下午出去游玩，而下雨天他只能一天都待在屋里。其间，不下雨的天数是12天，他上午待在旅馆的天数为8天，下午待在旅馆的天数为12天。他在北京共待了多少天？（　　）

A. 16天　　B. 20天

C. 22天　　D. 24天

（二）多选题

1. 审计整体思维的要求，包括（　　）。

A. 从整体出发　　B. 进行系统分析

C. 以系统论为指导　　D. 树立全局观念

2. 审计整体思维的特征，包括（　　）。

A. 深刻性　　B. 整体性

C. 创新性　　D. 灵活性

3. 系统是相互联系、相互作用着的诸元素的集成统一体，它是处于一定的相互关系中并与环境发生关系的各个组成部分的总体。系统的特性包括（　　）等。

A. 整体大于部分之和　　B. 层次性

C. 开放性　　D. 功能耦合性

（三）判断题

1. 整体思维，是指把所要研究的对象看成一个完整的整体，把注意力和着眼点放在问题的整体结构上。（　　）

2. 审计小组接到任务，一般是分工审计，按各人审计经验的多少分科目进行，经验少的负责收入、成本审计，经验多的负责资产、往来、负债类科目，经验更丰富的，审货币资金、期间费用类科目。（　　）

3. 审计小组接到任务，一般是分工审计，按各人审计经验的多少分科目进行。经验少的负责货币资金、期间费用类科目；经验多的负责收入、成本审计；经验更丰富的，负责资产、往来、负债类科目。（　　）

4. 只要有分工就有割裂，就一定会有信息共享不及时、不完全的情况发生，所以需要引入审计交流机制，加强不同模块负责人之间的沟通交流。（　　）

5. 思维的深刻性指的是看问题干事情会适应，会变通，会成事。（　　）

6. 思维的整体性指的是看事物想问题想差异，想点子，想突破。（　　）

7. 整体性原理是系统论最重要的原理，整体不可分原理意指只有在整体中才能体现出部分的意义，因此有机体具有很强的整体不可分性，要素一旦离开整体便立即失去其作为整体之部分的特性和功能。（　　）

8. 组成系统的各部分之间相互联系、相互作用，一旦部分和整体分离，便不能复原或不能完全复原，了解部分并不代表了解了系统。（　　）

9. 系统的有机性越高，整体性越强，这种功能耦合度就越大，形成的系统

就越稳定。（ ）

10. 对于已经形成功能耦合的系统，每个环节都有它的重要意义。只要一个环节脱节，系统活动就会中断，一个环节薄弱，即成“瓶颈”，就会影响整体的功能和效应。（ ）

（四）简答题

1. 运用整体思维思考并回答以下问题：

三个大学生结伴出去旅行，傍晚到一家旅馆住宿，老板向每人收了10元钱，后来老板想了想，觉得大学生出门在外不容易，便叫伙计给大学生退回5元钱。伙计去送钱，心想：5元钱给三人又不好分，不如退给三个大学生每人1元，自己留下2元。送完钱后伙计无意间琢磨，三个大学生每人实交了9元，计27元，加上自己留下的2元合计29元，而总数为30元，怎么会少了1元钱呢？

2. 运用整体思维思考并回答以下问题：

一个老板进一双鞋27元，卖30元。一顾客买一双付了100元。老板找不开零钱，就找邻店换了100元零钱。后来邻店说那100元是假的，便换回100元。请问鞋店老板亏了多少钱？

（五）案例分析题

请运用整体思维进行酒店空间布局设计。

假设你是一家商务酒店的设计师，现在面临的任务是怎样进行公共空间布局，摆放餐饮空间、商务会议空间、康乐空间等各个系统，使其成为一个酒店公共空间整体，形成新的系统空间，实现整体大于部分之和的效果。

问题：

1. 一家商务酒店的整体设计，应该考虑到哪些整体？

2. 如果设计师仅仅突出某一个局部功能，而忽略了整体设计，会出现什么后果？

3. 请根据以上案例的分析结果概括总结整体思维的基本原理与方法。

4. 根据以上案例的分析结果概括总结整体思维原理与方法在酒店空间设计上的应用。

参考答案

（一）单选题

1. B　2. A　3. A　4. C　5. A　6. D　7. B　8. A

（二）多选题

1. ABCD　2. ABCD　3. ABCD

（三）判断题

1. √　2. ×　3. ×　4. √　5. ×　6. ×　7. √　8. √　9. √　10. √

（四）简答题

1. 事实上，只要能跳出伙计的思维模式，从总体上抓住问题的实质，问题就可迎刃而解。三名大学生交的总钱数为 9×3＝27 元，而不是原先的 30 元（这就是导致错误想法的原因），其中 25 元交给老板，2 元被伙计留下，事实就是这样简单。伙计思考时不仅把总钱数弄错，还把自己私吞的 2 元钱重复加到实际总钱数 27 元上，然后与已经跟事实毫无关系的 30 元进行比较，产生少了 1 元钱的疑惑纯属庸人自扰。

这则故事给我们的启发是：拆分解散、化整为零虽然是解决一般问题的常见思路，但有时对于某些问题并不适用，此时若能从整体入手，把握问题中各部分、各因素、各数量间的联系，就可以发现简捷的解决途径。在数学解题中，这样的策略较为常见，即从全局整体思考，往往会收到奇效。

2. 整体思维，老板亏损的就是那位顾客赚到的，一双鞋子，进价 27 元，加上找零 70 元，共 97 元。

（五）案例分析题

1. 这个整体涉及酒店方方面面，包括：空间整体、环境整体、结构整体、材料整体、造型整体、设备整体等。

如果仅仅突出一个功能空间的华丽而忽略了其他公共空间，则会严重破坏整体观感。

2. 例如，酒店大堂设计得华丽气派，但是如果交通空间组织混乱，就会让顾客摸不着头脑；又如，交通空间组织合理，但用餐空间简陋、拥挤、不够人性化，无法满足顾客的使用需求；再如，假设餐饮空间服务还是到位的，但是大堂空间设计上无序混杂，就会给第一次进入酒店的客人留下恶劣的印象。

3. 整体性是系统最为鲜明、最为基本的特征之一，它是由若干要素（如酒店的餐饮空间、商务会议空间、康乐空间）按某种方式组成的、具有新功能特点的有机整体，要素与要素之间并非简单叠加，而是整体大于部分之和。

整体思维就是不希望片面地、割裂地认识部分，从而脱离了系统这个整体。

如果想将一个系统分析清楚，需要先对整体进行分解，再将这些部分综合成一个新的优化了的整体。

从宏观上看，无论是自然、人类社会还是思维领域，整体思维都要强化要素与要素、要素与整体之间相互关系和相互作用的分析研判，通过要素有机优化组合，达到整体质量质的飞跃，而不是每个构成要素的单个属性的线性加和，也就是说，当要素构成一个系统整体时，就具备了原独立要素所不具备的新特征和功能。

4. 在对酒店公共空间系统进行研究和设计时，如果过多地放大某一个空间的作用，其结果反而对酒店公共空间功能没有太大提升，甚至越来越无序。

酒店公共空间不是走道、过厅，房间、庭院的简单叠加，即使每个功能房间设计得很华丽，但若整体空间布置无序，也不算是好的公共空间设计；而即便是普通的空间要素，整体上协调反而能产生更好的空间效果。

第二节　结构化思维

一、结构化思维的框架

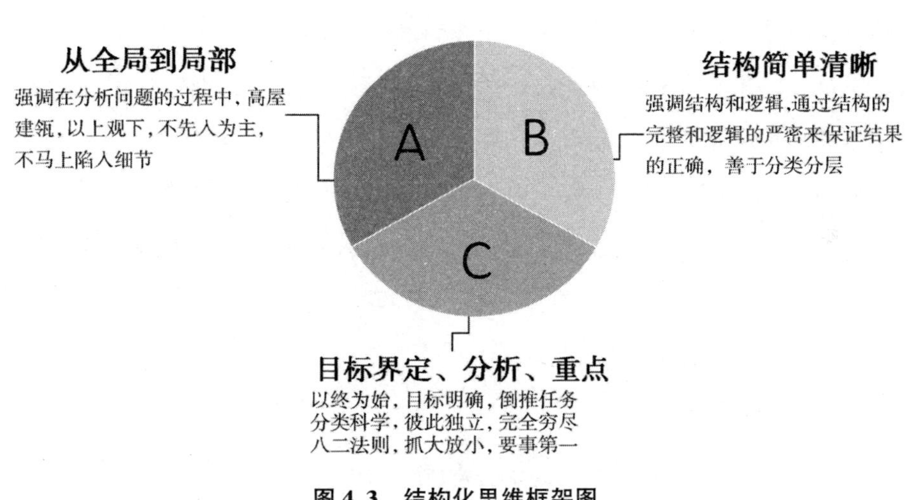

图 4.3　结构化思维框架图

二、什么是结构化思维（原理）

结构化思维，是指一个人思考、分析和解决问题的范式和流程。例如，一名象棋高手善用结构化思维，即脑中有图形，对走棋以后的局面、态势有预测，对可能的变化有对策，对未来的局面有把握。

熟练掌握结构化思维的人，在面对需要解决的问题时，不急于陷入具体问题，而是先运筹帷幄，站在更高的维度对问题进行正确的界定，想明白、列清楚构成问题的组成要素，并对要素进行合理分类，抓大放小找关键，排除非关键分类，对重点分类进行分析，在充分细致分析的基础上寻找对策，制订行动计划。

结构化思维的要点就是对问题的理解和分析，做到对问题、对任务能透彻认识，合理分解，充分联想，展现思路，抓到线索，拓宽视野，突出关键，表述清晰，方法得当，稳妥行动。

三、为什么要具备审计结构化思维（价值）

第一，作为审计人员，需要增强结构化意识，在接受委托任务后，不要忙于具体细节，而是首先根据被审计企业的业务特点，对受托任务进行深入研究，合理分类。然后，针对各类任务进行透彻分解，形成工作计划，抓住关键环节，开展审计活动。

第二，在审计工作中，不论是实施审计程序，还是出具审计意见，均需具备结构化思维。以出具非标准审计报告为例，应把握出具非标准审计报告的两大原因：一是发现重大错报，二是审计程序受限。

①依照猎取的审计证据，得出财务报表整体存在重大错报的结论；

②无法猎取适当、充分的审计证据，不能得出财务报表整体无重大错报的结论；

③标的事项都必须是重大。

具体如表 4.1 所示。

表 4.1　审计事项的性质分析

事项的性质	重大（不广泛）	重大（广泛）
财务报表存在重大错报	保留意见	否定意见
无法猎取充分、适当的审计证据	保留意见	无法表示意见

只有按着结构化思维进行合理分类，才能在总体上把握给出的审计意见的正确性。

第三，结构化思维是将零散的思维用一个框架整合起来，让复杂问题简单化，隐藏问题显性化，看透了问题也就有了解决问题的方案。审计业务千头万绪，审计人员应当胸有大局、高瞻远瞩，同时又脚踏实地地投入工作。长期进行结构化思维训练，可以提升统筹规划和战略布局思维能力。

四、结构化思维有哪些要求

要熟练掌握结构化思维方法，必须做到以下三点：

一是学会逆向思维。

首先让思维到终点，定义问题（或目标），列举所有可能的答案（或道路），然后运用排除法，找出相对最优解（最近的道路）。由于思考环境都带有一定的不确定性，在正向推进思维时会因思维过于发散而难有结果；而通过结果逆推的思考方式可以一步步缩小选择范围，最终使我们的思考聚焦于那些最有利于达到目标的方面。以下棋开局为例，顺向思维是在选择开局时，按照自己的喜好拿起棋子就走，如上来就架起中炮。这样只顾自己不考虑对手，一般是犯了兵家之大忌，而应该“知己知彼，百战百胜”，有针对性地下出第一手棋，系好全局的“第一粒扣子”。结构化思维要兼顾各种开局类型，如起马局、仙人指路、飞相局等，使我们的思考聚焦于最有利于战胜对手的方面，对手如果棋风幼稚，我方则可大胆启动马炮局；对手如果棋风老辣稳健，我方则应以静制动，试探性走仙人指路，投石问路，最终打拼残局功夫，这就是结构化逆向思维的妙用。

二是学会 3P（Purpose，Principle，Process）原理。

Purpose——目的，做一件事首先考虑其意义目的，为什么做？不做的损失或代价何在？意义目的明确后，确定是否有实现其目的的方法。

Principle——原则，完成任务需要遵循哪些原则？根据这些原则相应选择哪些流程和方法？

Process——流程，要实现最终的目标和结构，需要配置哪些资源？应该如何匹配时间和资源？

在头脑中要反复熟记 3P，见图 4.4。

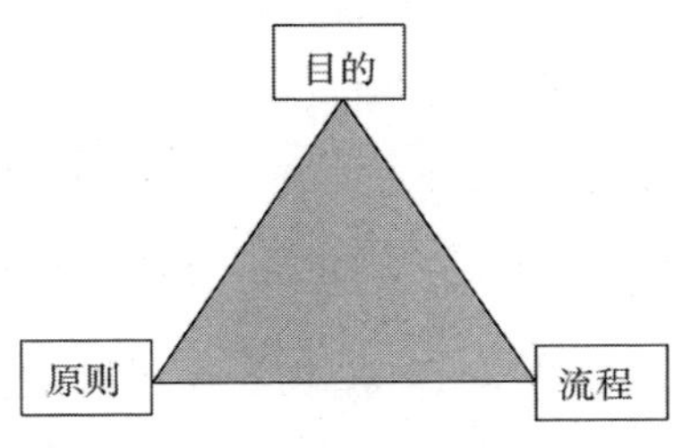

图 4.4　目的—原则—流程 3P 图

三是掌握结构化思维的三种定位。

在事物的发展过程中，原因、决策、计划涵盖时间维度的过去、现在与未来，针对三种时间状态，可以概括为“视角多元性、影响跨期性、层级互适性”。视角多元性要求看问题要全面，多角度、多维度地分析问题；影响跨期性要求具备发展的眼光和纵横思维力，自觉培育历史观，开拓横向比较思维能力；层级互适性要求认识到，不同的人具有不同的思维，应有同理心，学会换位思考本领。

五、怎样应用结构化思维

一是要熟练运用3P思维指导日常工作。

首先是目的要明确，事先想好终点的样子，要达到的效果，紧扣做这件事的意义，也就是要做有意义的事。不断地问自己，为什么要做一件事情？完成这件事情有什么价值和意义？如果没有意义，为什么我们要花费时间去做？确定有价值、有意义了，再想好有什么办法可以实现这个目的？怎样衡量目的是否达到了？

然后就是做这件事的指导原则是什么？怎么切入？用什么方法？做事要有章法，有打法，有套路，而不是想打哪里打哪里，要先开枪后瞄准，若“东一榔头西一棒槌”，势必事倍功半。

二是要有务实精神，运用结构化思维解决实际问题，切忌泛泛而谈。

例如，加强审计风险控制，泛泛而谈谁都可以说，但什么样的审计风险才算高风险，有没有具体的标准？抽样审计到什么密度？还是全面审计？有什么好办法可以确保掌控不同单位的审计风险？有什么具体措施？

三是要自觉运用结构化思维的三步曲：确定目标—资源分析—制订计划。

以房屋装修为例：

确定目标——决定装修方案；

资源分析——需要哪些材料，需要多少人，用多少预算，花多长时间来完成；

制订计划——装修过程管理，什么时间买哪些材料，材料进场时间，开工时间，中间验收时间，终验时间，最终验收时间等。

当然，一套房子的装修，相比企业经营遇到的问题要简单得多。那么，如何应用结构化思维的方式来解决这些复杂问题呢？当问题复杂时，“确定目标”本身就是一个问题。这时，首先要思考的问题是：我的目标是什么？为什么制订这个目标？这个思考过程就是“结构化的再结构化”。

例如，“提高利润”是许多企业的目标，但深入分析后发现，“提高利润”有多种方法：增加收入、提高售价、降低成本、节约费用、纳税筹划、减少损耗，我们要明确企业将采用哪种方式方法来“提高利润”，然后才能确定目标。因此，增加收入、提高售价、降低成本、节约费用、纳税筹划、减少损耗其中的一个才是方案的起点。当然，也有一种情况是若干方法组合而成的一个综合性目标。

确定了目标以后，在下一步分配资源时发现，每一个子目标的实现都在占用资源，而资源总量是有限的，这时如何去分配资源呢？在资源紧缺时，可再次运用结构化思维进行合理分类，将若干目标分成四大类：重要而紧急、重要而不紧急、紧急而不重要、不紧急也不重要。资源的分配方向一般是：重要而紧急优先，紧急而不重要次之，其次是重要而不紧急，不重要也不紧急的最次。先完成紧急的工作，可以使资源快速释放，再投入下一个工作当中。相当于一场战役中，先完成战斗任务的部队经过快速整训，可以马上顶上去，去支持全局中最紧要最艰苦的战斗。而且，当部分工作完成后，这部分工作的成果可以转换为下一阶段工作的资源，如缴获的武器装备可以作为接下来战斗的坚强支撑，那么后边的工作（战斗）就会越来越轻松。

四是不仅要训练结构化思维，还要掌握结构化表达能力。

结构化的书面表达的技巧可以概括为四个方面：TOPS，其中，T——Targeted，即有的放矢；O——Over-arching，即贯穿整体；P——Powerful，即掷地有声；S——Supportable，即言之有据。具备结构化思维和表达能力的人，就比不具备的人更具有工作能力和水平。例如，试读一下秘书向领导请示的这段话：

“李总来电话说他 3 点钟不能参加会议。王总说他不介意晚一点开会，把会放在晚一两天开也可以，但 10 点半以前不行。魏总的秘书说，魏总明天较晚时间才能从深圳赶回来。会议室明天已经有人预订了，但星期四还没有人预订。会议时间定在星期四的11点似乎比较合适。您看行吗?”

听完这个秘书的陈述，估计脾气再好的领导也会急躁甚至暴躁起来，因为秘书的表达实在是杂乱无章。

而高水平思路清晰的秘书，对同样问题的表述是这样的：

“我们可以将今天的会议改在星期四的11点开吗？因为这样对李总和王总都会更方便，魏总也可以参加，并且本周只有这一天会议室还没有被预订。”

听完这位秘书的汇报，估计领导会神清气爽，因为秘书的表达有条有理，思路清晰，结构简洁分明。可见学会结构化表达有多重要。

五是不仅要训练结构化思维，还要掌握结构化展示的能力。

结构化展示，技巧在于善于运用图形来展示思想，包括概念图、数据图和比喻图等。正所谓“无图无真相”，一幅精心设计的图形，往往胜过千言万语，所以要勤于画图，善于构图，长于画图。

具备结构化思维和展示能力的人，就比不具备的人更善于抓住问题的本质，能更好地解决工作中的难题。尤其是善于作图展示的，更会事半功倍。例如，要想讲清楚什么是归纳法？什么是演绎法？二者的区别是什么？可以用一张“打草惊蛇”的示意图进行展示，参见图4.5：

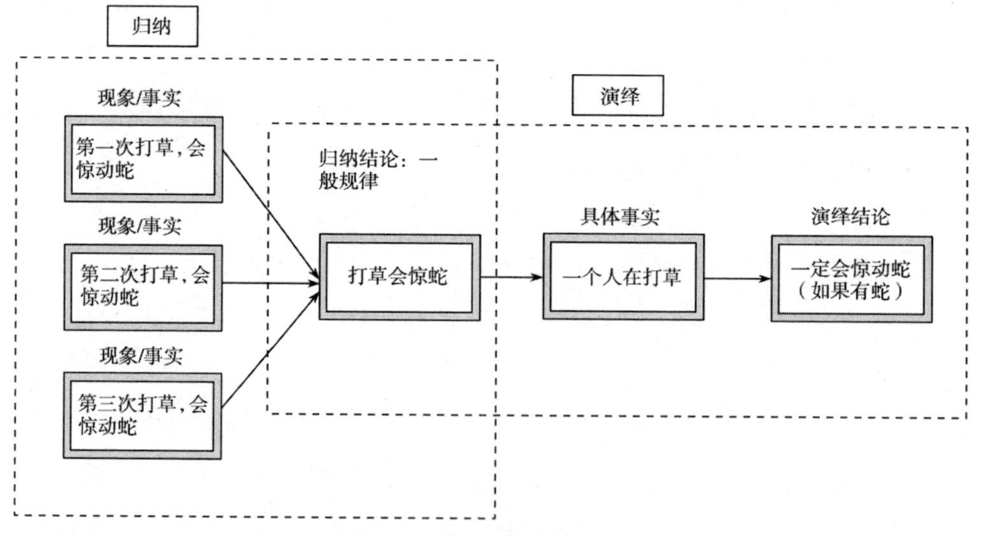

图4.5　归纳和演绎的关系图

六、结构化思维训练

请运用结构化思维，快速、系统地解决如下问题：

假设你是卡车司机，开车从西安送一批货物到成都，路过一个限高 4 米的山洞，但车子连货物有 4.05 米，怎么办？

让我们列出可能的解决办法：

①把货物搬下来，分几次运过去。

②重新摆放货物，让它不再超高。

③给车子的轮胎放一点气，降低整体高度。

④换一个底盘低一点的汽车。

⑤把山洞拓高一点。

⑥把地挖深一点。

⑦找一条路绕过山洞。

⑧虽然标的是限高 4 米，但也不一定，硬闯过去试试。

方法有很多种，感觉很杂乱，不知道哪种情况先选用何种方法最恰当。

思考：请用结构化思维去思考解决这个问题。

分析：首先，明确做这件事情的目的是什么——把货物顺利送到成都；然后，根据目标倒推应该做些什么工作才能达成目的。

我们来找第一个维度：

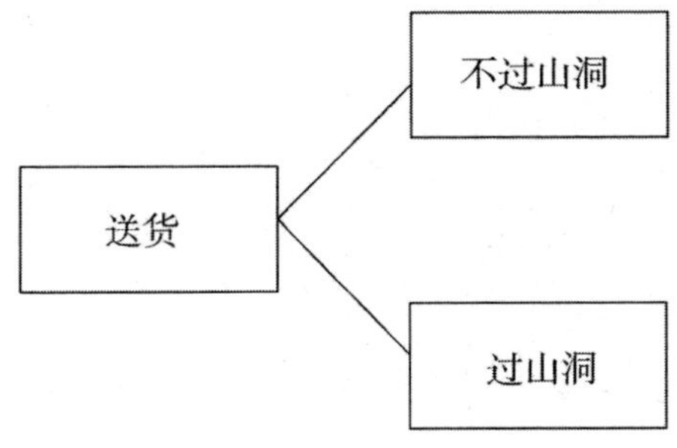

图 4.6　第一维度拓展分析

因为这个分类是决定下一步方法的重要因素，已知条件中并没有必须过山洞的约束，可以选择其他不过山洞同样达到目的的方法。我们接着向下走，如果选择不过山洞：

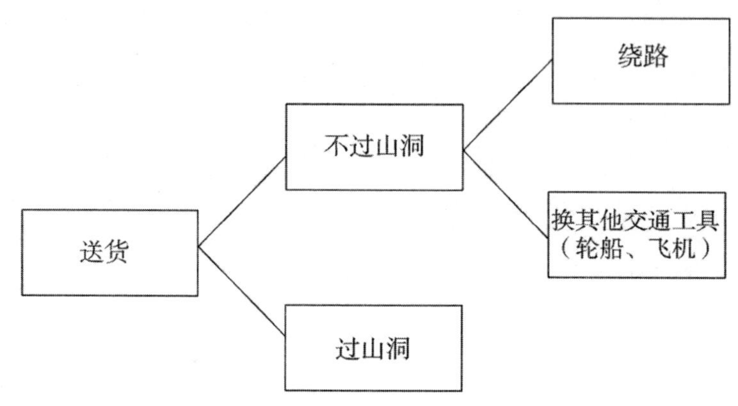

图 4.7　第二维度拓展分析

另一条线，选择过山洞，就需要继续对方法进行分类：

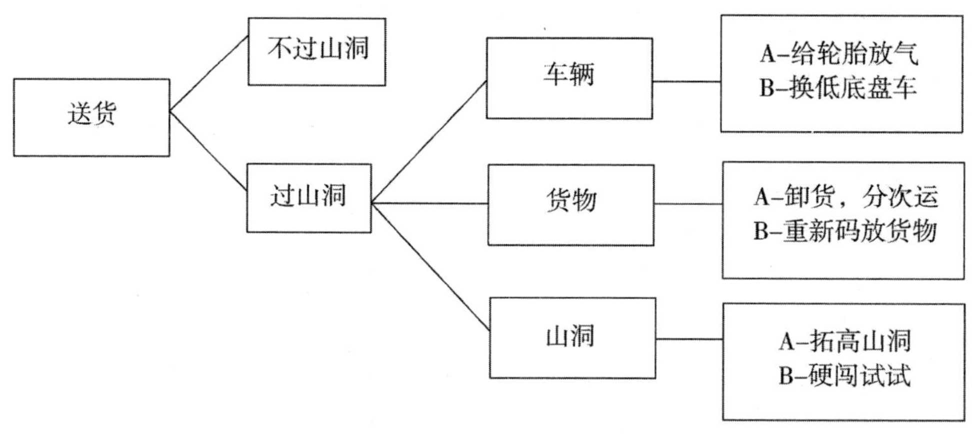

图 4.8　第三维度拓展分析

这样一层层地展开，用逻辑树保证解决问题过程的完整性，通过系统性的分解过程，将工作细分为一些便于操作的部分，有利于确定各部分的优先级。

七、结构化思维训练习题

（一）单选题

1. “以假设为导向”是一种结果逆推的思考方式。具体包括：首先定义问题（或目标），列举所有可能的答案（或道路），然后运用（ ），找出相对最优解（最近的道路）。

A. 排除法　　B. 叠加法

C. 累计法　　D. 递减法

2. 结构化思维的本质是（ ）。

A. 经验　　B. 分析

C. 逻辑　　D. 数据

（二）多选题

1. 结构化思维的定位是（ ）。

A. 视角多元性　　B. 影响跨期性

C. 层级互适性　　D. 步骤多样性

2. 结构化思维运用的“3P 原理”具体指的是（ ）。

A. 目的　　B. 原则

C. 流程　　D. 步骤

3. 结构化思维的基本步骤包括（ ）。

A. 分析目标　　B. 界定流程

C. 分析资源　　D. 制订方案

4. 运用 3P 思维指导日常工作首先是目的要明确，包括（ ）几个方面。

A. 事先想好终点的样子　　B. 将要达到的效果

C. 做这件事的意义　　D. 要做有意义的事

5. 运用 3P 思维指导日常工作，首先是目的要明确，不断问自己以下问题：（ ）。

A. 为什么要做一件事情

B. 完成这件事情有什么价值和意义

C. 如果没有意义，为什么我们要花费时间去做

D. 怎么衡量目的是否达到了

6. “提高利润”是许多企业的目标，但深入分析后发现，“提高利润”有多种方法，包括（　　）等。

A. 增加收入　　B. 提高成本

C. 纳税筹划　　D. 提高售价

7. 在资源紧缺时，可运用结构化思维进行合理分类，将若干目标分成（　　）等各类情况。

A. 重要而紧急　　B. 重要而不紧急

C. 紧急而不重要　　D. 不紧急也不重要

8. 结构化的书面表达的技巧可以概括为（　　）。

A. 有的放矢　　B. 贯穿整体

C. 掷地有声　　D. 言之有据

（三）判断题

1. 在结构化思维过程中，开展工作不需要遵循基本原则就能选择相应的流程和方法。（　　）

2. “以假设为导向”是一种结果逆推的思考方式。（　　）

3. 结构化思维的核心在于对问题进行正确界定的基础上，进行科学的分类，并对重点环节加以解决。（　　）

4. 结构化思维的基本步骤中，“分析目标”是对问题原因进行假设并合理分类，确定重点环节，估算所需时间与资源（人、物）。（　　）

5. 顺向思维首先让思维到终点，定义问题或目标，列举所有可能的答案或道路，然后运用排除法，找出相对最优解。（　　）

6. 在3P原理中，所谓的目的（Purpose），指的是要实现最终的目标和结构，需要配置哪些资源，应该如何匹配时间和资源。（　　）

7. 熟练掌握结构化思维的人，面对需要解决的问题，第一步就是深入具体事务中去。（　　）

8. 结构化思维方法，就是遇到问题首先要想明白、列清楚问题的组成要素，

其次对要素进行合理分类，抓大放小找关键，排除非关键分类，对重点分类进行分析，在充分细致分析的基础上寻找对策，制订行动计划。(　　)

9. 结构化思维是将零散的思维用一个框架整合起来，让复杂问题简单化，隐藏问题显性化，看透了问题也就有了解决问题的方案。(　　)

10. 长期进行结构化思维训练，可以提升统筹规划和战略布局思维能力。(　　)

(四) 简答题

运用结构化思维技术组织招聘面试系列思考问题。

我们已经学习了，具备结构化思维的人，做事情“有打法”或“有套路”。经验丰富的HR在招聘面试时运用的就是结构化思维，对提出问题以后的局面、态势有预测，目的明确，心中有数，对可能的变化有对策，对未来的局面有把握。

熟练掌握结构化思维的HR，面对需要解决的问题，不急于陷进具体问题中去，而是先运筹帷幄，站在更高的维度对问题进行正确的界定，运用逆向思维，想明白、列清楚要考察应聘者的哪些能力、素养、优缺点，明确构成问题的要素，然后对要素进行合理分类，抓大放小找关键问题，设计高水平的问题提纲，排除非关键分类，对重点问题进行提问，在充分细致分析的基础上判断应聘者，制订行动计划，决定取舍。

结构化思维的面试要点就是对问题的理解和分析，做到对问题、对面试者、对岗位职位需求透彻认识，合理分解，充分联想，展现思路，抓到线索，拓宽视野，突出关键，表述清晰，方法得当，稳妥行动。

请认真研究以下考查目标，设计出合适的问题：

(1) 测试应聘者能否用几句话概要地介绍其主要的工作信息和重点业绩，而不是以流水账的形式重复履历表中已经注明的内容。在介绍工作成果时，注意应聘者能否正确表述其在原单位所发挥的作用。尽管有关基本能力的提问大多可以通过简历或应聘表格反映出来，但通过回答可以考查应聘者的语言表达能力、仪表神态、目光注视程度、肢体语言等方面。

我设计的问题是：________________________________

(2) 测试应聘者的求职动机是否合理。重新求职可能是因为应聘者原单位的问题，但通过回答可以考查应聘者能否客观、委婉地说明原因。

我设计的问题是：________________

（3）考查应聘者能否从专业成就、人际关系、组织、产品、服务等多个角度来回答问题。当谈及其从前的经历时，可测试应聘者是否是个忠诚的、懂得尊重别人的员工。

我设计的问题是：________________

（4）通过回答测试应聘者的市场竞争意识。对本单位津津乐道，但对市场状况及竞争行情不甚了解的不是一名全面的工作人员。

我设计的问题是：________________

（5）考查应聘者能否对自己提出明确的目标，并有切实的行动计划；而不是"继续做好现在的工作""加强学习"等模糊的概念。

我设计的问题是：________________

（6）一名态度认真的求职者往往会在面试之前通过多种渠道去了解应聘单位。如果在应聘一开始就向应聘者介绍本单位的情况，可测试应聘者倾听的认真程度。如果事先没有向应聘者介绍有关本单位的情况，应聘者可能会借此机会提出了解单位的情况。主试人员在介绍完毕之后，仍可通过类似问题考查应聘者。

我设计的问题是：________________

（7）测试应聘者在既属于个人隐私，又有很强的专业性的领域里的沟通能力如何，以及应聘者是否经得起批评，并了解他以前的工作环境和沟通状况。

我设计的问题是：________________

（8）考查应聘者能否把受到赏识与作出有意义的贡献联系在一起，而且可以正确地平衡事业与家庭之间的关系。

我设计的问题是：________________

（9）测试应聘者的个性与招聘单位的文化、风气、行为准则、岗位特点等之间的匹配程度。例如，外向性格在公关、市场等工作岗位更具优势，内向性格在科研、档案等工作岗位更具优势。

我设计的问题是：________________

（10）如果应聘者要求与更高层的主管商谈待遇问题，招聘者可巧妙地变换提问方式："我们只是希望清楚您能够接受的待遇范围，如税后月薪 6000 元—7500 元。"

我设计的问题是：________________________________

（五）案例分析题

结构化思维在存货审计中的综合案例分析。

注册会计师张主任和某丽负责审计某维公司 2020 年度财务报表。2020 年 11 月，张主任和某丽对某维公司的内部控制进行了初步了解和测试。

通过对某维公司内部控制的了解，张主任和某丽注意到下列情况：

（1）某维公司主要生产和销售电视机。

（2）某维公司生产的电视机全部发往各地办事处和境外销售分公司销售。办事处除自行销售外，还将一部分电视机寄销在各商场。各月初，办事处将上月的收、发、存的数量汇总后报 X 公司财务部门和销售部门，财务部门作相应会计处理；某维公司生产的电视机约有 30%出口，出口的电视机先发往境外销售分公司，再分销到世界各地。境外销售分公司历年未经审计，2020 年度也计划不安排审计。

（3）鉴于各年年末均处于电视机销售旺季，为保证各办事处和境外销售分公司货源，某维公司本部仓库在各年年末不保留产成品。

资料一：通过对某维公司内部控制的测试，注册会计师张主任和某丽注意到，与存货相关内部控制有可能存在的缺陷：

（1）某维公司在以前年度未对存货实施盘点，但有完整的存货会计记录和仓库记录；

（2）某维公司发出电视机时未全部按顺序记录；

（3）某维公司生产电视机所需的零星 D 材料由 Y 公司代管，但某维公司未对 D 材料的变动进行会计记录；

（4）某维公司每年 12 月 25 日后发出的存货在仓库的明细账上记录，但未在财务部门的会计账上反映；

（5）某维公司发出材料存在不按既定计价方法核算的现象；

（6）某维公司财务部门会计记录和仓库明细账均反映了代 Y 公司保管的 E 材料。

资料二：2020年12月27日，某维公司编制了存货盘点计划，并与张主任和某丽注册会计师讨论。存货盘点计划的部分内容如下：

（1）某维公司本部的存货由采购、生产、销售、仓库和财务等部门相关人员组成盘点小组，在2020年12月31日进行盘点。办事处及境外存货的盘点分别由各办事处和境外销售分公司负责，在12月31日前后进行，盘点结束后分别将盘点资料报送财务部门和仓库部门。

（2）限于人力，在各商场寄销的电视机以各办事处的账面记录为准，不进行盘点。

（3）由于年底前后是销售旺季，2020年12月31日，生产64寸互联网彩电的生产线不停产，仓库除对外发出64寸互联网彩电外，不再对外发出其他存货。

（4）各盘点单位按存货类别和相关明细记录填写盘点清单、摆放存货，并填写连续编号的盘点标签。

（5）由于Y公司寄存的E材料与公司自身的E材料并无区别，故未单独摆放。E材料的库存数以盘点数扣除Y公司寄存E材料的账面数确定；由Y公司代管的D材料不安排盘点，库存数直接根据Y公司的记录确定。

（6）废品与毁损品不进行盘点，以财务部门和仓库部门的账面记录为准。

资料三：根据某维公司存货的内部控制情况和盘点计划，注册会计师张主任和某丽决定实施的监盘计划部分内容如下：

（1）随机选择1/3的办事处进行存货监盘，其余直接审阅其盘点记录及账面记录。

（2）对在各商场寄销的电视机以经审阅的办事处的账面记录为准。

（3）对境外销售分公司的存货不进行监盘，直接审阅其盘点记录及账面记录。

（4）对Y公司代管的D材料，采取向Y公司函证的方式确认。

（5）在某维公司盘点后，注册会计师按存货期末余额的5%复盘。若复盘结果表明误差低于2%的，则不要求某维公司重新盘点。

（6）注册会计师在复盘结束后，与公司盘点人分别在盘点清单上签字，并视情况考虑是否索取盘点前的最后一张验收报告单（或入库单）和最后一张货运单（或出库单）。

资料四：在对某维公司内部控制了解和测试的基础上，注册会计师张主任和某丽于2021年年初编制了总体审计策略和具体审计计划，确定财务报表层次的重要性水平为资产总额的1%，并将其分配至各资产项目，如表4.2所示。

表4.2　资产项目分配表

项　目	年末数（未经审计）	分配比例	重要性水平
货币资金	9900元	1%	99
存货	53300元	1%	533
其中：原材料	2000元		
在产品	13500元		
产成品	37800元		
固定资产	55000元	1%	550
在建工程	42000元	1%	420
资产总计	160200元	1%	1602

问题：

1. 针对案情资料一，分析注册会计师通过内部控制测试所注意到的各种情况是否实际构成某维公司存货内部控制缺陷，并简要说明理由。

2. 针对案情资料二，对于上述情况中确实存在内部控制缺陷的，为了证实其可能导致的财务报表错误，请代注册会计师分别确定一项最主要的实质性程序，并分别说明实施各项程序能够实现的审计目标。

3. 针对案情资料三，判断某维公司编制的上述监盘计划的相关内容有无不妥当之处，若有，请予以更正。

4. 针对案情资料四，请评价注册会计师张主任和某丽对财务报表层次重要性水平的分配是否妥当。

参考答案

（一）单选题

1. A　2. C

（二）多选题

1. ABC　2. ABC　3. ACD　4. ABCD　5. ABCD　6. ACD　7. ABCD　8. ABCD

（三）判断题

1. ×　2. √　3. √　4. ×　5. ×　6. ×　7. ×　8. √　9. √　10. √

（四）简答题

设计的问题分别是：

（1）请用最简洁的语言描述您从前的工作经历和工作成果。

（2）您为什么重新求职？

（3）在过去的工作中您学习到了什么？

（4）请介绍您原来单位的几个主要竞争对手的情况。

（5）您未来三年内的目标是什么？如何实现？

（6）您对我们公司以及您所应聘的岗位有什么了解？

（7）描述您上一次在工作中挨批评的情景。

（8）您觉得怎样才算是成功？

（9）您如何描述自己的个性？

（10）您所期望的待遇是多少？

（五）案例分析题

1.

表4.3　某维公司存货内部控制缺陷分析表

情况序号	是否构成缺陷	理由
1	是	因为对存货不进行实地盘点，无法反映存货账实差异。因此，按照会计制度相关规定，企业应对存货定期盘点。
2	是	在某些产成品发出计价方法下，发出产成品不按顺序记录，可能影响主营业务成本和存货数额的准确性。
3	是	由于D材料的所有权归属某维公司。因此，应与其他存货一样进行会计处理，及时记录其收发情况。

续表

情况序号	是否构成缺陷	理由
4	是	不符合会计准则和会计制度关于会计分期的要求。会计核算截止日为12月31日，12月25日后收发存货应及时进行会计处理。
5	是	不符合会计核算的一贯性原则，不利于会计信息使用者对会计信息的理解。
6	是	代保管材料并非某维公司的存货，因为不符合存货的定义，故X公司不应在会计账上予以记录。仅在仓库账上记录，以加强代保管材料的实物管理。

2. 表4.4　某维公司实施程序实现审计目标分析表

情况序号	实质性程序	审计目标
1	对上一年度存货会计记录和仓库记录进行适当审阅	完整性、权利和义务
2	对年底的存货进行监盘	存在、完整性、权利和义务
3	向Y公司进行函证	存在、权利和义务、计价和分摊
4	对年底的存货进行截止测试	存在、完整性
5	进行计价测试，并与会计制度的要求比较	计价和分摊
6	询问管理当局，审阅相关的合同与来往函件，并向Y公司进行函证	权利和义务

3. 监盘计划内容1有不妥之处。由于各办事处的库存所占比重较大，因而不能仅仅监盘1/3办事处的存货，监盘范围要扩大。

监盘计划内容2有不妥之处。对于寄销在商场的电视机，如果量大的，注册会计师应前往监盘，量小的，可以采取向商场函证或审查存货记录。

监盘计划内容3有不妥之处。由于30%的电视机发往海外，因而对于海外的存货也要纳入盘点范围。对于主要的存放点，应实施监盘。至少，在现场审计时，应安排盘点，并检查年末至盘点日发生的存货交易。

监盘计划内容4无不妥之处。

监盘计划内容5有不妥之处。对存货的内部控制的了解和测试表明，存货的内部控制存在缺陷，按存货期末余额5%复盘，样本量太小。在正常情况下，复盘的样本量一般不应低于10%，复盘的结果若表明误差超过1%，应要求某维公司重新盘点，因为重要性水平在1%以内。

监盘计划内容6有不妥之处。盘点结束时，应向某维公司索取存货盘点前的最后一份验收报告单（或入库单）、货运单（或出库单），以备审计时作截止测试之用。

4. 注册会计师张主任和某丽对重要性水平的分配是不妥当的。注册会计师按1%在各资产项目间进行同比例分配，从内部控制的初步了解和测试来看，存货控制风险高，错报或漏报的可能性较大，所以应分配较低的重要性水平，如0.2%，以降低审计风险。

第三节　准则—标准化思维

一、准则—标准化思维的框架

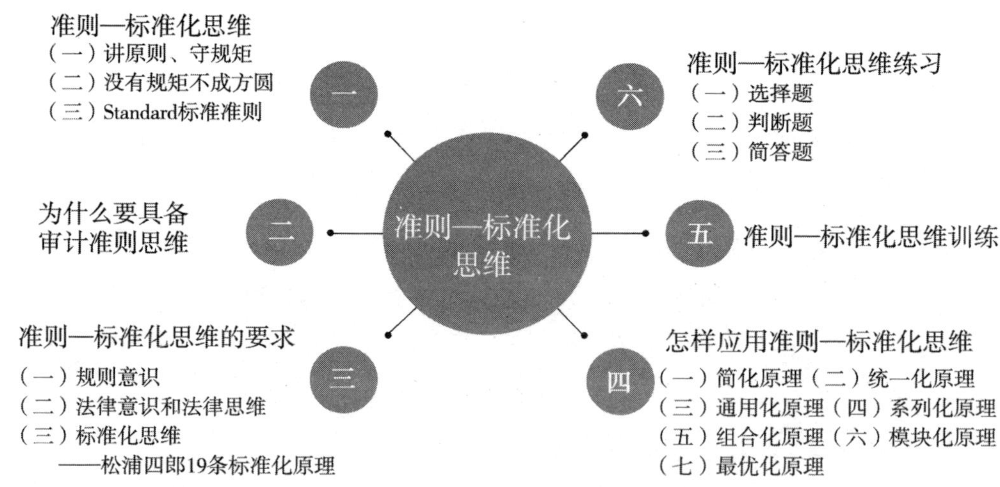

图4.9　准则—标准化思维框架图

二、什么是准则—标准化思维（原理）

准则—标准化思维，是指一个人做人做事要有标准、守准则、讲原则、依规则，不能随心所欲、不知敬畏，做事规规矩矩，做人干干净净。

“没有规矩不能成方圆”，准则—标准化思维的精髓就是凡事要讲规矩，做人遵守道德准则，做事遵守行为准则，做审计遵守审计准则，这是我们应遵守的底线思维，也可以称为“规则意识”。

三、为什么要具备审计准则思维（价值）

作为审计人员，需要增强准则意识，在接受委托任务后，要根据被审计企业的业务特点，对照审计准则进行深入研究，合理分工。然后，针对各类任务进行透彻分解，形成工作计划，抓住关键环节，开展审计活动。在审计工作中，要遵守准则，严守审计纪律，不能粗心大意，更不能徇私舞弊。

四、准则—标准化思维有哪些要求

将准则—标准化思维入心入脑，要求做到以下三点。

（一）规则意识

规则意识是现代每个公民都必备的一种意识。讲规则是一个人文明程度的体现，也是一个社会文明程度的标志。应遵守社会生活的基本规则，包括不偷不盗、不加塞、不路怒、不随地吐痰、不讲脏话、遵章守法、明礼诚信、温和友善、勤俭节约、自强自立、敬业奉献、爱护环境、讲究卫生、文明礼貌等。当构成社会的绝大多数成员都讲规则时，就会形成一种正向激励效应，负面的行为会被最大限度地约束起来，意味着最大限度地实现和保障了人们的自由。

如上所述，“规则意识”是一个人的态度和习惯。

所谓态度，是指人们自觉遵守社会规则的良好态度与愿望，这是讲规则的前提；所谓习惯，是指人们自觉按章办事的行为养成，是规则意识得以实现的保证。缺少规则意识是很可怕的，往往意味着从小就没有受到规则教育，被家长宠溺，毫无规矩，无法无天，乃至到社会上以后，很不适应，成为“巨婴”，表现为无理取闹、随心所欲、自私自利、唯我独尊、可怜可叹，酿成后果则可恨。

“勿以善小而不为，勿以恶小而为之”，一方面，公民个人必须遵守社会规则，从“善小”做起，积小善成大爱；另一方面，对不遵守规则、不文明现象要有强制性的管制和惩戒。现实中我们每天都会受到各种不遵守规则、不文明行为的困扰，如广场舞扰民、楼上洗衣机漏水、上下车不排队、随地吐痰、乱扔垃圾；在高铁上把脚放到前排椅背上、占他人座位不让座还大吵大闹；小区里遛狗随地大小便不清理；过马路闯红灯等。除进行规范和教育外，对于社会危害严重的行为，还要有强制性的法律规范与惩戒。

（二）法律意识和法律思维

加强法律知识的学习，树立法律意识，培养法律思维，强化准则—标准化思维。

（1）宪法是我国的根本大法，规定了国家的根本制度和根本任务。

（2）民法商法，民法是调整作为平等主体的公民之间、法人之间、公民和法人之间等的财产关系和人身关系的法律。《中华人民共和国民法典》由第十三届全国人民代表大会第三次会议于2020年5月28日通过。商法是调整平等主体之间的商事关系或商事行为的法律。

（3）行政法是调整国家行政管理活动中各种社会关系的法律规范的总和，包括规定行政管理体制的规范，确定行政管理基本原则的规范，规定行政机关活动的方式、方法、程序的规范等。

（4）经济法，是指调整国家对社会经济生活进行宏观调控过程中形成的经济关系的法律规范的总和。

（5）劳动与社会保障法，包括劳动法、工会法、矿山安全法、安全生产法等。其中，劳动法是调整劳动关系以及与劳动关系紧密联系的其他关系的法律规范的总和。

（6）刑法，是指规定犯罪和刑罚的一切法律规范。

（7）诉讼与非诉讼程序法，是指规范解决社会纠纷的诉讼活动与非诉讼活动的法律规范总和。

(三) 准则—标准化思维

加强专业知识与技能学习，掌握准则—标准化思维方法。

标准是实践经验总结固化的结果，是开展各种工作的依据。既然是标准，其本质决定了标准化思维不具有灵活、可变通的特性。当然，标准化思维从产生到发展则并不是一成不变的。

准则—标准化思维，是指在生产、流通、消费等领域，为在一定范围内获得最佳秩序，通过各方协商，以制定可以共同使用和重复使用的条款的方式，解决现实问题或潜在问题的一系列思维活动。例如，灯泡的口径问题，如果厂家各行其是，消费者就会无所适从，通过各方协商，大家制定了标准口径的条款，使消费者不论买到哪一个厂家的灯泡，都可以顺利安装使用，这种思维活动就是标准化思维。

可见，准则—标准化思维是科学总结和理论概括，来源于工作的实践，接受时间的检验，推动了标准化活动的进行。根据《中华人民共和国标准化法》的规定，对需要在全国范围内统一的技术要求，应当制定国家标准。国家标准由国务院标准化行政主管部门制定。对没有国家标准而又需要在全国某个行业范围内统一的技术要求，可以制定行业标准。行业标准由国务院有关行政主管部门制定，并报国务院标准化行政主管部门备案，在公布国家标准之后，该项行业标准即行废止。对没有国家标准和行政标准而又需要在省、自治区、直辖市范围内统一的工业产品的安全、卫生要求，可以制定地方标准。地方标准由省、自治区、直辖市标准化行政主管部门制定，并报国务院标准化行政主管部门和国务院有关行政主管部门备案，在公布国家标准或者行业标准之后，该项地方标准即行废止。

企业生产的产品没有国家标准和行业标准的，应当制定企业标准，作为组织生产的依据。企业的产品标准须报当地政府标准化行政主管部门和有关行政主管部门备案。已有国家标准或者行业标准的，国家鼓励企业制定严于国家标准或者行业标准的企业标准，在企业内部适用。

法律对标准的制定另有规定的，依照法律的规定执行。

日本政法大学的松浦四郎教授经过研究，提出了著名的19条标准化原理，他认为，在我们的社会生活中，知识和事物增加的趋势，同宇宙中熵的增加的自然趋势极为相似。人类为了更高效率地生活，免除不必要的甚至是有害的增长，不得不有意识地减少不必要的多样化。有意识地努力简化就是标准化的开端。他提出的19条标准化原理其实就代表了19条具体的标准化思维，① 其内容以及相应的举例说明如下：

（1）标准化本质上是一种简化，这是社会自觉努力的结果。例如，全球都采用每天24小时的格林威治标准时间，就是全球努力的结果。假设有若干个国家特立独行，有另外一套时间体系，在技术上当然没问题，即使规定一天是100个时间单位也没有技术障碍，但是两套时间体系将会带来怎样的混乱，可想而知。例如，上午8点从伦敦乘飞机飞南非开普敦，双方时间计量单位不一致，塔台同时收到十架飞机请求降落，结果可想而知。

（2）简化就是减少某些事物的数量。如果没有标准化的简化，我们会有多少种语言需要学习？多少种文字需要记忆？如果没有秦统一六国后的"书同文、车同轨"，我们的文化载体将非常繁杂，以致平常人难以成为"读书人"，因为很少有人读得懂各种文字的大杂烩。当然，路面上的车辆也会千奇百怪，轮辐与轴距各不相同，交通一片混乱。减少到一种轮距，可以说是一种经济考量和社会进步。

（3）标准化不仅能简化目前的复杂性，而且能预防将来产生不必要的复杂性。《中华人民共和国标准化法》第二十八条规定，企业研制新产品、改进产品、进行技术改造，应当符合标准化要求。言下之意，就是事先标准化，以防将来的产品各行其是，杂乱无章，产生不必要的复杂性。

（4）标准化是一项社会活动，各有关方面应相互协作来推动它。《中华人民共和国标准化法实施条例》第十九条规定，制定标准应当发挥行业协会、科学技术研究机构和学术团体的作用。制定国家标准、行业标准和地方标准的部门应当

---

① ［日］松浦四郎：《工业标准化原理》，技术标准出版社1972年版。

组织由用户、生产单位、行业协会、科学技术研究机构、学术团体及有关部门的专家组成标准化技术委员会，负责标准草拟和参加标准草案的技术审查工作。未组成标准化技术委员会的，可以由标准化技术归口单位负责标准草拟和参加标准草案的技术审查工作。制定企业标准应当充分听取使用单位、科学技术研究机构的意见。

（5）当简化有效时它就是好的。具有同种功能的标准化对象，当其多样性的发展规模超出了必要的范围时，即应消除其中多余的、可替换的和低功能的环节，保持其构成的精练、合理，使总体功能最佳。简化具体包括：

①物品种类的简化；

②原材料的简化；

③工艺装备简化；

④零部件简化；

⑤数值简化；

⑥结构要素简化。

（6）标准化活动是克服过去形成的社会习惯的一种运动。最典型的例子是，在学校要求教师采用普通话教学，这对于北方大部分地区的教师而言不成问题，但对于广东、上海、福建、浙江等方言与普通话差距比较大地区的教师而言，可以说，讲普通话活动是在克服过去形成的社会习惯。

（7）必须根据不同观点，仔细选定标准化主题和内容，优选顺序应从具体情况出发来考虑。需要标准化的目录会很长，需要我们仔细研究甄别，排出推行标准化的顺序，这也是系统论的思想，或者说是一种系统思维。

（8）对“全面经济”的含义，由于立场不同会有不同的看法。有取有舍，抓住主要矛盾，这是方法论的要求。

（9）必须从长远观点来评价全面经济。标准化要有长远观点，用发展眼光研究问题和处理问题。

（10）当生产者的利益同消费者的利益发生矛盾时，首先照顾后者，理由是生产商品的目的在于消费或使用。例如，建筑门窗是国家标准局开展综合标准化试点的首选项目，也是一个成效较为显著的示范项目。建筑物要有门窗，因此门窗作为一种产品也随之兴旺起来，需求量非常大，生产厂家遍地开花，产品五花八门、质量失去保证。尤其民用建筑的门窗，普遍存在易变形、关不严、开关不灵活、热能损耗大、五金不通用、坏了无处修等质量问题，消费者抱怨不断。门窗综合标准化从消费者权益保障出发，制定实施后，由于门窗密封性能提高、减少热量渗透，可节约建筑能耗10%；建筑门窗洞口尺寸系列标准的实施，推动了“房间门”的标准化，由于有了互相协调的统一标准为相关企业之间的合作搭起了桥梁，为加强管理提供了依据，也为城乡建设的加快发展创造了条件，尤其是门窗质量的提高、维修的容易给千家万户带来了满意和方便。

（11）使用简便，最重要的一条是“互换性”。例如，电灯泡、手机数据线、全世界机场通用的图标。

（12）互换性不仅适用于物质的东西，而且适用于抽象的概念或思想。标准化的对象不仅仅是实物，还包括概念、思想的标准化。

（13）制定标准的活动基本上就是选择，然后保持稳定。制定标准是对处于自然存在状态的对象进行科学的筛选提炼，提炼共性，剔除多余的、低效能的、可替换的环节，精炼出高效能的能满足全面需要所必要的环节，所以这是一个选择过程。制定标准时，要说明本标准是否进行了国际比较，采用国际标准和国外先进标准的程度，以及与国外同类标准水平的对比情况，或与测试的国外样品、样机的有关数据对比情况；与有关的现行法律、法规和强制性国家标准的关系；重大分歧意见的处理经过和依据。这些规定的本质就是要求制定标准需经过广泛的比较和筛选。

（14）标准必须定期评审，必要时修订，修订时间间隔视具体情况而定。

《中华人民共和国标准化法实施条例》第二十条规定，标准实施后，制定标准的部门应当根据科学技术的发展和经济建设的需要适时进行复审。标准复审周期一般不超过5年。

（15）制定标准的方法，应以全体一致同意为基础。

（16）采取法律形式强制实施标准的必要性，必须考虑标准的性质和社会工业化的水平，审慎从事。

（17）有关人身安全和健康的标准，通过法律实施是必要的。根据《中华人民共和国标准化法》第十条的规定，国家标准、行业标准分为强制性标准和推荐性标准。保障人体健康，人身、财产安全的标准和法律、行政法规规定强制执行的标准是强制性标准，其他标准是推荐性标准。省、自治区、直辖市标准化行政主管部门制定的工业产品的安全、卫生要求的地方标准，在本行政区域内是强制性标准。

(18) 用精确的数值定量地评价经济效果，仅仅对于使用范围狭窄的具体用户才有可能。

(19) 在许多标准化项目中确定优先顺序，实际上是评价的第一步。

五、怎样应用准则—标准化思维

一是要熟练运用简化原理。

具有同种功能的标准化对象，当其发展到过多的范围时，即应简化之，使总体功能最佳。

(1) 应充分满足客观的需要，不能盲目地追求事物的缩减；

(2) 应进行充分分析与论证，以确定简化的合理程度；

(3) 简化的结果，只能满足一定时期和一定领域的需要，是有条件的相对稳定的缩减。

简化是对处于自然存在状态的对象进行科学的筛选提炼，剔除其中多余的、低效能的、可替换的环节，精炼出高效能的能满足全面需要所必要的环节。简化的实质不是简单化而是精炼化，其结果不是以少替多，而是以少胜多。

二是要熟练运用统一化原理。

统一化，是指在一定时期、一定条件下，使标准化对象形式、功能或其他技术特性具有一致性。

统一化着眼于归一，形成一种共同遵守的准则，以建立正常的秩序；而简化着眼于减少不必要的多样化，以取得最佳的效益；简化的极限是归一。统一化的前提是被统一的对象应具有以下特性：

(1) 多样性：某一事物具有多种表现形态；

(2) 相关性：事物内部和外部的相互关联性；

（3）重复性：某一事物具有反复发生的性质。

统一的过程要讲求适时原则，进行统一化的预测，以及技术和经济效益分析，还要对统一的范围和指标水平进行适度把控，统一后的标准要具备先进性。统一是相对的，确定的一致规范，只适用于一定时期和一定条件，随着时间的推移和条件的改变，旧的统一就要由新的统一代替。

统一化的应用举例：

（1）概念、标志、符号的统一；

（2）产品品种规格和特性的统一；

（3）产品零部件的统一；

（4）数值和参数的统一；

（5）程序和方法的统一。

三是要熟练运用通用化原理。

通用化，是指不同时间、不同地点制造出来的产品或零件，在装配、维修时不必经过修整就能任意替换的性质。这种替换体现在功能上或尺寸上，通用化可以最大限度地减少零部件在设计和制造过程中的重复劳动，简化管理，缩短设计试制周期，扩大生产批量，提高专业化水平，为企业带来一系列经济效益。

四是要熟练运用系列化原理。

系列化，是指对同一类产品中的一组产品通盘规划的标准化形式。例如，将同一品种或同一型号产品的规格排列，以最少的品种满足最广泛的需要。系列化是使某一类产品系统的结构优化、功能最佳的标准化形式。

五是要熟练运用组合化原理。

组合化是按照统一化、系列化的原则，设计并制造出若干组通用性较强的单元，根据需要拼合成不同用途的物品的一种标准化形式。具体来讲，组合化方法就是把两个或多个具有特定功能的单元，按照事先预定的要求，有选择地结合起来，组成一个具有新的功能的体系或系统的标准化方法。

六是要熟练运用模块化原理。

模块化，指的是由元件或零部件组合而成的，具有独立功能的、可成系列单独制造的标准化单元，通过不同形式的接口与其他单元组成产品，且可分、可合、可互换。模块化是以模块为基础，综合了通用化、系列化、组合化的特点，解决复杂系统类型多样化、功能多变的一种标准化形式。

七是要熟练运用最优化原理。

最优化是按照特定的目标，在一定的限制条件下，对标准系统的构成因素及其关系进行选择、设计或调整，使之达到最理想的效果，这样的标准化原理称为最优化原理。

最优化的一般程序：

（1）确定目标；

（2）收集资料；

（3）建立数学模型；

（4）计算机编程计算；

（5）评价和决策。

企业标准化活动中始终贯穿“最优化”意识，也就是依据企业确定的方针目标，在一定的条件下，对企业标准体系构成要素及其相互关系进行优化选择，使企业标准体系的实施达到最佳效果。

六、准则—标准化思维训练

砖头的标准化

凡是重复的事物，都需要标准化。砖头就有国家标准，即 GB/T 5101-2017《烧结普通砖》。从标准序列号可见，这是个很早发布的国家标准。我们常见常用的廉价砖头，原来是标准化产品，标准化的砖头体现了哪些标准化思维？

第一，简化统一的思维。砖头以一些简单的原料辅料，制成广泛使用的建筑材料，以一个简单的规格（240 mm×115 mm×53 mm），应用于多种建筑工程。一物多用，一物通用。不管谁生产、不管在哪儿生产、不管什么时间生产的砖头，只要符合标准，建筑师拿来就用。

第二，组合优化的思维。砌墙时，砖头纵横交织，相互叠压咬合，砖长刚好是两块砖宽加上灰缝，砖宽也恰好是两个砖高加上灰缝。这正是组合协调的结果。

第三，模块化思维。一块块标准化的砖头，可砌出形状各式各样的建筑，拆了这个建筑，砖头还可再利用，这就是模块化思维的结果。

七、准则—标准化思维训练习题

（一）单选题

标准化本质上是一种（　　）。

A. 模块　　B. 简化

C. 组合　　D. 分类

（二）多选题

1. 准则—标准化思维包括（　　）。

A. 简化　　B. 统一化

C. 模块化　　D. 系列化

2. 简化具体包括（　　）。

A. 物品种类的简化　　B. 原材料的简化

C. 加工的简化　　D. 零部件简化

3. 统一化的前提是被统一的对象应具有以下特性：（　　）。

A. 多样性　　B. 相关性

C. 简单性　　D. 重复性

4. 目前我国先后制定了五批独立准则。独立准则包括（　　）。

A. 独立审计准则序言　　B. 企业会计准则

C. 相关基本准则　　D. 独立审计基本准则

5. 民法典共7编、1260条，依次为总则编、物权编、合同编、人格权编、（　　）以及附则。

A. 财产编　　B. 继承编

C. 婚姻家庭编　　D. 侵权责任编

6. 弱势群体保护法包括（　　）。

A. 未成年人保护法　　B. 预防未成年人犯罪法

C. 妇女权益保障法　　D. 残疾人权益保障法

7. 具有同种功能的标准化对象，当其多样性的发展规模超出了必要的范围时，即应消除其中多余的、可替换的和低功能的环节，保持其构成的精练、合理，使总体功能最佳。简化具体包括：物品种类的简化、原材料的简化以及（　　）等。

A. 工艺装备简化　　B. 零部件简化

C. 数值简化　　D. 结构要素简化

8. 最优化是按照特定的目标，在一定的限制条件下，对标准系统的构成因素及其关系进行选择、设计或调整，使之达到最理想的效果，这样的标准化原理称为最优化原理。最优化的一般程序包括：确定目标和（　　）等。

A. 收集资料　　B. 建立数学模型

C. 计算机编程计算　　D. 评价和决策

（三）判断题

1. “规则意识”是一个人的态度和习惯。(　　)

2. 民法典共 7 编、1260 条，依次为总则编、物权编、合同编、人格权编、婚姻家庭编、继承编、侵权责任编以及附则。(　　)

3. 准则—标准化思维，是指一个人做人做事要有标准、守准则、讲原则、依规则，不能随心所欲、不知敬畏，做事规规矩矩，做人干干净净。(　　)

4. 国家标准由行业标准化协会制定。(　　)

5. 作为审计人员，需要增强准则意识，在接受委托任务后，要根据被审计企业的业务特点，对照审计准则进行深入研究，合理分工。(　　)

6. 宪法是国家的根本大法和法律体系的核心纲领，但不属于法律体系的一个部门。(　　)

7. 行政法，是指调整平等主体的自然人、法人及其他组织之间财产关系、人身关系和商事关系的法律规范的总和。(　　)

8. 在法律的类别上，经济法属于社会法的一种。(　　)

9. 国家标准由国务院标准化行政主管部门制定。对没有国家标准而又需要在全国某个行业范围内统一的技术要求，可以制定行业标准。(　　)

（四）简答题

1. 什么是法律体系？中国特色社会主义法律体系一般包括哪些法律部门？

2. 什么是简化？简化的具体内容有哪些？

（五）案例分析题

运用标准化思维管理运用数据资产。

社会进入互联网时代后，生产要素也随之发生巨大的变化，从原来的三大类（土地、资本、劳动力）扩展到新的七大类要素，即管理、技术、知识、数据、土地、资本和劳动力，尤其是其中的数据要素，更是未来最为重要的资产。

数据资产，既是公司企业的重要资产，也是企业盈利、实现治理现代化的途径和手段，显示了数据经济时代新的资产特征与管理挑战，也使数字经济在企业运作和治理能力领域找到新的发展机遇。

大数据与新一代信息技术的融合将产生更多新的产品和服务形态，与此同时，越来越多的大数据应用程序上线运行，已成为发挥大数据社会价值、经济价值的主要方式。

然而，目前，大数据应用领域标准规范不足，无法以标准化思维指导大数据治理和开放共享等工作。在处理多源异构数据接入汇聚、数据清洗融合、数据脱敏与加密，以及提供数据服务应用接口等过程中缺少相应标准依据，成为大数据应用发展的重要制约因素。概括而言，主要问题包括数据资源采集源头多、数据质量不统一、数据开放共享技术不规范，不利于充分发挥大数据的应用价值。

本案例集中探讨的是，怎样运用标准化思维，加强数据资产的运用和管理，从而提高数据资产的应用价值。

问题：

1. 怎样运用标准化思维，加强数据资产管理规范化的顶层设计？

2. 怎样运用标准化思维，运用可重复使用的方法，来制定语义标准化字典，统一语义？

3. 怎样借助标准化思维的简化、统一思想，加强数据资产治理流程的简化与规范化？

4. 怎样运用标准化思维，加强数据资产交换环节的管理规范化？

参考答案

（一）单选题

B

（二）多选题

1. ABCD　2. ABD　3. ABD　4. ACD　5. BCD　6. ABCD　7. ABCD　8. ABCD

（三）判断题

1. √　2. √　3. √　4. ×　5. √　6. ×　7. ×　8. √　9. √

（四）简答题

1. 法律体系法学中有时也称“法的体系”或“法体系”，是指由一国现行的全部法律规范按照不同的法律部门分类组合而成的一个呈体系化的有机联系的统一整体。

中国特色社会主义法律体系一般包括：宪法、行政法、民商法、经济法、劳动法、自然资源法、环境法、刑法、诉讼法、军事法、国际法等。

2. 简化就是具有同种功能的标准化对象，当其多样性的发展规模超出了必要的范围时，即应消除其中多余的、可替换的和低功能的环节，保持其构成的精练、合理，使总体功能最佳。

简化具体包括：

（1）物品种类的简化；

（2）原材料的简化；

（3）工艺装备简化；

（4）零部件简化；

（5）数值简化；

（6）结构要素简化。

（五）案例分析题

1. 在对数据进行处理的过程中，运用标准化思维，构建标准化、模块化的模型，统一标准化的数据质量要求，明确标准化的数据安全管理要求等，其概念本身就是对标准化思维的体现。

进一步，对数据进行格式化、规范化处置的过程，需要技术实践、标准规范和法律法规的支撑。以标准化为工具，发展数据治理策略，提供加强数据治理顶层设计的工具、治理方法和治理流程思路。

标准化思维强调系统性、协调性和统一性，将其应用于数据治理领域，需整合技术、方法、管理、安全等方方面面，明确分类原则、治理规则，精简提炼技术方法，提出统一要求，这为加强数据资产治理顶层设计提供了工具。

从数据治理标准化的角度入手，借助理论化、系统化的思路和方法，结合人工智能、区块链、云计算等新一代信息技术的应用，对数据资产治理的目标战略、治理规则、治理模式等进行分析，统一数据资源开放共享清单，建立数据治理标准体系和安全保障标准体系，增强数据治理模式的协同性，提出数据治理顶层设计框架。

以上均是运用标准化思维，加强数据资产管理规范化的顶层设计的思路与做法。

2. 广义上的数据资产管理或大数据治理，包括数据清洗、数据确权、数据质量管理、数据资产开放共享管理、数据资产安全隐私保护等方面，涉及的技术范围广，可采用的技术方法相对较多。

一般而言，数据清洗是为了规避数据缺失、数据重复、数据错误和数据不可用等现象的出现。然而，在数据采集接入过程中，由于数据格式、语义的统一程度不同，可选用的数据分析工具也不同，导致数据清洗过程比较复杂。

标准化工作的重要环节即制定可以重复使用和共同使用的标准化条款，借助标准化思维可重复使用的理念，可以在治理数据的过程中制定语义标准化字典，统一语义，明确定义各数据字段的含义和指标，为后续数据清洗、数据分析、数据存储等过程提供可重复查询、使用的工具。

3. 数据资产管理需要尽量精简、精准，体现数据治理智慧，管理者借助大数据技术手段实现数据互联互通、业务协同，从而实现数据资产决策、优化数据管理。目前，建立数据治理标准化流程，是解决数据治理难、应用难和推广难的重要方法之一。

为解决数据治理所面临的问题，需要以大数据技术应用为基础，以数据管理为支撑，充分运用标准化思维中的简化原理，在数据资产治理的范围内，缩减所涉及的方法、步骤，合并同类项，并梳理关键步骤，使之满足数据治理的一般需要。借助标准化思维的简化、统一思想，可以将数据治理的流程简化为包括事前审计管理、事中监控管理和事后稽查管理的数据治理闭环。

为了提出更具有可操作性的数据治理流程，可继续采用标准化思维中简化的思想对每一流程下的关键步骤进行梳理，直至形成满足数据治理的简化的、优化的、规范化的标准化体系。

4. 标准化思维是根据统一、简化等原则，经过协商一致，明确边界，建立规则，在双方或多方中寻求平衡的一种方法。

在数据资产交换业务中，首先面临的是权属和权责边界的确定，此时可以借助标准化思维，以数据采集、存储、传输、应用到销毁等全生存周期为基础，明确数据资产共享交换的数据提供者、协调者和应用者等各参与方主体责任及义务，制定相关具有可操作性的技术标准，构建完善的数据资产共享交换权责体系。

面对目前数据资产质量不达标、数据融合应用困难、数据治理标准体系缺失等情况，加强数据资产分级、分类管理是关键。针对数据资产分类分级的实际应用场景，按照标准化思维原理及统一的逻辑，能够实现数据资产的有序共享。

标准化思维需要遵循系统性的原则。数据资产分类分级运用标准化系统性的原则和方法，以提升数据管理能力为目标，综合分类标识与分级管理，是数据管理能力成熟度的基本要求。基于标准化思维的数据资产分类分级是一项系统性工作，需要结合数据资产共享交换业务要求、数据资产复杂程度等实际需求，围绕数据资产业务和安全属性，形成具有颗粒度，划分合理通用、可操作、科学灵活可扩展的数据资产分类分级指标、标准体系。

第四节 杠杆思维

一、杠杆思维的框架

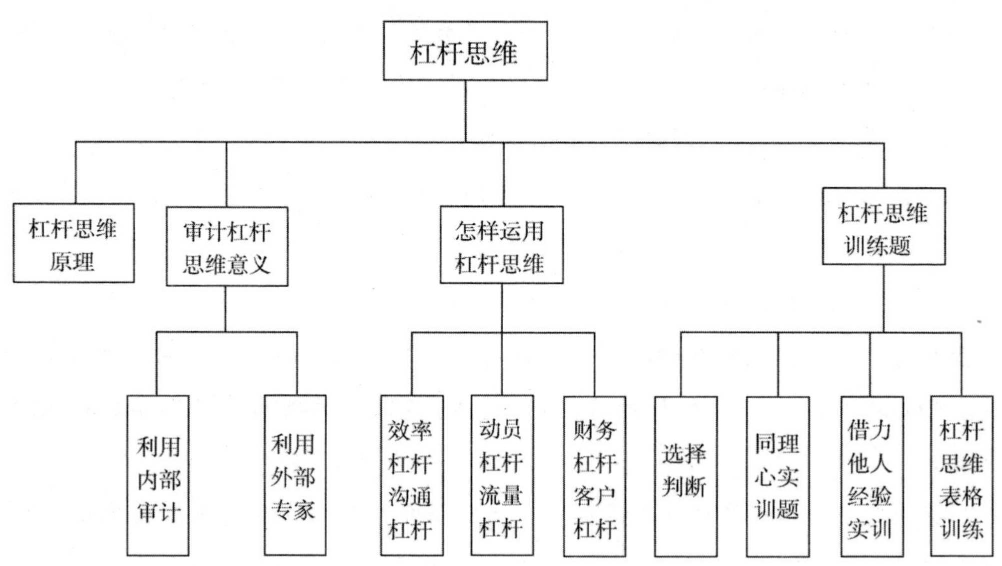

图 4.10 杠杆思维框架图

二、什么是杠杆思维（原理）

杠杆思维，指的是一个人在思考、行动时善于借助外部的力量，以小博大，四两拨千斤，巧妙地用有限的资源完成更多的任务的一种思路。杠杆思维的英文简称是 DMWL，有人用英文 Doing More With Less 来注解它，意思是具备杠杆思维的人，时常把这些字样做成便条贴纸，分别贴在办公室、笔记本电脑等显眼的地方。然后，扪心自问："我经常用很少的劳力，而获得丰硕的成果吗？"

古今中外，凡成大事者无不是善于运用杠杆思维的高人，他们善于利用别人的钱（财务杠杆）为本企业赚钱，利用别人的智慧（智力杠杆）为本集团谋划，利用别人的能力（能力杠杆）为本部门干事，利用别人的劳动（体力杠杆）为本公司干活。

杠杆思维的表现和应用场景是多面的、立体的，我们要悟透杠杆思维的本质含义，充分拓展自己的思维边界，自觉发掘各类杠杆思维的意义和价值，调动各种资源为我所用，使我们的事业更成功，使我们的人生更辉煌，推动社会的健康发展。

三、为什么要具备审计杠杆思维（价值）

第一，作为审计人员，需要具备杠杆思维，善于利用他人的工作。因为审计工作量往往是巨大的，尤其对于大公司，那么，外部审计人员如果事无巨细包打天下，不仅成本巨大，得不偿失，而且可能导致轻重不分，主次不明，反而遗漏了重大错报线索，造成审计失误甚至失败。

第二，在审计工作中，可以利用的杠杆主要包括，利用公司内部审计的工作成果和专家的工作。其中，利用内部审计的原因是，内部审计是内部控制的一个重要组成部分，内部审计与注册会计师审计的某些手段相近，内部审计工作的某些部分可能有助于注册会计师的工作，通过了解与评估内部审计工作，注册会计师利用可信赖的内部审计工作，可以提高审计工作效率。例如，内外审都要获取充分、适当的审计证据，都可以运用观察、询问、函证和分析程序等审计方法。审计对象密切相关，甚至存在部分重叠。另外，内部审计的某些工作可能有助于注册会计师确定审计程序的性质、时间安排和范围，了解内部控制的程序、风险评估程序和实质性程序。更重要的是，内部审计需要评估某些领域存在重大错报风险，这也是注册会计师应给予特别关注的。所以，运用杠杆思维，充分利用公司已有的内部审计框架与工作，是非常有意义的。

第三，在审计工作中，还要善于利用专家的工作。在当前知识大爆炸时代，注册会计师不可能是全才，而在审计过程中会遇到财务、会计、审计之外的多方面多领域问题，因此需要利用各行各业的专家。专家，是指在会计或审计以外的某一领域具有专长的个人或组织。专家通常包括工程师、律师、资产评估师、精算师、环境专家、地质专家、IT 专家以及税务专家。

在使用外部专家杠杆时，应该事先考虑明白以下问题：

（1）专家的工作的性质、范围和目标；

（2）专家是否受雇于或受聘于被审计单位；

（3）管理层能够对专家的工作实施控制或施加影响的程度；

（4）专家的胜任能力和专业素质；

（5）专家是否受到技术标准、其他职业准则或行业要求的约束；

（6）被审计单位对专家的工作实施的各种控制。

四、怎样在实际工作中运用杠杆思维

一个拥有杠杆思维的优秀运营者，不会去抱怨没有资源、资金，而会去思考如何利用有限的资源让其发挥出最大的效应，以小博大。在日常工作、生活中，他们也会时刻思考：围绕想要达成的成果，当前有哪些东西可以成为我的杠杆支点。

杠杆思维应用场景非常广阔，可以应用在以下几个大的方面。

1. 杠杆思维在审计工作中的应用

如前所述，在审计工作中，可以利用的杠杆主要包括：公司内部审计的工作成果和专家的工作，不再赘述。

2. 杠杆思维在优先安排工作计划中的应用——效率杠杆

所谓“效率杠杆”，在这里指的是一个领导者要提高每天的工作效率，就要运用杠杆思维，也就是赋予各项要完成的工作重要性序数，然后专攻最重要的工作，起到四两拨千斤的效果。

3. 杠杆思维在管理沟通中的应用

管理者的真正本领在于人际沟通能力。在沟通中善于运用杠杆思维，具体可以体现在同理心的纯熟运用上。怎样快速获得别人的理解、接受、尊重甚至心理依靠？不花成本就能达到效果？有没有沟通杠杆？答案就是同理心沟通杠杆。

同理心要求：

（1）深度尊重别人，满足对方心理需求；

（2）化解人际矛盾，融洽人际关系；

（3）消除逆反情绪，解除沟通障碍；

（4）增加专业风范，展示人格魅力；

（5）有利于快速达成共识，迅速解决问题；

（6）无须用任何金钱投资，且具千金难买之力。

你的同理心水准处于哪个档次，同理心修为达到何种高度，只要观察发话者陈述自己的遭遇、感想、发表意见、吐槽时，受话者（你）的反应情况，即可作出基本判断：

无同理心

最低杠杆阶段

受话者：

（1）取笑发话者的感受；

（2）制止对方说话；

（3）挑剔其意见；

（4）自我辩护；

（5）自述以满足自我需要；

（6）完全忽视发话者。

结果：致使发话者受伤害，造成沟通隔阂。

低同理心

低杠杆阶段

受话者：

（1）提出问题；

（2）给予忠告；

（3）重复发话者的内容；

（4）仅表抱歉；

（5）盲目同意；

（6）盲目安抚。

结果：明显遗漏对方感受，仅处理事情，未处理心情，致使发话者觉得被误解、有挫折感。

高同理心

高杠杆阶段

受话者：

（1）准确辨认发话者重要的感觉；

（2）准确反馈发话者重要而明显的感受。

结果：因为正确了解发话者重要而明显的感受，使发话者觉得有被了解的感觉，乐意继续倾诉。

4. 杠杆思维在调动人力工作中的应用

小故事：有一家植物园，里面种满了珍奇名贵的花卉，却总有低素质的人出现，时有花卉不翼而飞的事发生。为此，管理人员在植物园门前竖起了一块告示牌：凡检举偷窃花卉者，奖励500元。

自此以后，植物园几乎再未出现过丢花现象。好奇的游客问："为何不写成凡偷花者罚款500元？"擅用杠杆的管理人员若有所思地答道，如果那样写的话，只能靠我们有限的几个人去看管；现在这样就可能调动全体游客，使大家参与管理。这样，那些动机不纯的人就会产生一种"四处都有目光"的惧怕心理。就这样，思路一改，变罚为奖，变管住人人的被动局面为人人参与管理的主动局面。进而唤醒了人性的优点，抑制了人性的缺点。

古希腊哲人阿基米德说过："给我一个支点，我就可以撬动整个地球。"作为管理人员，其工作特性很像一个拿着管理杠杆撬动管理支点的人。

调动人力杠杆作用的要点是：

（1）不在于面面俱到，而在于点到为止；

（2）不在于零打碎敲，而在于系统思考，以点带面；

（3）不在于话多，而在于把话说对；

（4）不在于亲力亲为，而在于启动他人能动性；

（5）不在于漫无边际地忙忙碌碌，疲于奔命，而在于敏锐地发现支点，直觉地判断支点，巧妙运用杠杆原理，四两拨千斤般地撬动公司整体运行的良性效果。杠杆管理运用得当，则会产生事半功倍的效果。

5. 杠杆思维在获得业务流量工作中的应用

“互联网+”的时代，企业竞争的焦点是流量。为了获得更多的流量，也需要杠杆思维，找到扩大流量的杠杆支点，以此为基础发力，便可收到流量倍增的效果。

6. 杠杆思维在金融投资上的应用

首先说明，金融投资领域风险极大，使用杠杆更是一把“双刃剑”，不练习到炉火纯青的程度，笔者是不建议在金融投资中擅自加杠杆的。但是，杠杆原理在金融投资中又体现得淋漓尽致，甚至令人激动不已。

以股票投资为例。假设我们的主人公叫汤姆，把自己的全部现金 90 万元投进股市，赶上行情不错，小赚了一笔，不久股市总资产就到了 100 万元。汤姆开始加杠杆，首先，他的亲朋好友纷纷给他入股，总计达到 900 万元，这时的汤姆已经拥有了 1000 万元的股市总资产，杠杆是 10 倍（总资产÷净资产 = 1000÷100 = 10）。约定的分配方案是利润五五分成，亏损也是各负一半。

假设汤姆经过一番神操作，总盘子 1000 万元赚了 20%，就是 200 万元的利润，分配给出资人 100 万元以后，汤姆净赚 100 万元。这是什么概念呢？相当于权益报酬率 ROE 达到 100%水平。ROE = 净利润÷净资产 = 100÷100（汤姆本人的出资）= 100%。如果不加杠杆，总盘子就是 100 万元，赚到 20%，也就是 20 万元，ROE = 20÷100 = 20%。可见，汤姆的收益率因为财务杠杆效应而迅速放大。

“双刃剑”的另一面是亏损怎么办？假设汤姆经过一番神操作，总盘子 1000 万元亏了 20%，就是 200 万元的亏损，其他出资人负担 100 万元以后，汤姆净亏损 100 万元！这是什么概念呢？相当于权益报酬率 ROE 达到−100%水平！ROE =

净利润÷净资产=-100÷100（汤姆本人的出资）=-100%。也就是说，仅此一战，汤姆本金输得精光，可见，汤姆的亏损因为财务杠杆效应而迅速放大。

7. 杠杆思维在产品营销中的应用

杠杆思维在营销上的应用被称为杠杆营销，其灵魂就是善于借力打力，以小博大，实现营销增长。

通过整合资源，借助一个通道快速地与客户见面并成交，最终达到获利。假如有产品，但没有客户，怎么办呢？这时可以通过杠杆借力的方式，快速地利用他人的力量，集聚大量的客户并成交。

假如有客户，没有合适产品怎么办？可以通过杠杆借力的方式，利用别人的产品，与客户成交并获利。通过高配置低价格吸引发烧友用户，进行产品体验；通过低配置高性价比吸引普通用户。

五、杠杆思维训练习题

（一）单选题

1. 在确定是否需要利用专家的工作时，A注册会计师通常无须考虑的因素是（　　）。

A. 审计项目组成员对所涉及事项具有的知识和经验

B. 根据所涉及事项的性质、复杂程度和重要性确定的重大错报风险

C. 出具审计报告的时间要求

D. 预期获取的其他审计证据的数量和质量

2. 在计划利用专家的工作时，A注册会计师通常无须考虑的因素是（　　）。

A. 专家的专业胜任能力　　B. 专家的客观性

C. 专家在特定领域的声望和经验　　D. 专家的会计审计知识

3. 汤姆把自己的全部现金90万元投进股市，赶上行情不错，小赚了一笔，不久股市总资产就达到了100万元。目前他的投资回报率是（　　）。

A. 10%　　B. 90%

C. 11.11%　　D. 20%

4. 汤姆自有资金100万元，亲朋好友入股900万元均投入股市，利润五五分成，如果总资产实现了20%的回报率，那么Tom自有资金的回报率是（　　）。

A. 20%　　B. 50%

C. 100%　　D. 200%

（二）多选题

1. 杠杆思维可以应用于（　　）。

A. 管理沟通　　B. 企业融资

C. 扩大流量　　D. 借鉴他人经验

2. 同理心要求（　　）。

A. 深度尊重别人，满足对方心理需求

B. 化解人际矛盾，融洽人际关系

C. 消除逆反情绪，解除沟通障碍

D. 增加专业风范，展示人格魅力

3. 具有超高同理心水平的受话者，能够一针见血指出发话者未表达甚至自己都未完全明白的如下感受，如各种复杂感受中的潜在感受和（　　）等。

A. 潜在需求　　B. 潜台词

C. 潜意识　　D. 暗示

（三）判断题

1. 老板就是要亲力亲为。（　　）

2. 别人的客户是他们的，与己无关。（　　）

3. 要感受发话者的感受，且能明白其隐含感受，使发话者觉得被深入了解，产生“真是如此”的感受，愿意更深入地与对方沟通，是高水平的沟通专家。（　　）

4. 同理心要求，不必满足对方心理需求。（　　）

5. 同理心要求，消除逆反情绪，解除沟通障碍。（　　）

6. 杠杆思维，指的是一个人在思考、行动时善于借助外部的力量，用有限资源完成更多任务的思路。（　　）

7. 复盘时，不仅仅总结成果、经验、得失，也试着分析找出重点工作中的

杠杆点在哪里。(   )

8. 同理心需用金钱投资，用金钱才能解决问题。(   )

9. 所谓“效率杠杆”，指的是领导者要提高工作效率，就要赋予各项要完成的工作重要性序数，然后专攻最重要的工作。(   )

10. 因为审计工作量往往是巨大的，所以作为审计人员，必须亲力亲为，所有事情都自己扛。(   )

（四）案例分析题

创业，是指由富有创新思想的创业者，通过追求创业机会和企业资源来创造价值的一个连续的过程。创业并不容易。由于自己的资源总是有限的，而企业的成功总是需要大量的资源加持，不仅包括资金，还包括技术资源、管理资源、信息资源、数据资源、土地资源、劳动力资源、社会组织关系资源、人脉口碑资源等。成功的创业者都有一个共同的特质，就是善于运用别人的资源，也就是具备杠杆思维。

问题：

1. 如果你是创业者，你应该专注于开发利用哪些社会关系网络资源？

2. 如果你是创业者，你应该怎样发挥杠杆思维的威力，与其他企业构建网络？

3. 基于杠杆思维，如果你是创业者，对于那些不属于你的资源，你应该怎样加以开发和运用呢？

参考答案

（一）单选题

1. C　2. D　3. C　4. C

（二）多选题

1. ABCD　2. ABCD　3. ABCD

（三）判断题

1. ×　2. ×　3. √　4. ×　5. √　6. √　7. √　8. ×　9. √　10. ×

（四）案例分析题

1. 创业型企业很多机会来源于其社会关系网络，创业者应专注于开发利用以下社会关系网络资源：

（1）企业员工特别是创业者或创业团队的家人、朋友提供的信息或机会；

（2）企业的利益相关者，包括供应商、客户、金融机构、政府、专业协会等为企业发展提供的舞台、信息、技术甚至政策的支持。

创业型企业应经常与顾客交流，鼓励顾客投诉，构建与供应商、制造商、投资商之间的交流互动平台，加强与科研机构的合作，所有这些都可以帮助创业型企业获得更多有价值的信息，而这些信息往往是成功创业的必要资源。

2. 杠杆思维要求创业者与其他企业紧密联系，要有合作意识、共赢心态和战略眼光。创业型企业搭建的网络包括企业开发的与其他企业之间的正式和非正式的关系网，这些网络能够给企业提供不同的资源以及关于产业和竞争趋势的知识。企业要成为网络成员，应做到以下四点：

（1）应主动与核心企业建立联系。在网络中要营造互信氛围，构筑良好信任关系网络能促进信息和其他资源在网络中的分享，有助于从外部获得企业成长所需要的资源，而且还能保持组织的灵活性。

（2）维持良好的关系网络。杠杆思维与服务意识能帮助创业型企业克服资源短缺的限制，信息、信任和渠道与有形的技术资源的整合有助于获得更大的收益。所以，维持良好的网络关系很重要，富有创新精神的创业者都善于利用网络关系。

（3）寻找大型企业建立网络。创业型企业往往规模比较小，成长期较短，大都喜欢与大型企业建立网络联盟，获取杠杆资源。因为大型企业富有经验，创业型企业容易从大型企业那里获取技术技能。在营销合作和生产合作中，创业型企业要善于利用大型企业的规模经济效应，为大型企业提供配套的产品和服务。很多成功的创业型企业，其主业就是为大型企业服务。

（4）找准自身的建网重点。追求“专精特新”的创业型企业在搭建其网络时，应集中在顾客、市场信息、分销渠道、口碑宣传和产品开发观念等领域，这种网络既有垂直关系也有水平关系。以追求市场开发为基础的企业则需要特别关注合同的维护，特别是与投资者和供应商的合作网络维护。以产品提供为基础的企业应注重维护与顾客的关系。

3. 杠杆思维对待资源的基本态度是利用资源，而不是专注于拥有或控制。一切为企业提供战略机会并影响企业行为和价值的内部资源和外部资源都是企业可利用资源，不论是否拥有或控制这些资源。

对于有用但不控制、不拥有的资源，应该重点考虑以下两个方面：

（1）对关键性的人才需求，要有杠杆思维。如果以吸引这些人才为目标，但企业自身能力、吸引力不足，又没有那么多的资金吸引这些人才，结果就会事与愿违。运用杠杆思维，如果希望该人才为自己企业所用，而不拘泥于将其“挖”过来，就会有多种选择，如聘请其为顾问，采取期权办法鼓励其智力投资，或按照其服务内容和服务时间支付报酬。

（2）对关键性的经营场所需求，要有杠杆思维。例如，一名清华大学毕业生丁某在波士顿创业。初创期由于资源短缺，租不起更买不起位于波士顿豪华地区的办公室，只能在郊区为自己置办简易办公场所。但没想到的是，很多客户看到丁某的简易办公地点后，担心公司没实力而带来商业风险，便淡化了与他继续做生意的念头。

正当丁某走投无路的时候，他的一位朋友愿意将其位于波士顿市中心的豪华商务大楼的办公室借给他使用。这样，丁某在豪华大厦会见客户，其他时间还在郊区简易办公室办公，思路一转，丁某很快就获得了源源不断的订单，企业逐步走入正轨。

图书在版编目（CIP）数据

企业合规与审计思维：通用 / 中国企业评价协会企业合规专业委员会组编 . —北京：中国法制出版社，2022. 10

2023 年企业合规师考试教材

ISBN 978-7-5216-2925-5

Ⅰ. ①企… Ⅱ. ①中… Ⅲ. ①企业法-中国-资格考试-自学参考资料②企业-审计-资格考试-自学参考资料 Ⅳ. ①D922. 291. 91②F239. 6

中国版本图书馆 CIP 数据核字（2022）第 178601 号

策划编辑：谢雯、黄会丽　　责任编辑：谢雯　　封面设计：杨泽江

企业合规与审计思维（通用）

QIYE HEGUI YU SHENJI SIWEI（TONGYONG）

组编/中国企业评价协会企业合规专业委员会

经销/新华书店

印刷/保定市中画美凯印刷有限公司

开本/730 毫米×1030 毫米　16 开　　印张/ 16. 25　字数/ 175 千

版次/2022 年 10 月第 1 版　　2022 年 10 月第 1 次印刷

中国法制出版社出版

书号 ISBN 978-7-5216-2925-5　　定价：78. 00 元

北京市西城区西便门西里甲 16 号西便门办公区

邮政编码：100053　　传真：010-63141600

网址：http：//www. zgfzs. com　　**编辑部电话：010-63141792**

市场营销部电话：010-63141612　　**印务部电话：010-63141606**

如有印装质量问题，请与本社印务部联系。

前勒口二维码内容由中国企业评价协会企业合规专业委员会提供，为本书读者提供考试相关服务，有效期截至 2023 年 12 月 31 日。